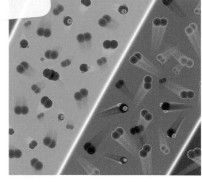

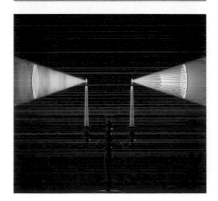

從五大領域了解世界運作的「規則」！

往上拋的球不會飛到太空的彼方而會落下，是因為球受到地心引力作用的緣故；月球之所以持續繞著地球運轉也是相同的理由。不論是地球上或是宇宙中發生的現象，其背後皆有相同的「規則」，亦即物理法則在運作。

所謂物理（物理學）就是研究各種自然現象是因什麼原因發生，找出該現象背後之法則（物理定律）的學問。偉大的先賢們發現了「作用與反作用定律」、「能量守恆定律」等各式各樣的物理定律。

本書分為「力與運動」、「氣體與熱」、「波」、「電與磁」、「原子與光」此五大PART[※]，各位可依自己的興趣從喜歡的單元開始閱讀，盼望各位都能享受研究自然界現象和物體變化的物理樂趣。

※：即使跳過各PART後半部分所收錄的「再更詳細一點！」，也能一窺物理世界之堂奧。

PART 1　力與運動　→ 6頁

想在身體會飄浮起來的無重力空間測量體重，可不能使用一般的體重計。那麼，在太空站中該如何測量體重呢？

PART1中將介紹「慣性定律」、「作用與反作用定律」等與力和運動相關的物理定律。

PART 2　氣體與熱　→ 66頁

吸盤為什麼能緊緊黏附在牆壁上面呢？溫度有上限和下限嗎？

PART2將闡明肉眼無法看見，然而卻具有莫大力量的空氣（氣體）和熱的性質。

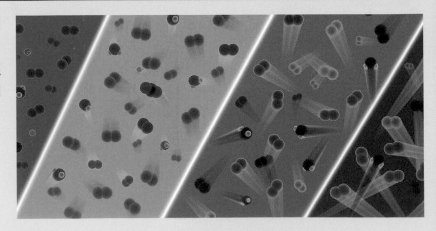

人人伽利略系列 11

國中・高中物理

徹底了解萬物運行的規則！

人 人 出 版

人人伽利略系列 11

國中・高中物理

徹底了解萬物運行的規則！

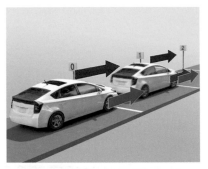

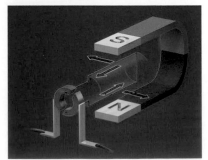

PART 3　波

→ 84 頁

源自無色透明肥皂水的肥皂泡為什麼看起來是七彩的呢？

　　PART3將以與光和聲音有關的現象為例，介紹與日常生活中各種現象相關的波的性質。

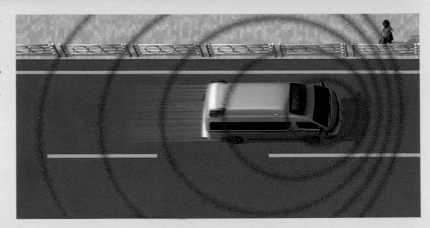

PART 4　電與磁

→ 118 頁

智慧手機長時間使用就會發熱，這是為什麼呢？只要通電就會轉動的馬達，其機制是可以說明的嗎？

　　PART4將介紹電與磁這對哥倆好，它們具有非常相近的性質。也將針對有名的「夫來明左手定則」（Fleming's left-hand rule）加以說明。

PART 5　原子與光

→ 138 頁

光是波。然而，如果光是波，理論上應該看不到數十公尺前方的燭光。但是實際上我們卻看得到遠方的燭光，這究竟是怎麼回事呢？

　　在PART5中，將介紹脫離常識之微觀世界的粒子（原子、電子等）以及光的神奇性質。

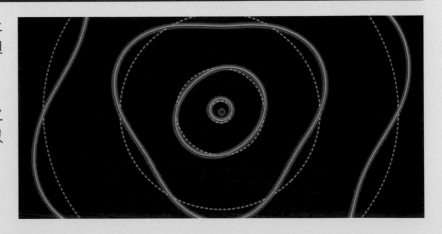

力與運動

監修　和田純夫

一直繞著地球運轉的月球、在冰上滑動的「冰壺」（curling stone）、跳傘的人……。因著多樣的「力」，物體可進行各式各樣的「運動」。所有的運動都是基於幾個簡單的「規則」（律）。

在PART1中，將以具體的例子介紹「慣性定律」、「作用與反作用定律」等非常重要的物理定律。這些與運動相關的「規則」，相信各位在日常生活中一定都能看到。

在宇宙空間中，一旦開始運動，就無法停止！

讓我們想像一下周邊既無星系，也無恆星和星雲，空無一物的宇宙空間吧！假設有一艘太空船在這樣的宇宙中，燃料完全用盡了。那麼，太空船將會在什麼時候停止運動呢？

事實上，太空船既不會停止也不會轉彎，而會永遠以同樣的速率筆直前進。運動中的物體原本若沒有被推或被拉，就會以相同的速率持續直線前進（等速直線運動），此稱為「慣性定律」（law of inertia）。

舉例來說，1977年以火箭發射升空的NASA（美國國家航空暨太空總署）太空探測器航海家1號（Voyager 1）和航海家2號（Voyager 2），即使到了2020年的現在，仍然依循慣性定律在宇宙空間中朝太陽系外側航行（慣性飛行）。

伽利略與笛卡兒顛覆「常識」

慣性定律是義大利科學家伽利略（Galileo Galilei，1564～1642）和法國哲學家笛卡兒（René Descartes，1596～1650）在同時期所倡議的。在他們有此發現之前，一般都是根據古希臘科學家亞里斯多德（Aristotle，前384～前322）的想法：「只要未能一直施力，物體便不能持續運動」。但是這二位先賢推翻了人類長達2000年所相信的「常識」，發現物體持續運動並不需要施力。

慣性定律是攸關所有物體運動的重要三大定律之一，稱為「牛頓第一運動定律」（Newton's first law of motion）。我們日常生活中常常會受到摩擦力、空氣阻力[※]等干擾，幾乎不會看到物體持續運動的情形。但是，若像宇宙空間這樣的「理想狀況」，就能觀察到物體運動的本質。

※：請看22～23頁詳細解說。

距離地球最遠的人造物「航海家1號」

1977年，航海家1號和航海家2號被發射到太空中。2艘探測器在不同軌道觀測木星和土星後，現在仍以慣性定律朝太陽系外側航行中。航海家1號是距離地球最遠的人造物，其紀錄現今還在不斷的更新。根據2019年11月初的數據，航海家1號距離太陽約220億公里。

又，更嚴謹來說，航海家1號和2號並非以相同的速率筆直航行，它們會受到來自太陽和行星的重力影響，速度會產生些微的變化。

▶再更詳細一點！
牛頓力學　24頁
慣性定律的發現　26頁
速度的性質　28頁
伽利略的相對性原理　30頁
慣性力　42～45頁

以相同的速率持續筆直前進

航海家1號

慣性定律（牛頓第一運動定律）
在不受外力作用下，運動中的物體恆保持相同的速率筆直前進，而這樣的運動稱為「等速直線運動」；靜止的物體則恆保持靜止。

因為施「力」了，所以汽車得以加速、轉彎！

根據慣性定律，即使未施力，物體也能以相同速度持續運動。那麼，當施力在物體上時，物體將會如何運動呢？讓我們以汽車為例思考這個問題吧！

當靜止的汽車在踩下油門時，車子會開始前進，然後逐漸加速。這是因為輪胎的轉速逐漸提高，輪胎持續不斷將地面「蹴踢」到後方的緣故。

藉由輪胎「蹴踢」地面，汽車在行進方向上施力。因著在行進方向施力的關係，汽車得以逐漸加速。

相反地，踩煞車時輪胎的轉速變慢，在輪胎與地面間作用的摩擦力作用在與行進方向相反的方向上，結果汽車就逐漸減速了。像這般，在物體上施力時，該物體便會加速或減速。

逐漸加速的汽車

插圖所繪為有固定的力施於其上之汽車，每經過一段時間的加速情形。由圖可知每小時20公里、每小時40公里、每小時60公里，當汽車速度以20公里為基數逐漸增加時，加速度維持一定。像這樣的運動稱為「等加速度運動」（uniform accelerated motion）。

力
速度
加速度

時速20公里的汽車

從踩下油門的瞬間就對汽車施加了（固定的）力

靜止的汽車

（固定的）加速度
速度為零

「速率」與「速度」的差別

　　假設施於汽車上的力維持一定，則速度經過某一定時間（例如5秒鐘）時速會以20公里、40公里、60公里的一定間隔提升。這是因為施加一定的力時，物體的速度會持續一定的變化。像這樣，在一定時間內的速度變化量稱為「加速度」（acceleration）。

　　當我們用力踩下油門時，車子會以更猛的勢頭加速。此時，輪胎更強力的與地面進行摩擦，就有更大的力施加在汽車之上。事實上，加速度與力的大小成正比。當有2倍的力加在汽車上時，加速度就增為2倍；有3倍的力施加在汽車上，加速度就變為3倍。

　　順道一提，在物理學上「速率」與「速度」是分開使用的。速率只是指數值的大小，速度則包括速率和運動方向。若是將方向盤往右打，就是施加往右的力，汽車就往右偏轉。此時，儘管儀表板上的速率沒有變化，但是因運動方向改變，速度發生變化了。所謂力，可以說是「使物體速度發生改變的作用」。

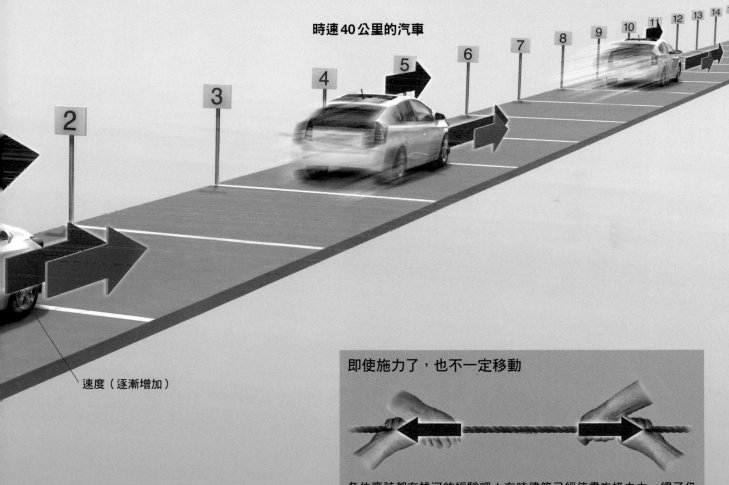

時速60公里的汽車

時速40公里的汽車

速度（逐漸增加）

即使施力了，也不一定移動

　　各位應該都有拔河的經驗吧！有時儘管已經使盡吃奶之力，繩子仍然紋絲不動，究竟是怎麼回事呢？事實上，不管是如何施力，當有多個力施於一個物體之上且達到平衡時，就不會產生加速或減速的現象。在拔河這種力與力互相拮抗的遊戲中，由於向右的力與向左的力達到平衡，因此繩子不會往左或往右移動。

　　此外，依據慣性定律，若有多個力施於持續運動中的物體，且這些力達到平衡時，物體也不會加速或減速，而會以同樣的速度持續運動。

▶再更詳細一點！
加速度運動　32頁
力的平衡　38頁

在無重力的太空中，該如何測量體重呢？

當車子上面的乘客較多，而踩油門的力道跟平常一樣，會發現車子比平常更不容易加速。

該現象意味著「愈重的物體（質量愈大的物體）愈不容易加速」，更正確的說法是「質量與加速度成反比」。換句話說，在施力相同的情況下，質量2倍重的物體，加速度為2分之1；3倍重的物體，加速度為3分之1。

另一方面，誠如10～11頁中所看到的，施力在同一物體上時，施力愈大，物體的加速度愈大。換句話說，「力與加速度成正比」。事實上，將這些關係予以彙整，得出一個公式：力（F）＝質量（m）×加速度（a）。該公式稱

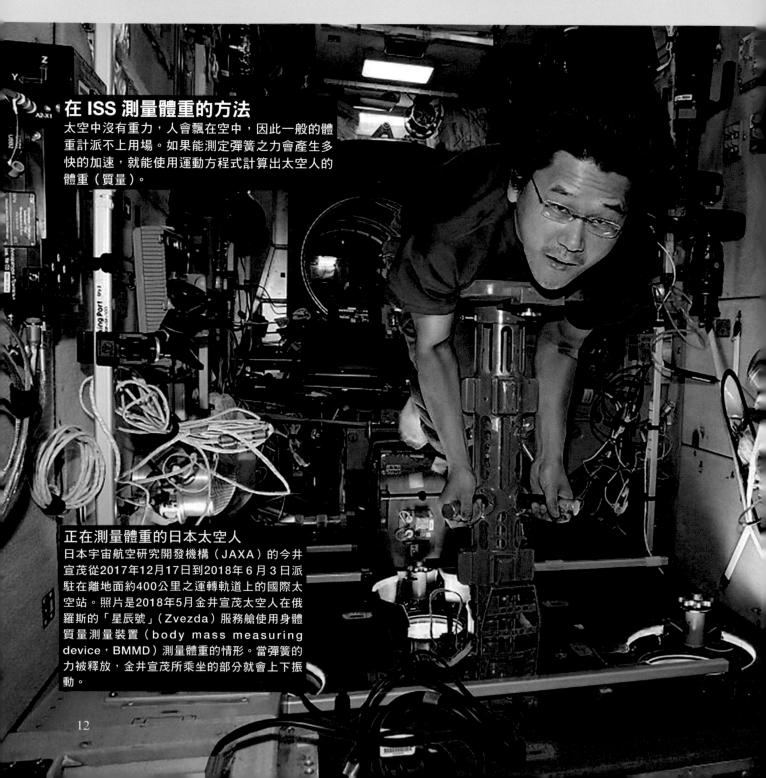

在 ISS 測量體重的方法

太空中沒有重力，人會飄在空中，因此一般的體重計派不上用場。如果能測定彈簧之力會產生多快的加速，就能使用運動方程式計算出太空人的體重（質量）。

正在測量體重的日本太空人

日本宇宙航空研究開發機構（JAXA）的今井宣茂從2017年12月17日到2018年6月3日派駐在離地面約400公里之運轉軌道上的國際太空站。照片是2018年5月金井宣茂太空人在俄羅斯的「星辰號」（Zvezda）服務艙使用身體質量測量裝置（body mass measuring device，BMMD）測量體重的情形。當彈簧的力被釋放，金井宣茂所乘坐的部分就會上下振動。

為「運動方程式」(equation of motion)，是與運動相關之重要三定律中的第二定律，稱為「牛頓第二運動定律」。

了解運動之未來情形的重要基本定律

運動方程式可說是能告知「質量多大的物體在被施予多大的力時，加速情形如何」的公式。只要知道物體質量及施加的力，就能知道物體的加速度，甚至連物體運動的「未來情形」都能預測。

運動方程式也被用來測定在無重力（微重力）之ISS（國際太空站）的太空人體重。太空人坐在收縮的彈簧上面，若知道彈簧產生的「力」與乘坐之人移動時的「加速度」，就能計算出「質量」。

▶再更詳細一點！
自由落體定律　34頁
質量、重量、重力加速度　36頁

體重輕的人

彈簧產生的力

較急速加速

體重重的人

彈簧產生的力

較緩慢加速

體重愈輕的人愈容易加速

當收縮彈簧的力被釋放時，乘坐其上的人體重愈輕，更急速加速；愈重，愈緩慢加速。從此時的力與加速度可得知質量（體重）。實際上，因為彈簧會上下振動（而彈簧所產生的力及乘坐之人的加速度並不是固定的），計算時需要具備三角函數等知識，不過原理是相同的。

運動方程式（牛頓第二運動定律）
這是表示力、質量、加速度之關係的公式，是所有運動的基本定律。

$$F = ma$$

F：力〔N〕※（牛頓）
m：質量〔kg〕
a：加速度〔m/s²〕
※：$N = kg \cdot m/s^2$

即使是跳傘中，人也被地球所吸引！

　　游泳選手透過用力踢游泳池壁就能變換方向。此時，使游泳選手改變前進方向，並且加速的力究竟是什麼呢？游泳選手用腳踢游泳池壁時，就對池壁施力了。但是，游泳選手本身也必須有力施加身上，否則應該無法轉身（無法改變運動速度）。

　　其實在施力的同時，一定也有一個大小相同、方向相反的力作用於施力方，此稱為「作用與反作用定律」（law of action and reaction）。亦即，池壁也對游泳選手施予與游泳選手蹴踢池壁相同強度的力（反作用力）。

　　作用與反作用定律稱為「牛頓第三運動定律」，於一般日常生活中都成立（但在較複雜的電磁力中需做修正）。換句話說，當我們推動衣櫃時，衣櫃也有反作用力作用在我們身上。當我們用拳頭去捶牆壁時，我們的手也承受來自牆壁的反作用力，因此手會痛。

作用與反作用定律即使在遠距的狀態下也成立

　　在享受從數千公尺高空往下跳之刺激感的跳傘運動中，將人加速至每小時接近200公里的是地球的重力（gravity）。所謂重力，是作用於所有物體之間的「萬有引力」[※]。

　　像萬有引力這類作用於相距一段距離之二物體間的力，也適用作用與反作用定律。換句話說，跳傘的人受地球重力的吸引而往地面落下時，地球也被跳傘之人的「重力」而往上面牽引，微微的往人的方向「掉落」。

※：也有人是把重力視為萬有引力與地球自轉之離心力的加總。

即使是跳傘，作用與反作用定律也成立

插圖所繪為跳傘的情形。跳傘的人被地球的萬有引力（重力）吸引，同時地球也被跳傘之人以與地球牽引人相同強度的力所牽引。不過，因為地球的質量非常大（約 6×10^{24} 公斤），地球移動的距離非常短。即使體重60公斤的人從1000公尺的高空落下，地球的移動距離也僅有0.00000000000000001毫米左右。該距離非常短，是1個氫原子之原子核直徑的1萬分之1左右。

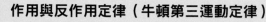

作用與反作用定律（牛頓第三運動定律）

　A物體對B物體施力（作用）的同時，B物體也對A物體施以大小相同的力。此時，二力的方向相反。

牆壁反推選手的力　　選手踢牆壁的力

▶再更詳細一點！
萬有引力定律　46～49頁

地球吸引人的力

人吸引地球的力

萬有引力定律

萬有引力作用於所有物體之間，該力的大小根據物體的質量及物體彼此間的距離而定。隨著距離的逐漸接近，萬有引力也漸漸變大。

$$F = G \frac{m_1 m_2}{r^2}$$

F：萬有引力〔N〕[1]
m_1、m_2：二物體的質量〔kg〕
r：二物體間的距離〔m〕
G：萬有引力常數
（6.67×10^{-11}〔N·m²/kg²〕[2]）

[1]：$N = kg \cdot m/s^2$，[2]：$N \cdot m^2/kg^2 = m^3/kg \cdot s^2$

月球持續朝地球「落下」

　　月球誕生至今已超過45億年，長久以來一直繞著地球運轉。雖然月球一直受到地球引力的吸引，但是為什麼沒有掉下來呢？事實上，月球以相對於地球約每秒1公里的高速運動著。

　　如果沒有萬有引力，月球應該會遵循「慣性定律」（8～9頁）筆直的飛出去（插圖中的虛線路徑）。但是，事實上因為月球被地球的萬有引力所牽制，所以行進方向彎曲。與遵循慣性定律的路徑相較，月球可以說是朝著地球「落下」（插圖）。高速運動的月球即使像這樣朝地球方向掉落，也會在與地球保持差不多一定距離的同時，一面進行「圓周運動」（實際軌道是圓略微變形的橢圓形）。

　　這樣的情形就跟投擲鏈球相似。在投擲鏈球時，選手透過鋼鏈牽引著鏈球使其進行圓周運動，而選手與鏈球間的距離是固定的。萬有引力也具有讓高速運動的月球一直在地球周圍運轉的功能[※]。

　　如10～11頁解說的，只要施力，物體的速度就會改變。萬有引力對月球速度所造成的變化並非速度大小上的改變，乃是方向上的變化。

[※]：鋼鏈牽引鏈球的力就像萬有引力般，在圓周運動中，拉往中心的力稱為「向心力」。

地球也受月球的擺弄

　　根據作用與反作用定律，地球也被月球所牽引。因此，地球也被來自月球的力「擺弄」（右邊插圖），以地球與月球的重心（質心，位在地球內部）為中心進行微小的圓周運動。

重心
地球　　　月球

　　同樣的現象也發生在恆星與行星之間。質量大的恆星被周圍質量輕的行星的重力牽引，有些微的擺動。實際上，科學家也是藉由觀測恆星的輕微運動，間接搜尋太陽系外的行星（利用都卜勒效應的徑向速度法探測系外行星）。

萬有引力拴住月球

月球一直持續繞著地球運行。如果萬有引力突然消失，根據慣性定律，月球將會筆直的飛出去。相反地，因為月球被地球的萬有引力所牽引，所以不會筆直前進，而會一直朝地球方向「落下」，並且持續進行圓周運動。

速度

萬有引力

月球

如果沒有萬有引力，
會筆直飛出去。

因為萬有引力的關係，
月球的行進方向彎曲，
且往下落。

▶再更詳細一點！
人造衛星與宇宙速度　54頁
離心力　56頁
克卜勒三大定律　60頁

▶再更詳細一點！
人造衛星與宇宙速度　54頁
離心力　56頁
克卜勒三大定律　60頁

地球

隼鳥2號藉由將燃料拋到後面得到加速

2018年6月，日本宇宙航空研究開發機構（JAXA）的太空探測器「隼鳥2號」（Hayabusa2）花約3年半，經過30億公里的航程，終於抵達小行星「龍宮星」（162173 Ryugu）。在沒有空氣，空無一物的宇宙空間，隼鳥2號究竟是如何加速的呢？

想像有個人坐在附有腳輪的椅子上，雙腳離地，用力將籃球投出去的場景。在投球的瞬間，椅子因為反動（作用於球之力的反作用力）的關係，而朝與椅子相反的方向滑出。隼鳥2號使用「離子引擎」（ion engine），進行與此相同的事，實現加速。離子引擎是朝後方噴射氣體狀氙（Xe）離子的裝置，藉由噴射氙離子的反作用力來加速。

該現象可利用「動量守恆定律」（law of conservation of momentum）來說明。所謂

利用離子引擎噴出燃料加速的隼鳥2號

2014年12月發射升空的隼鳥2號在2018年6月抵達目標小行星「龍宮星」（162173 Ryugu，（162173）1999 JU_3）。在其航行中，藉由離子引擎噴射氙離子氣體進行1次的減速和2次的加速，進入與（162173）1999 JU_3小行星公轉軌道相同的軌道。相反地，若朝行進方向噴出氙離子，就能減速。

動量守恆定律

只要沒有來自外在的力，物體的總動量保持一定。當坐在附有腳輪的椅子上投出籃球時，在投球的人身上也發生了與籃球的動量大小相同、方向相反的動量。投球前與投球後的動量合計為零，沒有改變。

因為動量可用「質量×速度」求出，所以質量愈大的物體、愈快速投出，坐在椅上的人所獲得的動量愈大，能以更快的速度移動。

人的動量　　　　　球的動量

$\longleftarrow + \longrightarrow = 0$

「動量」（momentum）是物體的質量和速度的乘積，也就是「物體運動狀態的量」。「只要沒有來自外在的力，二物體的總動量恆保持一定」，這就是動量守恆定律。

以前面提到的例子來說，坐在椅子上的人與籃球，因一開始都沒有運動，因此總動量為零。接下來，椅子上的人將籃球投出，飛出之籃球往前的動量產生了使人往後的動量。這是朝相反方向，大小相同的動量，因此總動量跟投球前一樣也是零，這就是動量守恆。隼鳥2號使用離子引擎將燃料往後噴出，獲得朝前的動量而得以加速。

雖然太空探測器在太空中能夠加速已是常識，但以前並不是這樣的。1920年，美國發明家戈達德（Robert Hutchings Goddard，1882～1945）認為搭火箭到月球旅行為可能，而紐約時報卻針對他嚴厲批評這是不可能辦到的事。當時有「若不是將空氣推擠到後方就無法往前進」的想法，認為在真空的太空中無法加速。

▶再更詳細一點！
動量與衝量　56頁

隼鳥2號

離子引擎

噴出的氙離子

「能量」的總量絕無增減！

　　想像一下網球發球時的情景吧！若以不同角度相同速率發球，在著地的前一瞬間，哪一個角度所發出的球速率最快呢（忽略空氣阻力）？

　　事實上，在著地的前一瞬間，不同角度所發出的球，球速皆相同。為什麼會這樣呢？只要想想依據物體「狀態」而改變的「能量」就知道了。球所具有的能量有 2 種，第一種是由球的運動速率所決定的「動能」（kinetic energy），第二種是由球的位置高度所決定的「位能」（potential energy）。

　　往斜上方擊出的球因受重力的吸引速率逐漸變慢，「動能」減少。但是動能減少的這部分，卻因為球的位置逐漸升高而「位能」增加。動能減少的量與位能增加的量相等，換句話說，動能與位能的總量恆保持一定，此稱為「力學能守恆定律」（law of conservation of mechanical energy）。

　　不管發球角度如何，在被擊出的瞬間，球速都是一樣的，也具有相同的動能。此外，因為發球時球的高度相同，所以也具有同樣大小的位能。因為著地前一瞬間的球位在相同高度，因此所有角度擊出的球都具有相同的位能。根據力學能守恆定律，著地前一瞬間的球具有同樣大小的動能，因此速率相同。

能量具有多樣形態

　　光能、電能、熱能等等，能量的種類非常多樣，能量會根據各式各樣現象而轉換。舉例來說，太陽光能藉由太陽能電池板而轉換成電能，電能又藉由加熱器轉換成熱能。

　　即使發生轉換，然而能量的總量絕對不會改變。此稱為「能量守恆定律」（law of conservation of energy）。

▶ 再更詳細一點！
能量與功　58頁
功的原理　60頁

著地前一瞬間的球速為何？

以同樣的速率發球時，不同角度所發出的球，著地前一瞬間的球速是否有所不同呢？從力學能守恆定律來思考，位在相同高度的球，具有相同的位能（球的綠色區域），也具有相同的動能（球的橙色區域）。換句話說，著地前一瞬間的球速相同。

位能大小——
動能大小——

鐵球會打到臉嗎？

Q·在你的面前有個吊著鐵球的單擺。將鐵球拉到自己的面前，然後靜靜的把手鬆開，盪過去又擺回來的鐵球是否會打到你的臉呢？

（答案請看右頁下方）

力學能守恆定律

當僅有重力作用時，動能和位能的合計為恆定。又，如以下所示般，動能與速度的平方成正比，位能與高度成正比，位置愈高，位能愈大。

動能

$$K = \frac{1}{2}mv^2$$

K：動能〔J〕※
m：質量〔kg〕
v：速率〔m/s〕

位能

$$U = mgh$$

U：位能〔J〕
m：質量〔kg〕
g：重力加速度〔m/s^2〕
h：高度〔m〕

※：$J = kg \cdot m^2/s^2$

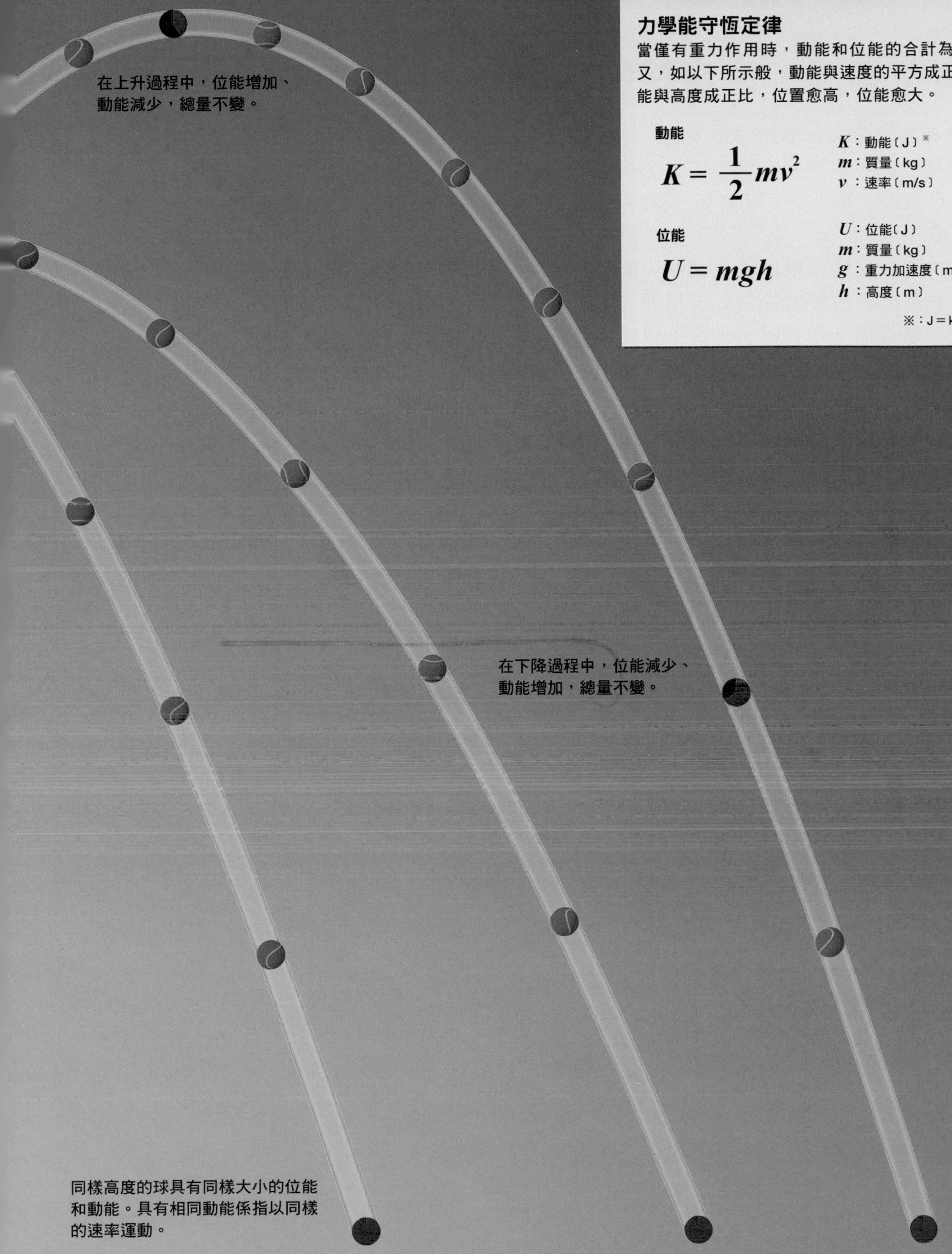
在上升過程中，位能增加、動能減少，總量不變。
在下降過程中，位能減少、動能增加，總量不變。
同樣高度的球具有同樣大小的位能和動能。具有相同動能係指以同樣的速率運動。

A・不會打到臉。在鬆手的瞬間，鐵球的動能為零。即使經過一次的往返，回到相同位置的鐵球動能也為零，會在你的面前停止。不過，如果你在鬆手時稍微用了一點力，增加了鐵球的動能，於是鐵球盪過去的位置會稍微高一點，擺回來時就會打到臉。

若沒有摩擦，連走路都辦不到！

若僅考慮理想的力學能守恆系統，在平坦道路上滾動的球應該會一直滾動下去。但是，因為有「摩擦力」和「空氣阻力」，所以實際上球會停下來。

摩擦力是作用於接觸的物體之間，施於干擾運動方向的力。只要物體彼此有接觸，摩擦力就絕對不會是零。空氣阻力也是干擾物體運動的力。當物體想推開空氣時，就會承受來自空氣的反方向的力。

也許各位會認為摩擦力和空氣阻力都是妨礙運動的干擾力，但如果沒有這些力，整個世界會面臨數不清的不便（右頁邊欄）。若沒有摩擦力，我們不僅無法腳踢地面往前行，也會一旦邁出步伐就停不下來。此外，若沒有空氣阻力，自天而降的雨滴速度會快的驚人，打在身上會讓人痛得受不了。

摩擦力使物體停止運動時，會產生熱

冰壺運動中的石壺被推出在冰上滑動後，摩擦力和空氣阻力會使石壺的運動停止。此時，動能逐漸減少至零，而根據能量守恆定律，減少的動能應該會轉換成其他的能量。

因摩擦力而減少的動能主要轉換成熱能。我們可能有在體育館的地板上大滑一跤，皮膚有灼熱擦傷的經驗。這是摩擦力施加在物體上，動能轉換成熱能產生「摩擦熱」（frictional heat）。

空氣阻力也是一樣，碰觸到物體的空氣會使溫度有些微的上升。

即使是在滑溜的冰面上，物體也會停止運動

無論在何種物體之間一定會產生摩擦力。即使是冰上因形成薄水層使摩擦力變小，但還不是零。石壺在冰上會滑行一段長距離，但最後還是會停下來。

如果沒有摩擦力，會發生什麼事？

2002年的諾貝爾物理學獎得主小柴昌俊博士在研究所時期，曾經在中學擔任講師。當時他出了一道考題：「如果沒有摩擦力，會發生什麼事」[※]，該問題的正確答案是「繳白卷」。因為少了摩擦力，即使鉛筆在紙上劃過，也無法寫下任何文字。不過，若沒有摩擦力，恐怕我們連拿鉛筆都有困難，甚至也無法靜靜地坐在椅子上吧！摩擦力可以說是在背後支撐這個世界的力。

無法用鉛筆寫字？

※：《只要做，就會》（やれば、できる。）（小柴昌俊，新潮社）

摩擦力的公式[※]

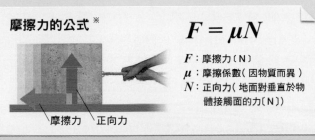

$$F = \mu N$$

F：摩擦力〔N〕
μ：摩擦係數（因物質而異）
N：正向力（地面對垂直於物體接觸面的力〔N〕）

摩擦力　正向力

※：這是有關物體移動時之「動摩擦」（kinetio friction）的公式。

如果沒有空氣阻力，會發生什麼事？

空氣阻力的大小會因物體的速率而改變。物體的運動速率慢時，空氣阻力會與速率成正比。換句話說，物體的速率愈來愈快，空氣阻力就愈變愈大。

假設在沒有空氣阻力的情況下，有雨滴從高度1公里處往下掉。因為重力的關係雨滴逐漸加速，在抵達地面時，秒速達到140公尺。如果沒有空氣阻力，被雨滴打到應該會痛得受不了。

雨滴並不能無限加速下去，雖然一開始會因重力而加速，當速率達到某個程度時，空氣阻力與重力大小相同而達到平衡，雨滴便無法再繼續加速。

這時候的速率稱為「終端速度」（terminal velocity）。雨滴是均勻的物體，當秒速數公尺時就達到終端速度，因此即使打在身上也不會痛。

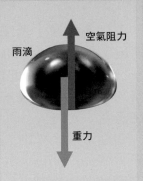

空氣阻力

雨滴

重力

雨滴因空氣阻力與重力達到平衡而停止加速

▶再更詳細一點！
力的平衡　38頁
各式各樣的力　40頁

空氣阻力

摩擦力

牛頓力學是整個物理學的出發點

「牛頓力學」是闡明身邊所能看到之「物體運動」的科學，在高中的教科書中稱之為「力學」。從雨滴到行星的運動，幾乎自然界所有物體的運動，可以說差不多都在牛頓力學的「守備範圍」之內。

確立牛頓力學的人是17世紀英國的科學家牛頓（Isaac Newton，1642～1727）。牛頓以「運動三大定律」，亦即以「慣性定律」、「運動方程式」、「作用與反作用定律」為基礎，構築了牛頓力學。牛頓秉承伽利略等前人與物體運動相關的研究成果，加以彙整，進一步發展出牛頓力學。

完成改寫科學史之重大成果的「神奇之年」

牛頓23歲時，就讀於劍橋大學。當時英國發生黑死病（亦即鼠疫，pestis）大流行，劍橋大學停課，他只好暫時回到故鄉烏爾索坡（Woolsthorpe）。就在這1665～1666年間，牛頓完成三項名垂科學史的豐功偉業。因此，這段時期被稱為「**神奇之年**」（Annus mirabilis）。

在這段時間，他發現牛頓力學的要件——萬有引力定律（1）。他還確立牛頓力學等物理學中廣為使用的數學——微積分（2）。另外，雖然不屬於牛頓力學領域而屬於光學，不過「太陽的白光是由各色光所混合而成」也是牛頓在這個時期發現的（3）。

科學史上最重要的書籍《自然哲學的數學原理》

不過牛頓很討厭在學問上與人發生論爭，據說他一開始並不打算發表萬有引力定律等諸多研究成果。不過，在英國科學家哈雷（Edmond Halley，1656～1742，因預言哈雷彗星會週期性的到訪地球而聞名）的強力說服下，牛頓終於點頭答應發表。1687年，彙整牛頓力學的大作《自然哲學的數學原理》（The Mathematical Principles of Natural Philosophy）終於出版了。《自然哲學的數學原理》就算說是整個物理學，甚至近代科學的出發點也不為過，也是科學史上最重要的書籍之一。

神奇之年的三大成就

1665～1666年被稱為「神奇之年」，插圖是牛頓在這年所完成的三大成就示意圖。

> 🔍 **再更詳細一點！ 牛頓力學是牛頓獨創的嗎？**
> 牛頓力學雖然冠上牛頓之名，但未必完全都是牛頓獨創的理論。例如，「運動三定律」（慣性定律、運動方程式、作用與反作用定律）也是伽利略、笛卡兒、惠更斯（christiaan Huygens，1629～1695）等活躍於16～17世紀的科學家所確立，或者是大致闡明的理論。本書的監修和田純夫表示：「牛頓的成就在於他將運動三定律與萬有引力定律結合，而可以說明從天體運動到生活周遭所有物體的運動。」

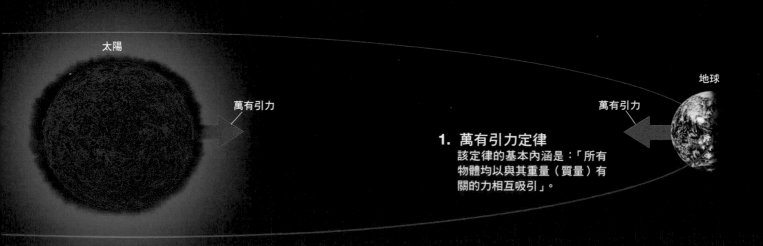

太陽

萬有引力

地球

萬有引力

1. 萬有引力定律
該定律的基本內涵是：「所有物體均以與其重量（質量）有關的力相互吸引」。

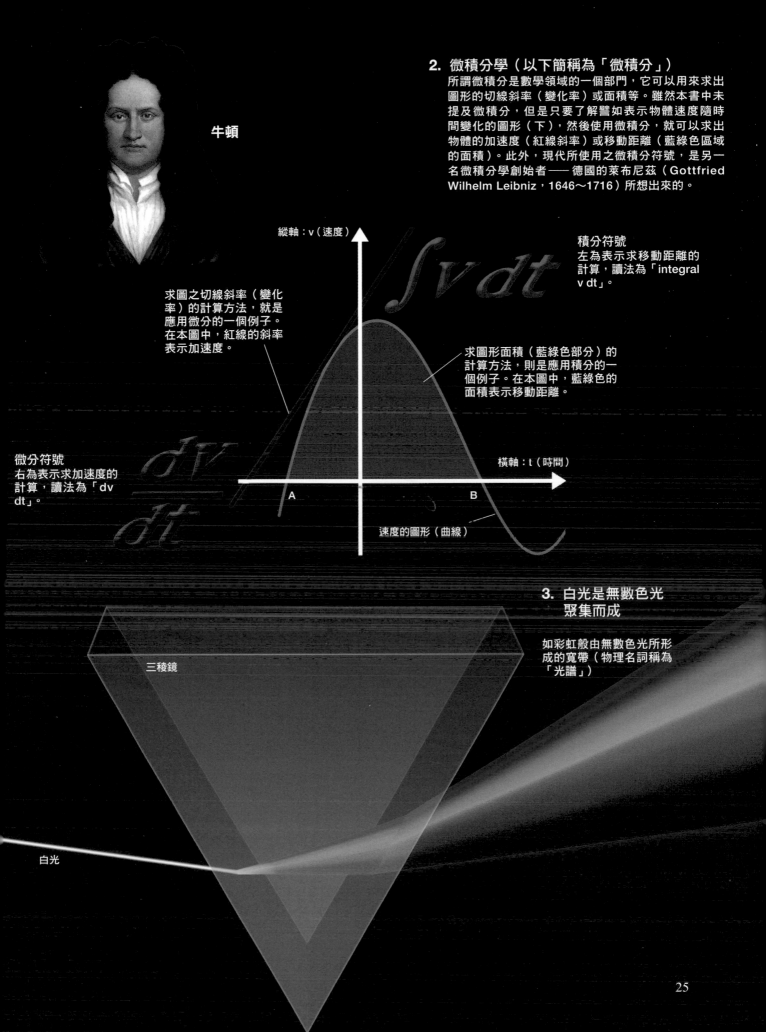

牛頓

2. 微積分學（以下簡稱為「微積分」）

所謂微積分是數學領域的一個部門，它可以用來求出圖形的切線斜率（變化率）或面積等。雖然本書中未提及微積分，但是只要了解譬如表示物體速度隨時間變化的圖形（下），然後使用微積分，就可以求出物體的加速度（紅線斜率）或移動距離（藍綠色區域的面積）。此外，現代所使用之微積分符號，是另一名微積分學創始者──德國的萊布尼茲（Gottfried Wilhelm Leibniz，1646～1716）所想出來的。

縱軸：v（速度）

$$\int v\,dt$$

求圖之切線斜率（變化率）的計算方法，就是應用微分的一個例子。在本圖中，紅線的斜率表示加速度。

積分符號
左為表示求移動距離的計算，讀法為「integral v dt」。

求圖形面積（藍綠色部分）的計算方法，則是應用積分的一個例子。在本圖中，藍綠色的面積表示移動距離。

橫軸：t（時間）

$$\frac{dv}{dt}$$

微分符號
右為表示求加速度的計算，讀法為「dv dt」。

A　　　B

速度的圖形（曲線）

3. 白光是無數色光聚集而成

如彩虹般由無數色光所形成的寬帶（物理名詞稱為「光譜」）

三稜鏡

白光

25

發現「慣性定律」的人是伽利略和笛卡兒

慣性定律這個「偏離常識」的定律，是在牛頓出生這年逝世的義大利科學家伽利略所發現的，他進行了如下圖 1 般的實驗。球滾動過位在左邊的 A 斜面，然後爬升到位在右邊的 B 斜面。斜面非常平滑，幾乎可以將摩擦完全忽略。此時，球所爬升到的 B 斜面高度，與從 A 斜面開始滾動時的高度相同。即使改變 B 斜面的斜度，球可以爬升到與剛開始相同高度的事實都沒有改變（下圖 2）。伽利略注意到該實驗事實。

「偏離常識」的定律是藉由思考實驗發現的

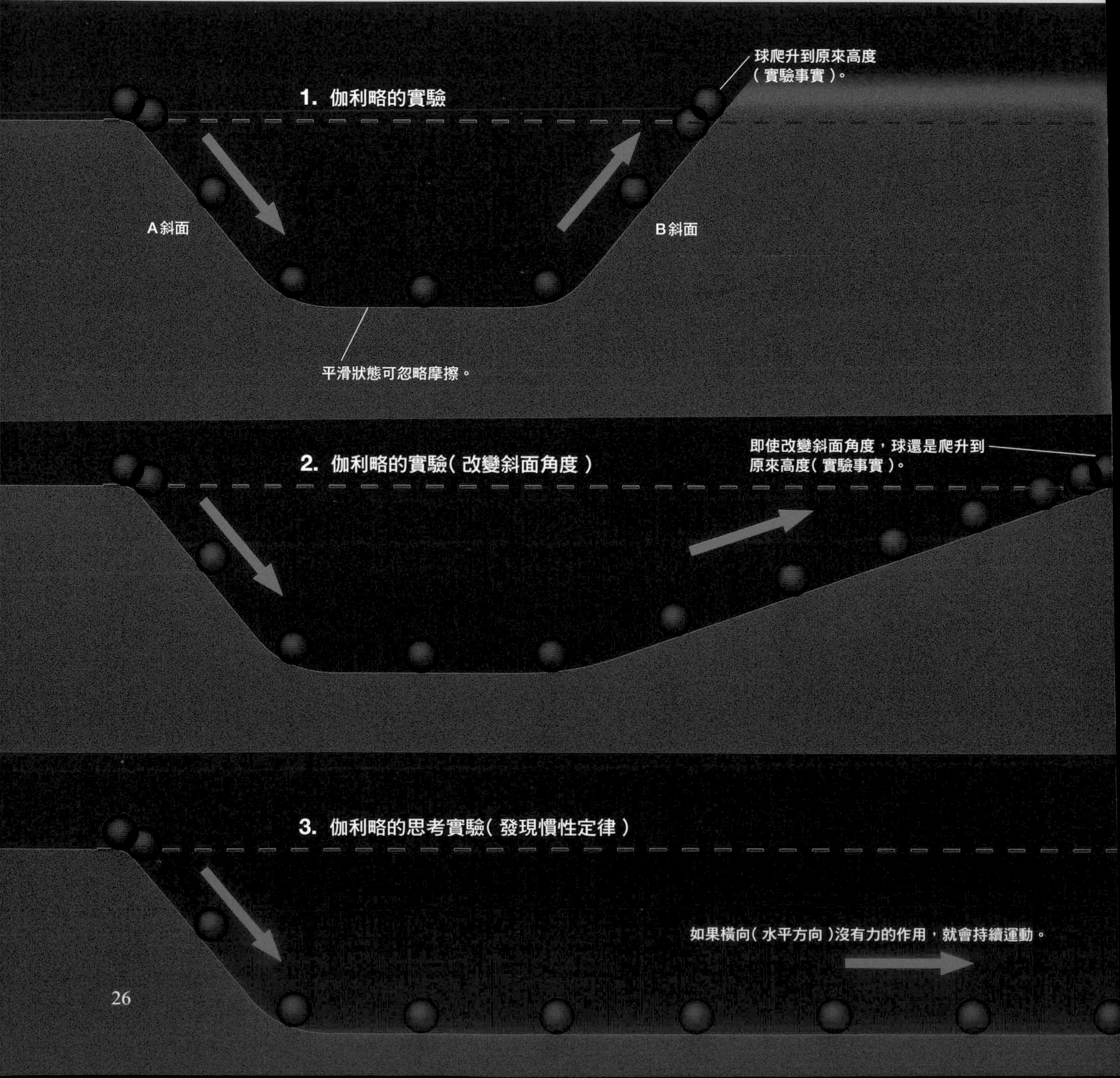

球爬升到原來高度
（實驗事實）。

1. 伽利略的實驗

A斜面　　　　　　　　　　　　　B斜面

平滑狀態可忽略摩擦。

即使改變斜面角度，球還是爬升到
原來高度（實驗事實）。

2. 伽利略的實驗（改變斜面角度）

3. 伽利略的思考實驗（發現慣性定律）

如果橫向（水平方向）沒有力的作用，就會持續運動。

伽利略據此進行思考實驗（左圖3），換言之就是在腦中進行實驗。伽利略在腦海中將B斜面的斜度逐漸放平緩，因為球還是可以爬升到相同的高度，所以球應該會漸漸滾動到遠方。

最後，B斜面成水平。此時，球應該會永久地在該水平面上筆直前進。換言之，球在水平方向未受任何外力的情況下，一直持續在滾動，這就是慣性定律。伽利略經過這樣的思考實驗，終於發現慣性定律。

不過，伽利略是認為：「若沒有力的作用，運動中的物體會持續作圓周運動。」例如：他認為地球是球，因此如果左圖3的運動一直持續，可以推測最後會成圓周運動。而第一個提出更正確結論的是法國科學家笛卡兒，他說：「若沒有力的作用，運動中的物體會持續地筆直前進。」

單擺

在伽利略實驗中的斜面球運動，與單擺運動類似。手持單擺讓它往左傾斜，然後輕輕把手放開，它會擺動到另一側與前面相同的高度後，又往左邊擺動。為什麼單擺和伽利略實驗中的球都會回到原來的高度呢？藉由「能量守恆定律」可以說明。

單擺也會爬升到原來高度

在此輕輕地將手放開

爬升到原來高度後，又再度往左邊擺動。

伽利略

笛卡兒

假設斜面的角度為零，球應該會一直滾動下去（根據實驗事實所做的推測）。
→ 慣性定律

可以輕鬆投出時速高達200公里的快速球嗎!?

「速度」和「速率」這二個詞我們都聽過，也常混用。然而嚴謹來說，在物理學上兩者的使用有所區別。「速度」（velocity）是物體在單位時間內所作的位移，有大小、方向，以箭頭（向量）表示。「速率」（speed）是物體在單位時間內所經過的路徑長，只表示速度的大小。例如，往西南方向時速100公里，說的是速度；如果只說時速100公里，說的就是速率。速度和速率是理解力學的關鍵，因此讓我們詳細了解它們的性質。

速度因觀測者的立場而改變

有一點很重要：即使是同一物體的運動，其速度也會因觀測者的不同而有差異。乘車時應該見過二部開往同方向的車並行的樣子吧？如果對地面上的人而言，二部車的行駛速度相同，這時從其中一部車看另一部車的速度（相對速度）就會是零。

正如圖1-a所示，如果在時速100公里往右前進的捷運車廂中的人，看到的是車內投手以時速100公里往右投擲的球；那麼，在捷運車外靜立於地面的人所見到的球速又會是什麼狀況呢？只要將球的球速100公里向右箭頭（向量），和捷運的時速100公里向右箭頭相加，就可以得到答案。靜立地面的人見到的球速為向右時速200公里。連職業棒球好手也無法在地

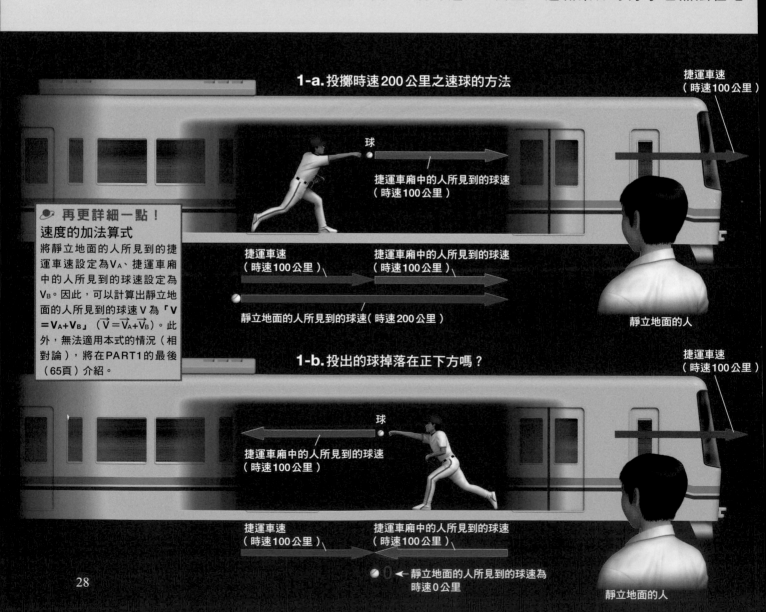

1-a. 投擲時速200公里之速球的方法

捷運車速（時速100公里）

球

捷運車廂中的人所見到的球速（時速100公里）

捷運車速（時速100公里）

捷運車廂中的人所見到的球速（時速100公里）

靜立地面的人所見到的球速（時速200公里）

靜立地面的人

再更詳細一點！
速度的加法算式

將靜立地面的人所見到的捷運車速設定為V_A、捷運車廂中的人所見到的球速設定為V_B。因此，可以計算出靜立地面的人所見到的球速V為「$V = V_A + V_B$」（$\vec{V} = \vec{V_A} + \vec{V_B}$）。此外，無法適用本式的情況（相對論），將在PART1的最後（65頁）介紹。

1-b. 投出的球掉落在正下方嗎？

捷運車速（時速100公里）

捷運車廂中的人所見到的球速（時速100公里）

球

捷運車速（時速100公里）

捷運車廂中的人所見到的球速（時速100公里）

0 ← 靜立地面的人所見到的球速為時速0公里

靜立地面的人

面投出的超快速球，只要利用速度加法，很容易就可以投出。

那麼，如果如圖1-b所示，從捷運車廂中的人來看，車內投手向左投出時速100公里的球時，又是如何呢？如果運用箭頭的加法（減法），兩者互相抵銷，靜立地面的人所見到的球速為時速0公里。換言之，從靜止的人來看，球後來是朝正下方掉落。很不可思議吧！

「拋體運動」是什麼樣的運動呢？

接下來，來看看地面上將球往斜上方拋出時的「拋體運動」（2-a）吧。因為球受到重力的影響，會成「拋物線」，最後掉落在地面上。

請將此運動分為水平方向和鉛直方向來思考。例如，首先將往上拋投時的速度（初速度）分成水平方向和鉛直方向二個「速度分量」。像這樣，**速度的箭頭（向量）可以分割成兩個方向來思考。**

而重力隨時往正下方作用，換言之，球在鉛直方向（上下方向）承受重力，但是在水平方向卻未受到任何的力。因此，**水平方向按照慣性定律，保持相同速度（水平方向的初速度）前進。**這件事可藉由如圖2-b般，由「正下方」看拋體運動（忽視鉛直方向的動作）即可得到確認。

另一方面，若像圖2-c般，從「正後方」看拋體運動（忽視水平方向的動作），就能見到鉛直方向為受重力影響的「向上、向下拋體運動」。

結果，所謂拋體運動，就是由鉛直方向的向上、向下拋體運動和水平方向的等速直線運動組合而成。若寫成式子就是：**「拋體運動＝向上、向下拋體運動（鉛直方向）＋等速直線運動（水平方向）。」**

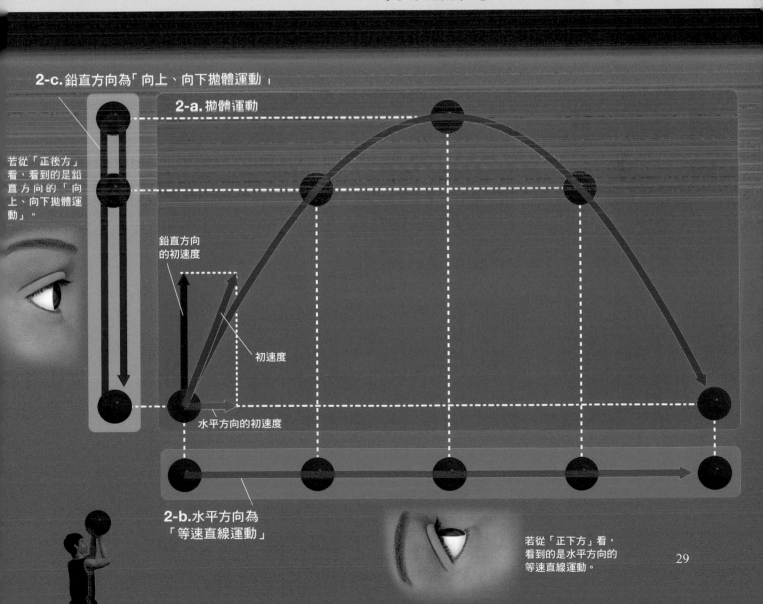

2-c.鉛直方向為「向上、向下拋體運動」

2-a.拋體運動

若從「正後方」看，看到的是鉛直方向的「向上、向下拋體運動」。

鉛直方向的初速度

初速度

水平方向的初速度

2-b.水平方向為「等速直線運動」

若從「正下方」看，看到的是水平方向的等速直線運動。

29

為什麼我們不會察覺地球的自轉和公轉？

本頁將根據慣性定律來思考先前所提到「地球自轉和公轉」的問題（1）。

在地球赤道的表面，自轉造成的速率為時速1700公里、公轉造成的速率為時速10萬7000公里。為什麼在如此高速的狀態下，我們卻絲毫沒有察覺呢？由於地球在做那麼高速的運動，如果我們將球往頭頂正上方拋，在與地球運動相抵的情況下，球應該要飛往後方（與地球運動相反的方向）才對（2）[※1]。然而實際卻非如此，原因到底是什麼？

讓我們將地球換成捷運列車想一想。假設列車以相同的速率（時速50公里）直線行駛在平坦的場所（等速直線運動）。此時，如果在車廂內將球往頭頂正上方拋，它會掉落在哪裡？就算你跟著往上跳也無妨。經過實驗，不管是球或是你自己的身體，都會掉落在（車廂中的）原位（3）。

列車、乘客和球，在水平方向上一直都是相同速率

從靜立在車廂外的人來看乘客拋球這件事吧（4）！當球在手中時，球已經跟列車同樣以時

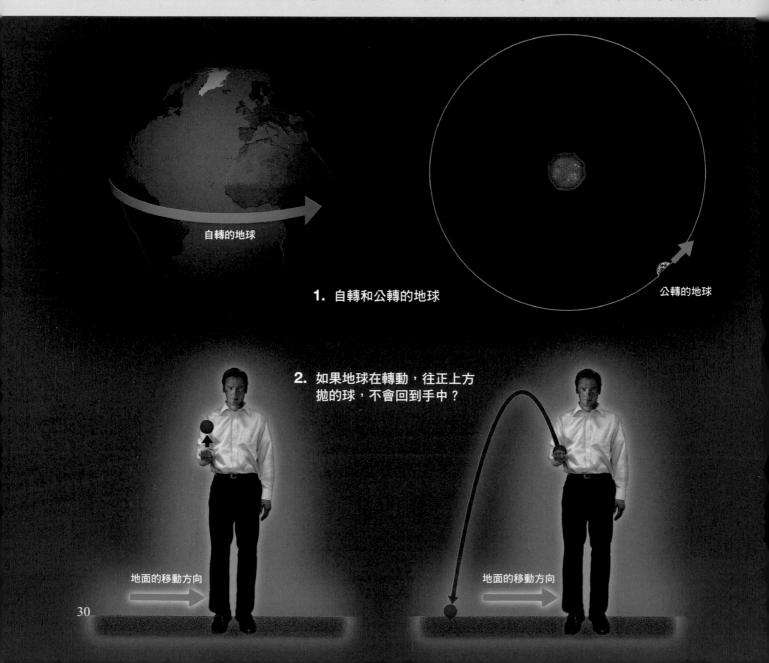

1. 自轉和公轉的地球

自轉的地球

公轉的地球

2. 如果地球在轉動，往正上方拋的球，不會回到手中？

地面的移動方向

地面的移動方向

速50公里往水平方向前進。就算車廂內的人看到球往頭頂的正上方拋，但是就站在車廂外的人來看，球遵循慣性定律，水平方向一直保持時速50公里的速度。換言之，從外面靜止的人來看，球是斜拋向上的拋體運動。若是寫成式子，就是：「向上、向下拋體運動（鉛直方向）＋等速直線運動（水平方向）＝拋體運動」。

再者，列車、乘客和球都以時速50公里往水平方向持續前進。跟前頁所提到「並行的車子」一樣，從乘客眼光來看球的水平方向的速度，相減後為零。換言之，從外面來看成拋體運動的球，若從乘客來看，應該只是拋到正上方再掉落下來罷了（拋體運動－等速直線運動＝向上、向下拋體運動）。

「以相同速率直線前進的狀態」等同靜止狀態

地球同時在作自轉和公轉，不管是地球上的人或是人手上拿著的球，都以跟地球相同的速度持續運動[2]。因此，就跟在捷運車廂中一樣，在地球上將球往頭頂上方拋，球還是會回到手中。像這樣，**在做等速直線運動之場所（列車、地球）的物體運動（球的上拋等），與在靜止場所所做的運動無法區別，這就是「（伽利略的）相對性原理」。**

同樣的道理也適用於熱氣球問題。空氣和熱氣球也依循慣性定律，跟著地球持續運動。所以熱氣球只會飄浮在天空中，而無法往西的方向移動。

3. 在捷運車廂中，將球往上拋（車廂中的人所見到的情形）

車廂中的
旁觀者

[1]：在相信天動說（認為地球靜立在宇宙的中心，所有天體都環繞在它的周圍運行的學說）的時代，人們認為：「如果地球在運動，球應該無法回到手中，因此地球是不動的。」

[2]：雖然地球的自轉和公轉是圓周運動，但是因為圓的半徑很大，從中切一段來看，可以視為跟車廂一樣，幾乎是成等速直線運動。

🔍 再更詳細一點！
愛因斯坦的相對性原理

愛因斯坦（Albert Einstein，1879～1955）將與物體運動相關的「伽利略相對性原理」想法更進一步的發展。他認為：『在等速直線運動的場所進行實驗而得到的所有物理定律，與在靜止場所進行實驗而得到的所有物理定律，都是完全相同的。』這就是「愛因斯坦的相對性原理」。以該原理為基礎，愛因斯坦最後推演出在時間和空間想法上引發革命的「相對論」。

4. 在捷運車廂中，將球往上拋（靜立地面的人所見到的情形）

球的速度

捷運車速

靜止的旁觀者所見到
的球速（朝斜上方）

往上拋投的速度

球水平方向
的速度（拋
投時）

乘客的
速度

乘客的
速度

乘客的速度

水平方向的球速
（接住時）

靜止的旁觀者　　　　橫向的粉紅色箭頭表示皆為相同的速度

力學中的關鍵觀念「加速度運動」究竟是什麼？

在此，讓我詳細來認識「加速度」的本質究竟是什麼。誠如第10頁中所介紹的，當力作用時，物體的速度（速率及行進方向）會發生變化。物體速度有變化的運動稱為「加速度運動」。所謂「力」，可說是「引發加速度運動的原因」。

所謂的加速度即是每秒（單位時間）的速度變化。「速率」為「位置變化（移動距離）÷經過時間」[1]，而「加速度」可用「速度變化÷經過時間」[1]求得。

讓我們想想車子的加速度（1）。2為用以比較的等速直線運動。在1中，從時間0秒到時間1秒之間，速率從每秒0m增為每秒2m，因此這期間的加速度為「（秒速2m－秒速0m）÷（1秒－0秒）」，也就是2〔m/s^2〕[2]。這個意思是速度在每秒內僅增加秒速2m。

速率不變的加速度運動

在減速的場合也是用「加速度」的說法，一般不說「減速度」和「減速度運動」。減速可想成「負的加速」。在1時刻3～4秒間，速率由秒速6m減為秒速4m，因此這期間的加速度為

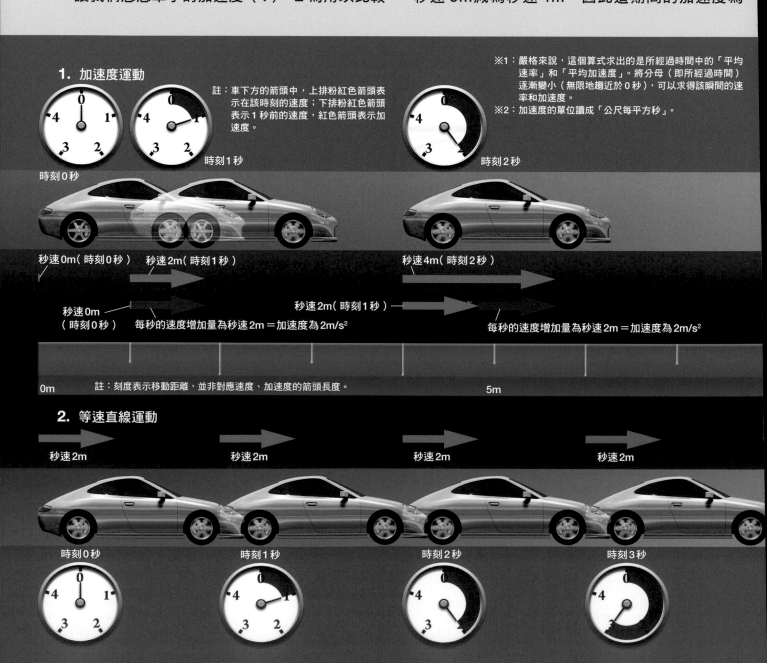

1. 加速度運動

註：車下方的箭頭中，上排粉紅色箭頭表示在該時刻的速度；下排粉紅色箭頭表示1秒前的速度，紅色箭頭表示加速度。

時刻1秒

時刻2秒

時刻0秒

秒速0m（時刻0秒）　秒速2m（時刻1秒）

秒速4m（時刻2秒）

秒速0m
（時刻0秒）　　每秒的速度增加量為秒速2m＝加速度為2m/s²

秒速2m（時刻1秒）　每秒的速度增加量為秒速2m＝加速度為2m/s²

※1：嚴格來說，這個算式求出的是所經過時間中的「平均速率」和「平均加速度」。將分母（即所經過時間）逐漸變小（無限地趨近於0秒），可以求得該瞬間的速率和加速度。
※2：加速度的單位讀成「公尺每平方秒」。

0m　　　　註：刻度表示移動距離，並非對應速度、加速度的箭頭長度。　　　　　5m

2. 等速直線運動

秒速2m　　　　秒速2m　　　　秒速2m　　　　秒速2m

時刻0秒　　　時刻1秒　　　時刻2秒　　　時刻3秒

「（4－6）÷（4－3）」，為－2〔m/s²〕。

此外，就算速率沒有增減，但是速度的方向有所改變（前進方向），也稱為加速度運動。加速度運動係指讓代表速度的箭頭[其長度及（或）方向]發生變化的所有運動。想一想汽車保持一定速率過彎時的狀況（3）。此時汽車的速率並無改變，但是因為前進方向變了，因此可以說是加速度運動。

再者，當我們把油門踏板踩得越接近底部，車子的加速度越大，此意味了車子受到極大的力的作用。若欲使相同物體的加速度增為2倍，則需有2倍大的力。**加速度越大，施於其上的力越大。力與加速度成正比。**

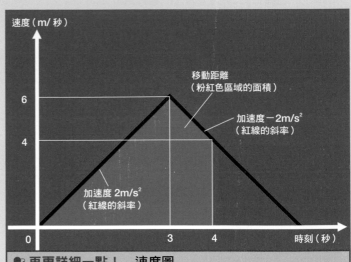

移動距離
（粉紅色區域的面積）

加速度－2m/s²
（紅線的斜率）

加速度2m/s²
（紅線的斜率）

速度（m/秒）

時刻（秒）

● 再更詳細一點！　速度圖
上面圖表係表示**1**之車速的時間變化。因為它與微積分有關，在此無法作詳細的說明。但是我們知道速度與時間的關係圖的斜率代表加速度（速度的時間變化率），圖與橫軸所圍成的面積代表移動距離（0～3秒為9m，0～4秒為14m）。

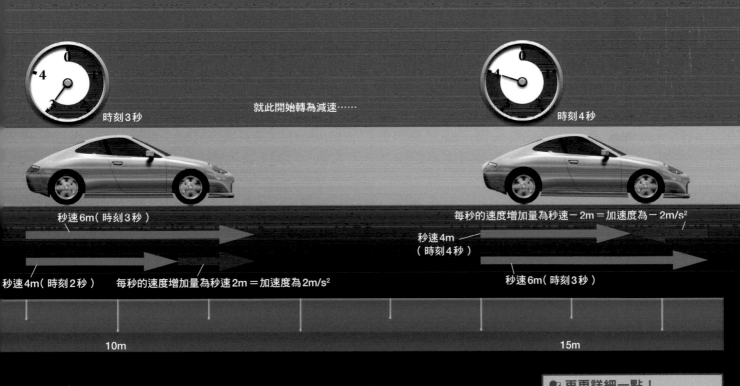

時刻3秒

就此開始轉為減速……

時刻4秒

每秒的速度增加量為秒速－2m＝加速度為－2m/s²

秒速6m（時刻3秒）

秒速4m（時刻4秒）

秒速4m（時刻2秒）　每秒的速度增加量為秒速2m＝加速度為2m/s²

秒速6m（時刻3秒）

10m

15m

秒速2m

時刻4秒

3. 即使只是改變速度方向，也是加速度運動

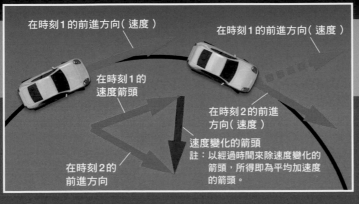

在時刻1的前進方向（速度）

在時刻1的前進方向（速度）

在時刻1的速度箭頭

在時刻2的前進方向（速度）

在時刻2的前進方向

速度變化的箭頭
註：以經過時間來除速度變化的箭頭，所得即為平均加速度的箭頭。

● 再更詳細一點！
加速度亦可用箭頭（向量）來表示

加速度有大小和方向，可用箭頭表示。計算方法為：「平均加速度的箭頭（$\vec{a}$）＝速度變化的箭頭（$\Delta\vec{v}$）÷經過時間」。

將左圖的速度變化的箭頭長度除以經過時間，所得到的即為平均加速度的箭頭。經過時間趨近於0時的極限，為瞬間加速度的箭頭。$\vec{a}$ 讀成「a向量」、$\Delta\vec{v}$ 讀成「Delta v向量」。

重物和輕物以相同的加速度落下

古希臘的亞里斯多德認為：「越重的東西落下速度越快」（1）。例如：沉重鐵塊的落下速度，很明顯就比輕飄的羽毛快，因此也許有人認為這樣的想法並無不妥。

但是伽利略卻對這樣的想法提出異議，並想出下面的實驗。他用繩索將沉重的鐵球和輕巧的木球綁在一起，讓它們同時落下（2）。如果重球的落下速度較快，用繩索綁住的輕球就會對它發生煞車作用，因此速度會比只有鐵球落下時稍慢。而另一方面，二球相加的重量比只有一球時多，所以落下速度也比只有鐵球落下時更快一些。相同的現象，只因為看法不同，竟然得到了互相矛盾的結果。伽利略根據這件事判斷：「重物的落下速度較快」這個最初假設是錯誤的。

伽利略的想法如下：「**不管重物或是輕物，原本都是以相同的速率落下。羽毛之所以緩慢飄落，是因為受到空氣強大的阻力之故。如果是在真空的環境，鐵跟羽毛的落下情形應該是一樣的。**」這樣的想法在後來開發出真空幫浦後，獲得證實（3）。

藉由斜面實驗發現的「自由落體定律」

伽利略想要實際觀測物體的落下情形。但是物體的落下速度太快，很難直接測定。因此，首先研究球從斜面滾落下來的落體運動（右圖4）。逐漸加大斜面的角度，最後斜面成為鉛直面，就是自由落體運動了。

伽利略測量球每隔一定時間到達的位置，計算一定時間內球移動的距離，結果作出以下的結論。「**球的移動距離，與經過時間的平方成正比**」（自由落體定律）。例如，假設1秒後到達的距離為1，2秒後通過的距離應該是4（＝2^2）、3秒後的距離為9（＝3^2）。由實驗得知，**不論斜面角度的大小，該結果都是一樣的。換句話說，即使是自由落體運動（斜面角度90度），也能夠符合。**

再者，在斜面上滾動的球，隨著時間經過，每1秒移動的距離變長。顯示速度在增加（加速中），也就顯示重力會使物體的速度增加。

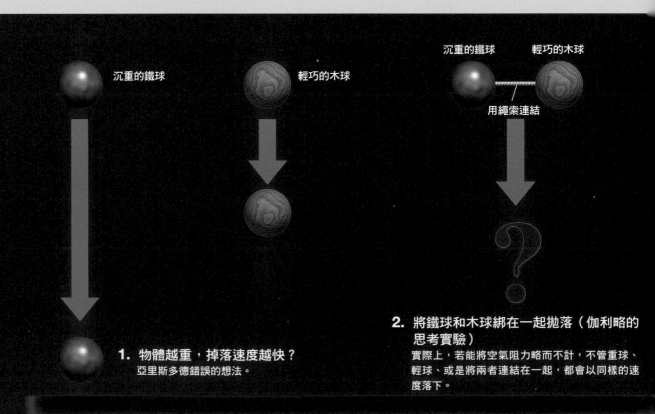

沉重的鐵球　　　　輕巧的木球　　　　　沉重的鐵球　　輕巧的木球

用繩索連結

1. 物體越重，掉落速度越快？
   亞里斯多德錯誤的想法。

2. 將鐵球和木球綁在一起拋落（伽利略的思考實驗）
   實際上，若能將空氣阻力略而不計，不管重球、輕球、或是將兩者連結在一起，都會以同樣的速度落下。

3. 在真空中，鐵和羽毛落下
　　的情形一樣

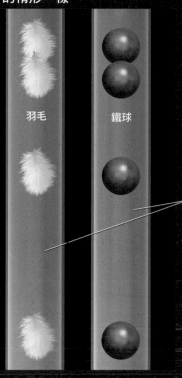

羽毛　　　鐵球

內部真空的
管子

比薩斜塔
比薩斜塔因為「伽利略讓
重球和輕球同時從比薩斜
塔落下，結果顯示二球同
時抵達地面」的傳說而舉
世聞名。然目前的看法傾
向這樣的傳說並非事實。

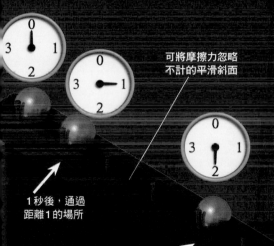

可將摩擦力忽略
不計的平滑斜面

1秒後，通過
距離1的場所

2秒後，通過
距離4的場所

每1秒的移動距離逐漸變長
→　加速中！

3秒後，通過
距離 9的場所

4. 藉由斜面實驗發現
　　的自由落體定律

🪐 再更詳細一點！
**從前的人如何看待重
力？**
在伽利略提出異議之前，從
前的人都相信亞里斯多德式
的想法，他們認為天空的世
界和地面的世界是截然不同
的。由於他們相信天動說，
因此認為：「天體運動主要
是以地球為中心的圓周運
動。」另一方面，地面上的
物體則是：「物體本身具有
企圖朝地球中心凝聚的性質
（自然運動）。」換言之，
在這時尚未有地球會吸引物
體的重力概念。

即使無重力，乒乓球和鉛球還是有差別

在此，讓我們先介紹「質量」和「重量」的差別吧！

重量會因場所而異。在地球重量為 6 公斤重（kgw）[1]的物體，在重力場只有地球六分之一的月球，重量變為只有 1 公斤重。如果是在無重力狀態的國際太空站（ISS），不管任何物體的重量都變為零（1）。重量會因為作用在物體上的重力大小而異。

另一方面，質量則表示「物體不易移動的程度（不易加速的程度）」的量。在國際太空站中，因為沒有重量的關係，不管是乒乓球或是鉛球，如果只是放在手掌心，不需要力（2）。但是，即使在無重力狀態下，質量較大者仍然較不易移動，要讓它移動（使之加速）需要更大的力，這一點跟在地球上是一樣的（3）。質量（物體的不易移動性）到任何地方都不變。

所有物體皆以相同的加速度落下

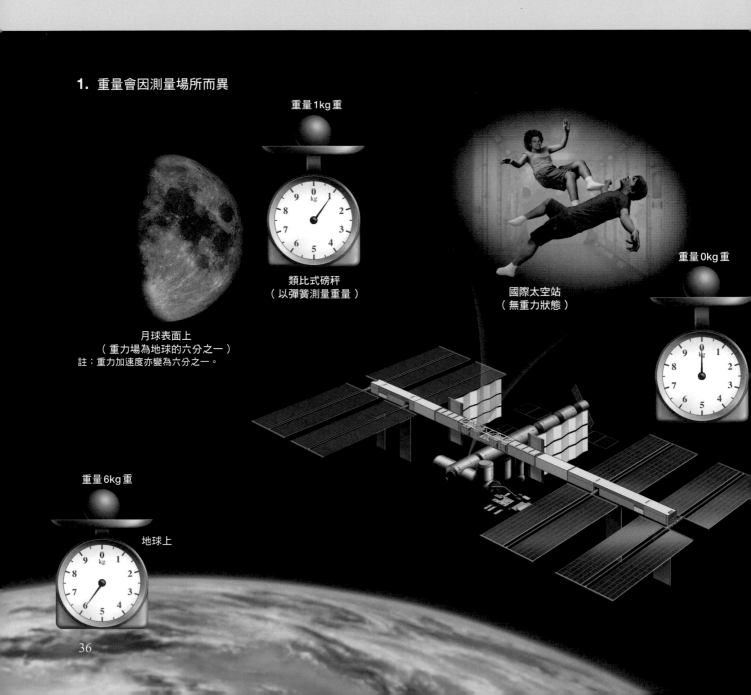

1. 重量會因測量場所而異

重量1kg重

類比式磅秤
（以彈簧測量重量）

月球表面上
（重力場為地球的六分之一）
註：重力加速度亦變為六分之一。

國際太空站
（無重力狀態）

重量0kg重

重量6kg重

地球上

正如前頁所述，如果忽略空氣阻力，所有物體無關質量大小，都會同時落到地面。由此可見，所有物體都是以相同的加速度落下。

根據實驗，該加速度（重力加速度）在地球上約為9.8〔m/s²〕[※2]。換言之，在自由落體運動中，速率依照「秒速0公尺→秒速9.8公尺→秒速19.6公尺→秒速29.4公尺→……」的方式，每秒增加秒速9.8公尺。據此，從運動方程式導出「（在地球上的）重力≒質量×9.8[※3]」。

物體質量越大，所受重力也就越大，因此也許有人會想：「重力加速度是否也會跟著變大呢？」然而，物體質量越大就越不容易加速，兩種效應相互抵消，重力加速度因此不受質量左右。

※1：日常生活中最常用的重量單位為「公斤」。但是嚴格來說，這是質量單位；重量單位是使用一般力的單位「牛頓（N）」或是本文所介紹的「公斤重」（kgw）。
※2：地球上的重力加速度也有人以「1G」來表示，1〔G〕≒9.8〔m/s²〕。月球的重力加速度為0.17G，木星的重力加速度為2.37G。
※3：力的單位是「牛頓（N）」。根據運動方程式：「力＝質量×加速度」，因此力的單位〔牛頓（N）〕＝〔公斤（kg）〕×〔公尺每平方秒（m/s²）〕。換言之，1〔N〕＝1〔kg·m/s²〕。此外，9.8（N）＝1（kgw）。

2. 在無重力狀態下，無論拿著乒乓球或鉛球，都不需要用力。

鉛球

乒乓球

無重力狀態

3. 即使在無重力狀態下，鉛球仍比乒乓球不易移動（質量不管到哪裡都一樣）。

乒乓球

無重力狀態

以相同的力推，鉛球較不容易移動（加速度小）

鉛球

如果沒有空氣阻力，一旦下雨就無法外出？

　　作用在一個物體上的力，並不會只有一種。例如，作用在自由落體的雨滴上面的力，除了重力之外，還有「空氣阻力」（1-a）。在這樣的場合，可以將兩種力的箭頭（向量長度）相加，求出重力和空氣阻力的「合力」（1-b）。**如果在幾個力同時作用於一個物體的情況下，這些力同時作用的效果，與另一個力單獨對物體造成的效果相同，則這個力就是它們的「合力」。**

　　若將運動方程式的「力」置換成「合力」，即變為「合力＝質量×加速度」，因此，「加速度＝合力÷質量」。若看到1-c的合力箭頭長度，即可明白雨滴是以緩慢的加速度落下，而非可以忽略空氣阻力。

如果合力達到平衡，物體就不會加速

　　再者，**空氣阻力具有物體速率愈大，阻力愈強的性質**。雨滴一開始受到重力作用而加速。但是，空氣阻力沿途不斷遞增，最後與重力相當（1-d）。由於同樣大小的二力在相反方向作用的結果，合力為零。**若合力為零，就相當於力並未發生實質的作用**，這樣的狀況稱為「力的平衡」。

　　雖然力未發生實質的作用，然而並非表示物體不會掉落。依照慣性定律，在沒有力的作用下，靜止的物體恆久保持靜止；以某種速度運

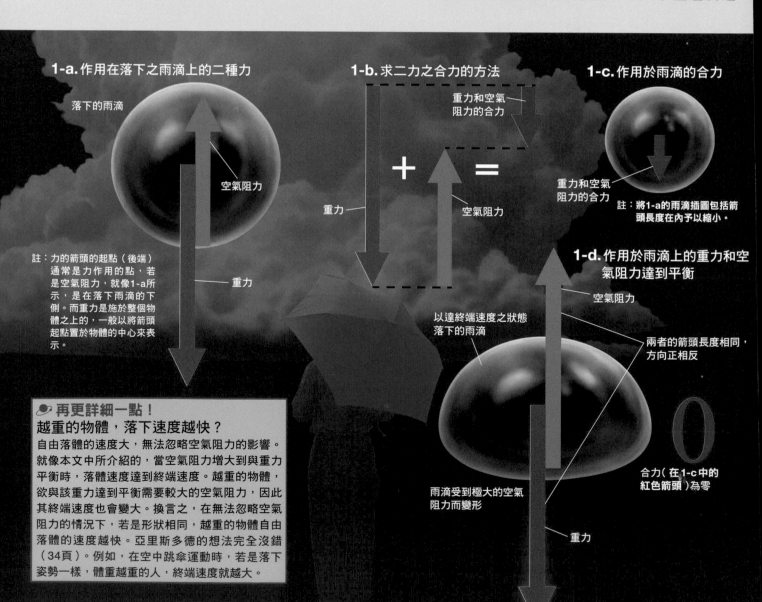

1-a. 作用在落下之雨滴上的二種力

落下的雨滴

空氣阻力

註：力的箭頭的起點（後端）通常是力作用的點，若是空氣阻力，就像1-a所示，是在落下雨滴的下側。而重力是施於整個物體之上的，一般以將箭頭起點置於物體的中心來表示。

重力

1-b. 求二力之合力的方法

重力和空氣阻力的合力

＋

重力

空氣阻力

＝

1-c. 作用於雨滴的合力

重力和空氣阻力的合力

註：將1-a的雨滴插圖包括箭頭長度在內予以縮小。

1-d. 作用於雨滴上的重力和空氣阻力達到平衡

空氣阻力

兩者的箭頭長度相同，方向正相反

以達終端速度之狀態落下的雨滴

合力（在1-c中的紅色箭頭）為零

雨滴受到極大的空氣阻力而變形

重力

🪐 **再更詳細一點！**
越重的物體，落下速度越快？
自由落體的速度大，無法忽略空氣阻力的影響。就像本文中所介紹的，當空氣阻力增大到與重力平衡時，落體速度達到終端速度。越重的物體，欲與該重力達到平衡需要較大的空氣阻力，因此其終端速度也會變大。換言之，在無法忽略空氣阻力的情況下，若是形狀相同，越重的物體自由落體的速度越快。亞里斯多德的想法完全沒錯（34頁）。例如，在空中跳傘運動時，若是落下姿勢一樣，體重越重的人，終端速度就越大。

動的物體，則保持該速度持續等速直線運動。

　換句話說，力達到平衡的雨滴依循著慣性定律，保持當時的速度（終端速度）持續落下。由於雨滴已達終端速度（平均約秒速數公尺），速度不快，所以打在身上不會痛。

合力為「平行四邊形的對角線」

　未在同一直線之二力的合力也可以用向量（箭頭長度）的加法來計算。正如2-a所示，A車在被B車和C車用鋼索拉著的情況下，A車開始朝合力的方向（向右）移動。將二力的向量長度當成平行四邊形的二邊，作出平行四邊形，畫出對角線，該對角線即為合力的向量（請參考右上邊欄）。2-b和2-c分別為力的方向、大小、數目等不同時的情形。

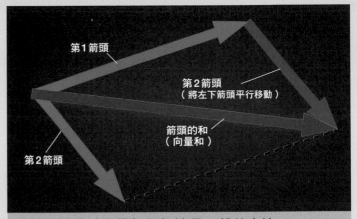

■ 箭頭長度（向量）的加法是一般的方法

不管是力、速度、加速度，箭頭長度的加法，皆可用跟下面相同的方法作圖。首先對齊二個箭頭（綠色箭頭）的起點（箭頭的後端），繪出以二箭頭長度為二邊的平行四邊形，只要在其對角線繪出新的箭頭（紅色箭頭），這就是二個箭頭的和。

其次，也可如下思考：將箭頭從起點往終點（箭頭的前端）移動。於是，這二個箭頭的作圖方式就是「首先以第1箭頭移動，然後再將第2箭頭（半透明的綠色箭頭）平移到第1箭頭終點。」這樣二階段的移動方式跟一階段的移動方式（紅色箭頭）結果是一樣的。又，箭頭（向量）是可以平移的。

2-a. 未在同一直線上之二力的合力 …… 例1

鋼索

A車被B車拉引的力

A車

合力

A車被C車拉引的力

B車

C車

若作出以二力之箭頭長度為二邊的平行四邊形，則其對角線為合力。

2-b. 未在同一直線上之二力的合力 …… 例2

B車

A車　合力　C車

2-c. 未在同一直線上之三力的合力 …… 例3

在此先求出 B 車和 C 車作用的合力之後，再求出該合力與 D 車作用之合力，於是就可以求出 3 部車作用的合力。

求出B車和C車作用的合力

A車　　　　　C車

B車

3部車同時作用的合力

D車

註：就算使用的方法與上述不同，一開始先求出 B 車（C 車）與 D 車的合力，但是結果仍然一樣（相同的合力箭頭）。

生活周遭有各式各樣的力存在

在我們生活周遭有各種不同種類的力，在此僅介紹幾種具代表性的力。以推動書櫃為例，作用於書櫃上的力有以下幾種：人推書櫃的力、重力、地板將書櫃往上頂的力（正向力，1-a）、地板的摩擦力（1-b）。又，在此僅舉出作用於書櫃的力，未考慮人所受的力和地板所受的力。在考慮力時，掌握作用於哪個物體上是非常重要的。

地板和彈簧的共通性是什麼？

在此說明一下正向力（也稱垂直阻力）。所謂正向力是二個物體接觸時，垂直於接觸面的反頂力。該力往往被忽略，但卻充斥在我們生活周圍。如果垂直方向只有重力作用，物體應該會往下方移動（加速度運動）。但由於書櫃是靜止的，因此應該還有力在相反方向作用以抵消重力（1-c）。地板以隨時向上的正向力將書櫃頂回。

也許有人會覺得很不可思議，為什麼地板會把書櫃往回頂呢？這裡先提示：它是一種彈力。讓我們想想這樣的狀況：直立彈簧上方有個重物。接著思考彈簧施加於重物的力（彈

🪐 再更詳細一點！
容易混淆的「力的平衡」與「作用與反作用」
「力平衡」和「作用與反作用定律」完全是兩碼子事。不過由於力平衡的圖和作用與反作用定律的圖，都是長度相等的力的箭頭，方向正反相對，因此很容易混淆。所謂力平衡係指作用於同一物體的二力，大小相等、方向相反，合力為零的狀態。另一方面，作用與反作用定律則是指作用於二個物體的力大小相等，方向正相反。

書櫃

1. 生活中各式各樣的力

人推書櫃的力

加在書櫃上的重力

1-a. 地板將書櫃頂回去的力（正向力）

1-b. 地板的摩擦力

力）吧（2）。根據研究，彈力的大小與彈簧從原來長度縮短或伸長的量成正比。彈簧縮得越短或伸得越長，想要恢復原有長度的力就越強。

書櫃下方的地板就跟彈簧一樣，書櫃的重量讓地板發生些微形變。雖然只是些微形變，但事實上，這股想要恢復原來形狀的力就是正向力的根源。

接下來，讓我們思考沿水平方向作用的兩個力。人的推力如果不夠大，書櫃不會移動。此時，推力與摩擦力※平衡，合力為零（1-d）。在物體靜止狀態下發生作用的摩擦力（阻止靜止物體開始運動），稱為「靜摩擦力」。在書櫃靜止期間，靜摩擦力會隨著推力的增加而變

大。但是靜摩擦力的大小是有限度的（最大靜摩擦力），超過這個限度，書櫃便會移動。

作用於移動物體上的摩擦力，稱為「動摩擦力」。動摩擦力一般的性質是：略小於最大靜摩擦力。因此，在書櫃即將開始移動之前所需的推力最大，一旦書櫃開始移動，所需的推力就變得較小。

又，摩擦力的方向，在物體靜止的情形下，是與欲讓物體移動的方向相反；若在物體運動的情形下，則是與運動方向相反。

※：摩擦力的主要原因，一般認為是接觸物體表面的原子彼此間的吸引力，此外還有表面凹凸所造成的阻力。但是摩擦力的機制相當複雜，目前尚未完全闡明。

1-c. 書櫃垂直方向的力平衡

地板頂回書櫃的力
（正向力）

平衡

加在書櫃上的重力

1-d. 書櫃水平方向的力平衡
（書櫃沒有移動時）

地板的靜摩擦力

人推書櫃的力

平衡

2. 彈簧所施的力（彈力）

彈簧原來的長度

彈簧縮短的量

彈力

力達平衡

重力

縮短的彈簧

彈力與彈簧縮短或伸長的量成正比
（虎克定律）

🪐 再更詳細一點！ 沒有摩擦的世界，非常不便！?
如果這個世界沒有摩擦力，我們的日常生活會有什麼樣的改變？首先，吃飯就很不方便。就算筷子已經夾好食物，也會立刻滑落。我們不僅不能用圖釘將海報釘在牆壁上，也無法用鐵釘釘出書架，因為圖釘和鐵釘都是利用摩擦力來固定物體的。此外，衣服也會變得很容易破。衣服是由相互纏繞的細纖維聚集而成，因為纖維彼此間之摩擦力的關係，讓衣服有再怎麼拉扯也不會馬上破裂的強度。至於其他隱藏在我們生活中的摩擦力，就請各位用心找一找了。

在突然加速、減速的巴士中，所感覺到的是什麼力？

接下來，我們將介紹「外觀上的力」（假想力）。

各位應該有這樣的經驗：當汽車、巴士、飛機等在突然加速時，感覺好像有股力量將人壓在座位上（往與行進方向相反的力）；在緊急煞車時，感覺好像就要飛離座位了（往行進方向的力）（右圖1、2）。這些力稱為「**慣性力**」（inertial force）。

巴士在以固定速度前進時（等速直線運動）不會有這樣的感覺（3）。在等速直線運動時，不會產生慣性力。**慣性力只發生在乘坐的交通工具出現加速度運動時。**

突然加速的巴士（1），在巴士朝前方加速的同時，乘客的身體卻還依循著慣性定律，保持加速前的較慢速度，結果乘客的速度落後巴士。從巴士中看該狀況，因為巴士看起來是靜止的，所以就感覺到乘客好像突然受到往後方的力。這就是慣性力的真正面目。

突然緊急煞車（2）的狀況就跟上述恰相反，在巴士減速的同時，乘客身體卻仍保持原來的速度，因此會猛然往前衝。從巴士中看該狀況，感覺好像乘客突然受到往前方的力（慣性力）[1]。

在此請各位注意一點：**從靜立在車外的觀測者來看（1#，2#），乘客並未加速，仍然保持相同的速度。**想一想運動方程式（力＝質量×加速度），因為「加速度＝0」，所以「力＝0」。換言之，乘客並未受到力的作用。**慣性力只是從正在進行加速度運動的場所（本例中為巴士）所見到的力，所以慣性力也被稱為「假想力」。**慣性力並非實在的力，因此**不存在反作用**。慣性力會因為觀察點位置的不同，有些情況會感受到慣性力，有些情況則不覺得有慣性力。

慣性力的方向與**觀看場所**（觀測者所在場所，本例為巴士中）的**加速度成相反方向**[2]。此外，**慣性力作用於從進行加速度運動場所見到的所有物體。**不只是巴士中的乘客、置物架上的物品，連巴士空間中的蚊子、空氣都受慣性力的作用。

靜立巴士外的觀測者（ 1# ）

靜立巴士外的觀測者（ 2# ）

※1：汽車的安全帶可說就是為了防止慣性力讓人飛往前方的設計。
※2：慣性力可利用「物體質量×（－觀測場所的加速度）」來計算。
　　　（負號）是因為慣性力方向與觀測場所的加速度方向相反的緣故。

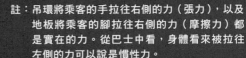

註：吊環將乘客的手拉往右側的力（張力），以及地板將乘客的腳拉往右側的力（摩擦力）都是實在的力。從巴士中看，身體看來被拉往左側的力可以說是慣性力。

1. 突然加速的巴士中

慣性力

慣性力發生在巴士加速度的相反方向

加速度

2. 緊急煞車的巴士中

慣性力

慣性力發生在巴士加速度的相反方向

加速度（減速中）

> 🪐 **再更詳細一點！**
>
> ## 雲霄飛車和太空梭都會產生慣性力
>
> 雲霄飛車的迷人之處，就是可以親身體驗到莫大的慣性力。在突然前進、緊急停止之際，可以體驗到時而慣性力將身體推往座椅、時而讓身體好像要飛出去的感覺。此外，雲霄飛車在過彎時，會承受很強的「離心力」（見52頁），它也是一種慣性力。
>
> 在發射太空梭時，因為是很大的加速度運動，結果搭乘者將承受莫大的慣性力作用。就所知，太空梭在發射時，搭乘者所承受的最大慣性力相當於地面重力的 3 倍（亦即「3G」）。

乘坐雲霄飛車，在加速、減速以及轉彎時，可以體驗慣性力。

3. 等速直線運動的巴士中

無慣性力

加速度為零

往下掉時，重力消失!?

在搭電梯時，是否曾有身體稍微變重或是變輕的經驗？這是電梯在加速、減速時，慣性力作用的關係，在感覺上重力時而變強、時而變弱。

當電梯開始下降，是處於向下的加速度運動中，因此慣性力向上作用。此時，身體只有些微變輕的感覺；但是如果加速度變大，狀況又會如何呢？情況應該是身體逐漸變輕，最後則覺得重力消失了。**向上的慣性力將重力抵消了**。

重力消失是在電梯往下掉時（1）[※1]。請回想一下自由落體的現象：所有物體均以相同的加速度落下，不論重量（質量）是多少（見37頁）。**電梯和電梯中的公事包因為都以相同的速度落下，因此不管經過幾秒，從電梯內來看，公事包的位置都維持不變**[※2]。也就是看起來應該都飄浮在相同的地方。這可以說正是無重力（無重量）狀態。

現在，讓我們想一下在往下掉的電梯中，將球往正旁邊推時的狀況。根據自由落體現象的規則：在鉛直方向，人和球都以相同的加速度往下掉。換言之，從跟著電梯一起往下掉的人來看，球並未掉落，而是以相同的速率筆直地往推的方向前進（拋體運動－自由落體運動＝等速直線運動）。在電梯中，重力消失，看起來慣性定律（未受力的物體以相同速率持續直線前進）成立。

可利用飛機進行無重力訓練

利用上述原理，可以製造出人工無重力狀態的一個實例。搭乘飛機升空後，讓飛機進行如拋物線般的自由落體運動（彈道飛行）（2）。於是，跟往下掉的電梯一樣，在往下掉的飛機中也變成無重力狀態。事實上，這個方法目前用於訓練太空人，以及測試人造衛星的儀器等方面。據了解，飛機重複上升和下降，每次可以體驗20～30秒的無重力狀態。

切斷的纜繩

1. 往下掉的電梯

將球推開會如何？　公事包

從內部看，為無重力狀態。

跟鉛直方向的拋體方式相同

從外面看，人物為「自由落體運動」。

從外面看，球為「拋體運動」。

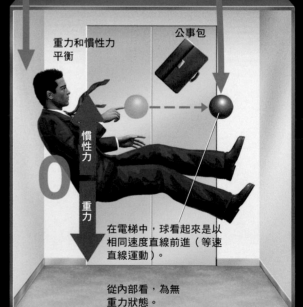

重力和慣性力平衡　公事包

慣性力　0　重力

在電梯中，球看起來是以相同速度直線前進（等速直線運動）。

從內部看，為無重力狀態。

電梯的加速度

※1：在此可將空氣阻力忽略不計。事實上，因為有若干空氣阻力的關係，加速度有些微變小，慣性力無法將重力完全抵消，因此還會有些許重力。

※2：在人放開公事包的瞬間，從電梯內來看，公事包的速度為零。如果它有速度，就會跟球一樣，從電梯內來看，進行等速直線運動。

2. 利用自由落體的飛機進行無重力實驗（彈道飛行）

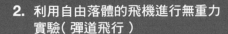

🪐 再更詳細一點！
自由落體和雲霄飛車都可以體驗到接近無重力的感覺
遊樂園中的遊樂器材自由落體（乘坐的物體從極高的位置墜落），以及雲霄飛車從很高的斜面以幾近垂直的角度俯衝時，因為慣性力向上作用的關係，可以感覺到身體好像變輕了。這些可以說都能讓人輕鬆體驗到疑似無重力狀態。

從內部看，為無重力狀態。

45

桌上的二顆蘋果也因為萬有引力而相互吸引

　　從本頁至54頁，將介紹牛頓的另一偉大發現「萬有引力定律」和「圓周運動」。

　　根據傳說，牛頓大約是在1666年左右的某一天，在看到蘋果從樹上掉下來之後，發現了萬有引力定律（關於此知名軼聞的真偽，目前未有定論）。**他闡明不管是蘋果從樹上掉落或是月球環繞地球運行，原因同樣都是萬有引力（1）。**

　　在比伽利略、牛頓的時代更早以前，人們認為月球、太陽、行星等所處的天空跟人類萬物生活的地面是完全不同的二個世界，支配的物理定律也截然不同。人們認為相對於地面上的物體因為所受之力進行各式各樣的運動，天上世界的天體只會進行圓周運動。牛頓推翻這樣的常識，**將天上世界和地面世界的物理學予以統一。**

地球也是由微塵因萬有引力聚集而形成

　　正如字面所示，**萬有引力之意就是「萬物具有的吸引力」**。桌面上二個分開放置的蘋果，也會因為微弱的萬有引力而相互吸引（2）。但是因為這個力量太過薄弱，被與桌面間的摩擦力給抵消了，因此我們生活中之物體間的萬有引力效應，幾乎都無法看到。

　　但是在無重力真空狀態的宇宙空間，可就另當別論了。分開放置的二個物體，因萬有引力而互相吸引、接近，經過一段時間後即接合在一起。

　　科學家認為像地球這類的太陽系天體，原本就是宇宙微塵和氣體因為萬有引力關係逐漸聚集所形成。萬有引力正是支配宇宙的力。

發現萬有引力定律的牛頓

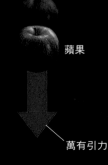

蘋果

萬有引力

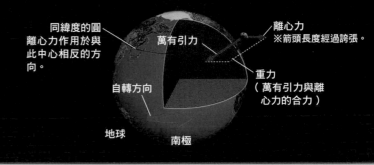

同緯度的圓
離心力作用於與
此中心相反的方
向。

離心力
※箭頭長度經過誇張。

萬有引力

自轉方向

重力
（萬有引力與離
心力的合力）

地球

南極

月球

萬有引力

1. 蘋果掉落和月球圓周運動的原因都是萬有引力

> 🪐 再更詳細一點！　萬有引力與重力的差異（上）
>
> 雖然萬有引力跟重力差不多是相同的意思，然而在某些場合還是會區分使用。由於地球自轉，因此所有物體皆會受到些微的離心力（詳細請看53頁）。該離心力與萬有引力的合力就是在地表的等效重力（上圖）。物體的落下方向就是重力的方向。換言之，也許各位會覺得意外，物體（在赤道和兩極以外）掉往稍微偏離地球中心的方向。
>
> 在宇宙中，在天體彼此間作用的引力也稱為重力，在這樣的場合，它跟萬有引力是一樣的意義。但是，相對於在牛頓力學的闡述中，通常使用萬有引力的說法；重力一詞則不僅使用於牛頓力學，包括廣義相對論（現代的重力理論）等也經常用到。

> 🪐 再更詳細一點！
> **在實驗室經過確認的萬有引力定律（右）**
>
> 英國的科學家卡文迪西（Henry Cavendish，1731～1810）使用「扭秤」，成功測量出在2組大小鉛球間作用的萬有引力（右圖）。由於萬有引力的關係，大小鉛球彼此會想要接近，於是小鉛球就會讓垂吊的水平桿子偏轉。測量偏轉的角度，就可以測出微弱的萬有引力。根據本實驗，首度測出「萬有引力常數」（請參考49頁）。

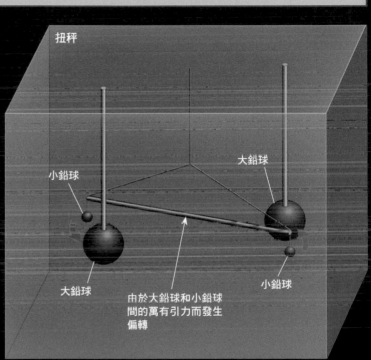

扭秤

小鉛球

大鉛球

大鉛球

小鉛球

由於大鉛球和小鉛球間的萬有引力而發生偏轉

2. 桌上的二顆蘋果也因為萬有引力而相互吸引

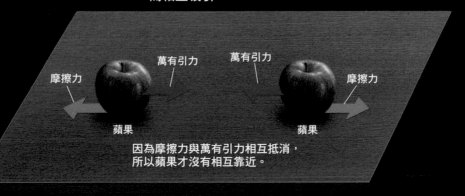

摩擦力

萬有引力

萬有引力

摩擦力

蘋果

蘋果

因為摩擦力與萬有引力相互抵消，所以蘋果才沒有相互靠近。

萬有引力和光有相似之處

牛頓認為當距離變為 2 倍時，萬有引力會減弱為 4 分之 1（2^2 之 1）。換句話說，他認為萬有引力會「**與距離的平方成反比減弱**」（其根據將於54頁介紹），此稱為「**平方反比定律**」（inverse-square law）。

平方反比定律在自然界並不少見，例如在光的亮度（來自點狀光源）方面也成立[※1]。讓我們想想像燈泡這樣的點狀光源吧（1）。正如經驗所知，距離燈泡越遠，光變得越暗。為什麼會這樣呢？

假設將從燈泡發出的光置換成無數的光線，

在 1 的 A 面（與燈泡的距離為 1）和 B 面（與燈泡的距離為 2），所貫穿的光線數量相同。

以燈泡為頂點，以 A 面為底面的四角錐，和以 B 面為底面的四角錐為相似形，因此 B 面的面積為 A 面的 4 倍（2^2 倍）。換言之，貫穿的光線密度，B 面是 A 面的 4 分之 1（2^2 之 1）。貫穿之光線密度相當於該場所的光亮度。結果，B 面的光亮度就是 A 面的 4 分之 1（2^2 之 1）。如果將 B 面置於距離燈泡 r 的地方，根據相同的計算，B 面的光亮度就是 A 面亮度的 r^2 分之 1。亦即，光的亮度與距離的平方成反

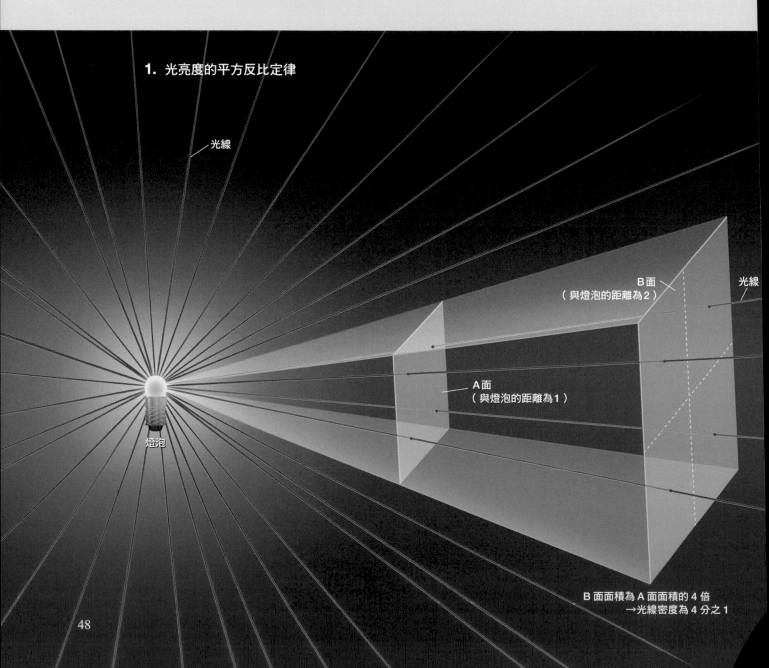

1. 光亮度的平方反比定律

光線

光線

B面
（與燈泡的距離為 2）

A面
（與燈泡的距離為 1）

燈泡

B 面面積為 A 面面積的 4 倍
→光線密度為 4 分之 1

比。

萬有引力也能以相同的模式思考。若想像從地球發射出無限多的萬有引力「力線」，那麼就能用平方反比定律來說明（2）。也就是在力線密度越高的場所，萬有引力越強；距離越遠，力線的密度變小，萬有引力也就變弱。

萬有引力定律的「距離」是從哪裡到哪裡？

如果以式子表現萬有引力定律，就變成像3所示。該式表示：「作用於二物體間的萬有引力，與各自的質量成正比，與物體間的距離平方成反比。」

然而該式中的「物體間的距離 r」，到底是指從哪裡到哪裡呢？若認為地球是無數細小「顆粒」的集合體，那麼每一個小顆粒都是萬有引力的來源（4）。直接一點地思考，若要算出蘋果所承受來自地球的萬有引力，似乎就必須將源自這些顆粒的萬有引力，一個個相加求出合力才行。

不過，幸運的是我們不需要經過這麼麻煩的計算。牛頓已經證明過：設想地球的全部質量聚集在地球中心，計算作用於蘋果的萬有引力，所得到的結果跟上文所述「將一個個小顆粒造成的力相加」是一樣的[2]。因此，我們可以將萬有引力公式中的「距離 r」，想成是「與地球中心的距離」。

※1：若不是點狀光源，而是無法忽視大小的光源，該定律就不成立。
※2：據說牛頓是在完成該證明之後，才確信萬有引力的正確性。

---

2. 從地球發射出萬有引力「力線」的示意圖

力線

地球

4. 該如何計算地球的萬有引力？

蘋果　　承受來自地球之「A顆粒」的萬有引力

地球的「A顆粒」

3. 萬有引力定律
G 為常數，稱為萬有引力常數。$G = 6.67 \times 10^{-11}$〔$N \cdot m^2 / kg^2$〕。又，〔 〕內為單位。

$$萬有引力 = G \frac{Mm}{r^2}$$

質量 M　　萬有引力　　質量 m

距離 r

🪐 再更詳細一點！　電力也遵循平方成反比定律

作用於帶電物體間的「電力」也遵循平方成反比定律。例如，帶正電的球和帶負電的球之間，有電力的引力作用，但是電力大小跟二球的距離平方成反比的方式變化。電力定律稱為「庫侖定律」（Coulomb's law）。庫侖定律的公式如下所示，跟萬有引力公式極為相似。

$$電力 = k \frac{q_1 q_2}{r^2}　（斥力為正、引力為負）$$

k 為庫侖常數，對應於萬有引力定律中的萬有引力常數。q_1 和 q_2 為電荷量（正或負），與質量對應；r 為物體間的距離，與萬有引力定律相同。如果思考從帶電的球所延伸出來的「電力線」（line of electric force或electrical flux line），就能以與內文中光線相同的方法，說明平方反比定律成立的理由。又，電荷量有正和負；電力有引力和斥力，不過質量一定取正值，所以跟一定是引力的萬有引力有所差異。

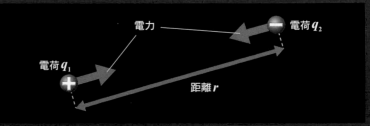

電力　　電荷 q_2

電荷 q_1

距離 r

如何成為人造衛星？

思考從地面將球往上斜拋的情形（1）。球繪出稱為「拋物線」的曲線，在到達頂點之後，朝地面落下。

如果沒有萬有引力（重力）作用，依照慣性定律，球在被投出後，應該會往斜上方直線前進。但是實際上因為有萬有引力的影響，所以球的軌跡才會落到筆直路線的下方。如果將此事稱為「落下」，那麼在球到達頂點之前，也已經在「落下」了。**球從往上拋擲的瞬間，就已經開始「落下」了。**

接下來讓我們想想圓周運動。如果沒有來自地球的萬有引力，依照慣性定律，月球應該會保持當時的運動速率和方向持續前進（2）。但是，**實際上因為萬有引力的關係，月球的前進方向受到改變。筆直路線和實際軌跡間的差距，表示月球隨時都在「落下」。**由於月球持續著與地球保持相同距離的「落下」運動，因此也可以說它不會掉到地球上來。

在1中，球的拋體運動中，因為球的軌跡與地面相交，所以球會掉落地面。然而，如果逐漸提高球速，情況又會如何呢？

球的落下地點將會逐漸遠離。因為地球也是個球體，地面並非完全平坦，而是成曲面的。當球的速率變大，可以飛到遙遠的地方，那麼地球的曲面就變得無法忽略。因為地球也是球，若從球的角度來看，地面在「往下降」（3）。

再者，速度一直提高，到最後球的「落下幅度」和地面「往下彎的幅度」一致，球和地面的距離不會再靠近了。球與地面保持一定距離，持續繞著地球運轉，換言之，就變成了「人造衛星」（在此忽略空氣阻力和地球的凹凸）。此時的速度稱為「第一宇宙速度」（first cosmic velocity），約達秒速7.9公里。

當速度持續提升，達到秒速11.2公里時，就可以擺脫地球重力的吸引，將之拋在腦後了。該速度稱為「第二宇宙速度」或是「逃逸速度」。

在距離地球非常遙遠的地方就是受到太陽重力所支配的浩瀚世界。若想擺脫太陽重力，飛到太陽系外面，所需的速度得達每秒16.7公里。該速度稱為「第三宇宙速度」。

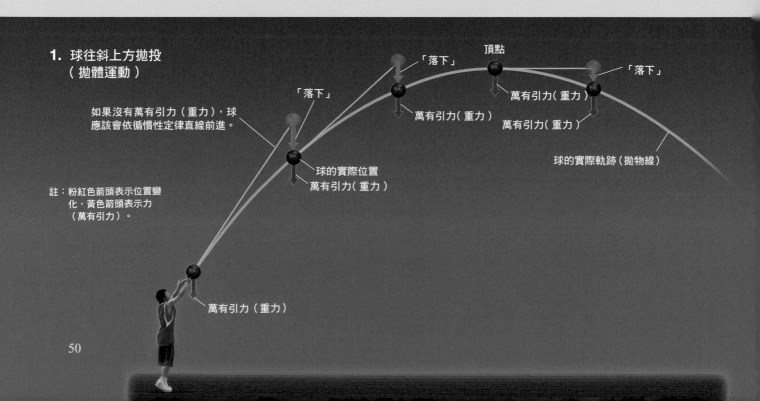

1. 球往斜上方拋投
（拋體運動）

如果沒有萬有引力（重力），球應該會依循慣性定律直線前進。

「落下」

「落下」

頂點

「落下」

萬有引力（重力）

萬有引力（重力）

萬有引力（重力）

球的實際位置
萬有引力（重力）

球的實際軌跡（拋物線）

註：粉紅色箭頭表示位置變化，黃色箭頭表示力（萬有引力）。

萬有引力（重力）

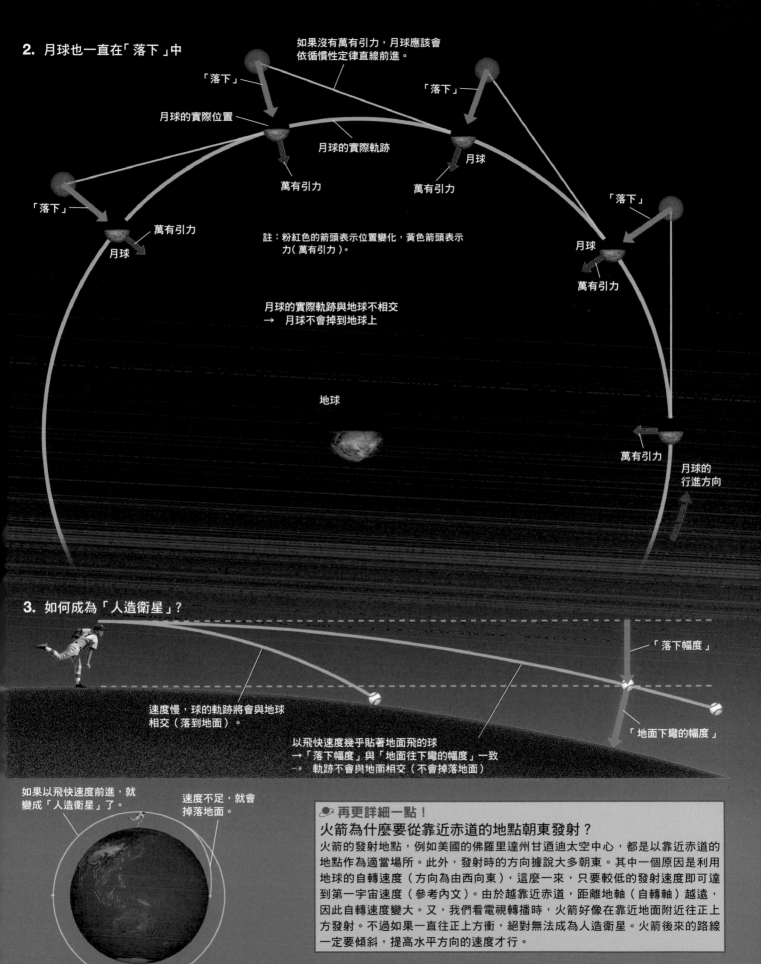

2. 月球也一直在「落下」中

如果沒有萬有引力，月球應該會依循慣性定律直線前進。

「落下」

月球的實際位置

「落下」

月球的實際軌跡

月球

萬有引力

萬有引力

「落下」

月球

萬有引力

「落下」

月球

萬有引力

註：粉紅色的箭頭表示位置變化，黃色箭頭表示力（萬有引力）。

月球的實際軌跡與地球不相交
→　月球不會掉到地球上

地球

萬有引力

月球的行進方向

3. 如何成為「人造衛星」？

速度慢，球的軌跡將會與地球相交（落到地面）。

以飛快速度幾乎貼著地面飛的球
→「落下幅度」與「地面往下彎的幅度」一致
→　軌跡不會與地面相交（不會掉落地面）

「落下幅度」

「地面下彎的幅度」

如果以飛快速度前進，就變成「人造衛星」了。

速度不足，就會掉落地面。

再更詳細一點！
火箭為什麼要從靠近赤道的地點朝東發射？
火箭的發射地點，例如美國的佛羅里達州甘迺迪太空中心，都是以靠近赤道的地點作為適當場所。此外，發射時的方向據說大多朝東。其中一個原因是利用地球的自轉速度（方向為由西向東），這麼一來，只要較低的發射速度即可達到第一宇宙速度（參考內文）。由於越靠近赤道，距離地軸（自轉軸）越遠，因此自轉速度變大。又，我們看電視轉播時，火箭好像在靠近地面附近往正上方發射。不過如果一直往正上方衝，絕對無法成為人造衛星。火箭後來的路線一定要傾斜，提高水平方向的速度才行。

太空站中並非沒有萬有引力

相信大部分讀者都在電視中看過太空人飄浮生活在國際太空站（ISS）或太空梭中的樣子，此稱為「無重力（或無重量）狀態」。

但是，ISS和太空梭距離地表的高度都只有數百公里，跟地球半徑約6400公里相較，實在難以稱為「遙遠的距離」（1）。雖然距離地球越遠，來自地球的萬有引力越微弱，但如果只是**數百公里的高度，萬有引力的大小應該跟地表不會有很大的差異**[※1]。然而，為什麼會變成無重力呢？

圓周運動是一種加速度運動

ISS在地球的周圍進行圓周運動。跟月球的情形一樣，朝向地球中心方向的萬有引力成為向心力。請回想一下運動方程式（力＝質量×加速度）！由於ISS受到朝向地球中心、稱為萬有引力的「力」（運動方程式的左邊），因此具有往地球中心方向的「加速度」（運動方程式

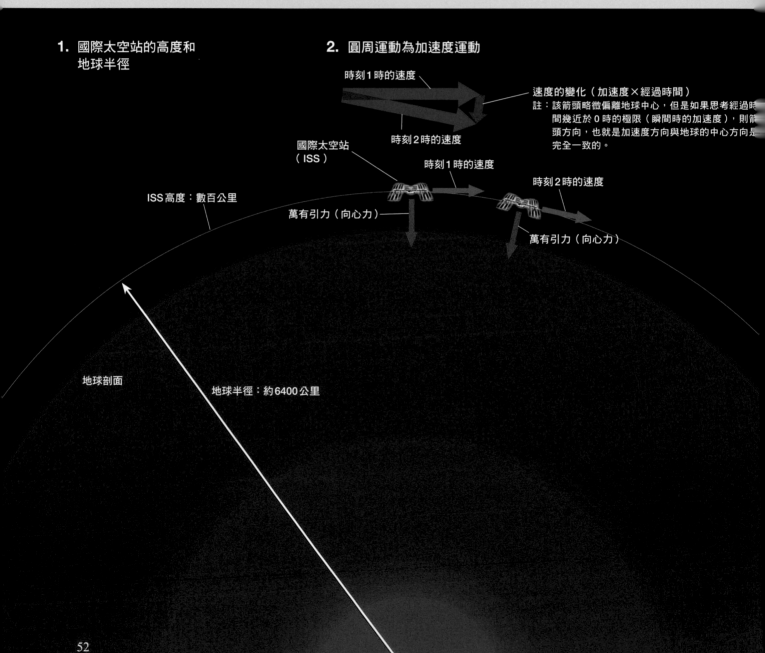

1. 國際太空站的高度和
地球半徑

ISS高度：數百公里

地球剖面

地球半徑：約6400公里

2. 圓周運動為加速度運動

時刻1時的速度

速度的變化（加速度×經過時間）
註：該箭頭略微偏離地球中心，但是如果思考經過時間幾近於0時的極限（瞬間時的加速度），則箭頭方向，也就是加速度方向與地球的中心方向是完全一致的。

時刻2時的速度

國際太空站
（ISS）

時刻1時的速度

萬有引力（向心力）

時刻2時的速度

萬有引力（向心力）

右邊第二個）。**圓周運動是一種加速度運動。**從運動方程式來看，加速度的大小為萬有引力除以質量的值。

但是因為是圓周運動，所以這裡所說的「加速度」不是造成「速率的增減（速度大小變化）」，而是造成「前進方向的變化（速度箭頭的方向變化）」（2）。

圓周運動中有「離心力」的作用

由於ISS進行加速度運動，因此從ISS中來看，慣性力作用於與地球相反的方向（與加速度相反的方向）（3）。在圓周運動中的慣性力稱為「**離心力**」。汽車過彎時，乘坐其中的人會受到往彎道外側偏的力，這就是離心力（4）。

在ISS內部，該離心力剛好與來自地球的萬有引力達到平衡，因此兩者的影響相互抵消，變成無重力狀態[2]。

※1：萬有引力的公式為 $G\dfrac{Mm}{r^2}$。在此，若將 r 以6400公里（地球半徑）代入，跟代入「6400公里＋數百公里」（地球半徑＋ISS高度）的情況相較，即可了解萬有引力的大小並沒有多大改變。

※2：將ISS等環境稱為「無重力狀態」，恐怕會被誤以為是「無萬有引力作用」，因此很多時候會使用「無重量狀態」來稱呼。

3. 飄浮在太空站中的太空人
（無重力狀態）

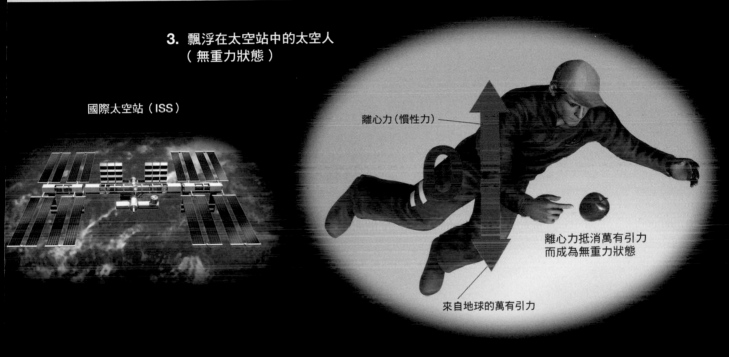

國際太空站（ISS）

離心力（慣性力）

離心力抵消萬有引力
而成為無重力狀態

來自地球的萬有引力

4. 車子在過彎時所產生的離心力

離心力
（從ISS內部看時所產生的假想力）
→ 與加速度的方向相反

ISS

萬有引力
（向心力）

註：車子的情況跟太空站不同，在抵消離心力的方向（將彎道視為圓之一部分時的中心方向）上，並無指向彎道圓心萬有引力的作用。

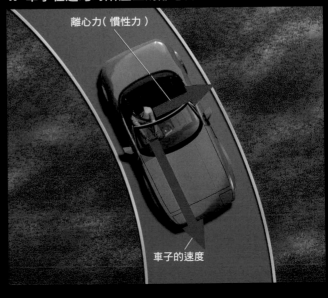

離心力（慣性力）

車子的速度

萬有引力定律在理論上證實了行星定律

牛頓認為：「萬有引力與距離的平方成反比減弱」。牛頓下此結論的根據到底是什麼？

在牛頓活躍於該領域以前，丹麥的天文學家第谷（Tycho Brahe，1546～1601）留下與行星運行相關的龐大觀測資料。在他過世之後，他的助手，德國的天文學家克卜勒（Johannes Kepler，1571～1630）發現與行星運動相關的「克卜勒三大定律」。也就是：「行星的軌道為橢圓」（第一定律）（1）、「由太陽至一行星之連線，在相等時間內掃過相等

的面積（面積速度一定）」（第二定律）（2）、「每個行星公轉週期平方和軌道半長軸立方的比值都一樣」（第三定律）（3）。

克卜勒的三大定律是根據天文觀測所得到的經驗定律。克卜勒雖然致力研究為什麼這樣的定律會成立，但是未能得到正確的結論。

另一方面，牛頓認為：「萬有引力與距離的平方成反比」，他根據自行建立的力學，計算行星運動，最後成功地理論性導出克卜勒的第三定律。因為這個成果，牛頓力學和萬有引力定律

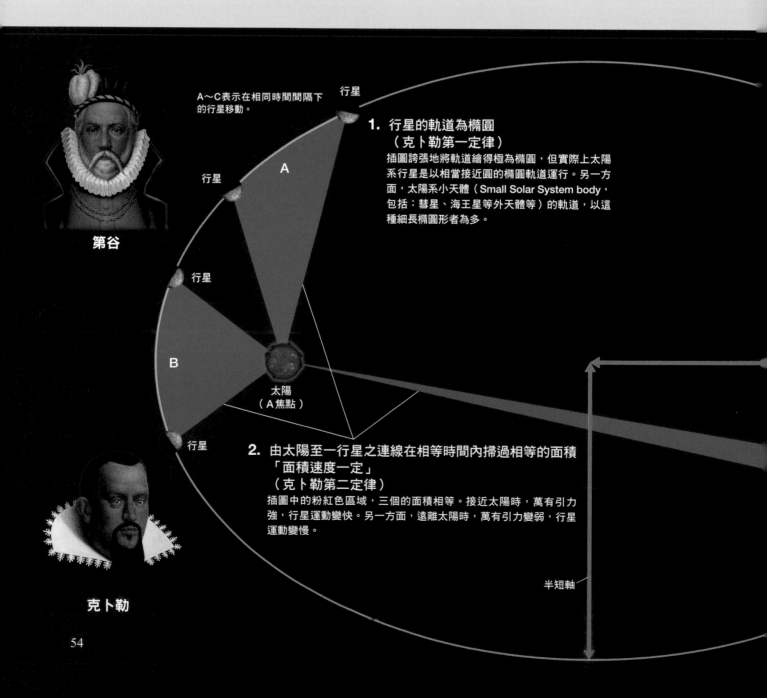

A～C表示在相同時間間隔下的行星移動。

第谷

克卜勒

**1. 行星的軌道為橢圓
（克卜勒第一定律）**
插圖誇張地將軌道繪得極為橢圓，但實際上太陽系行星是以相當接近圓的橢圓軌道運行。另一方面，太陽系小天體（Small Solar System body，包括：彗星、海王星等外天體等）的軌道，以這種細長橢圓形者為多。

太陽
（A焦點）

**2. 由太陽至一行星之連線在相等時間內掃過相等的面積
「面積速度一定」
（克卜勒第二定律）**
插圖中的粉紅色區域，三個的面積相等。接近太陽時，萬有引力強，行星運動變快。另一方面，遠離太陽時，萬有引力變弱，行星運動變慢。

半短軸

在科學界獲得極高評價。

就天體運動而言，橢圓比圓更自然

接下來就克卜勒第一定律稍加補充。先前我們已以月球為例，說明萬有引力所造成的「圓周運動」。但是嚴謹地說，僅在理想的狀況時萬有引力所引起之圓周運動才是正圓，普通則是橢圓運動。原本橢圓就是將圓往某個方向拉伸（或壓縮）所成。圓是「沒有扁平的橢圓」，是橢圓的特例。

就像50頁中介紹過的，從地表以飛快的速度朝水平方向投擲物體，當物體的落下幅度與地面往下彎的幅度一致時，物體為圓周運動。但是欲使物體的落下幅度與地面往下彎的幅度

一致，必須精準地控制物體速度。只要速度比該速度稍大或稍小，落下幅度與地面曲面的幅度便會失衡，物體所運行的便是橢圓軌道[※]（4）。正如從本例中可以明瞭的，**圓形軌道是例外，橢圓軌道比較自然**。

目前科學家認為，實際上太陽系的行星是大多數具有橢圓軌道的小天體相互碰撞、合併而誕生的。因此，將軌道「平均化」之後，就成了十分接近圓形的橢圓。另一方面，具有非常明顯之橢圓軌道的太陽系小天體（彗星、海王星外天體等）數量還是很多。

※：如果速度過快，就不會再回到地球，而會成為雙曲線的軌道。

3. 公轉週期平方和軌道半長軸立方的比，每個行星都一樣（克卜勒第三定律）

行星	公轉週期（年）	半長軸（億km）	（公轉週期）²÷（半長軸）³
水星	0.241	0.579	0.30
金星	0.615	1.08	0.30
地球	1.00	1.50	0.30
火星	1.88	2.28	0.30
木星	11.9	7.78	0.30
土星	29.5	14.3	0.30
天王星	84.0	28.8	0.30
海王星	165	45.0	0.30

註：從數學上即可明白：「（公轉週期）²÷（半長軸）³」的值不是根據行星的質量而定，而是由萬有引力常數和太陽質量決定。

🌀 再更詳細一點！ 橢圓作圖（下圖）

橢圓的定義是：若以 L 表示橢圓上的一個點與兩個『焦點』之距離的和，則對應於每個點的 L 都相等。插二根大頭針，將一閉口的線繩套在這二根大頭針上（下圖）。將鉛筆靠在線繩，二根大頭針的位置 A、B 和鉛筆形成三角形，鉛筆將線繩繃緊畫圈，就會繪出橢圓形。換言之，如果將鉛筆的位置（橢圓上的點）當成 X，則滿足「AX＋BX＝定值」這個條件的點集合就是橢圓，A 和 B 為焦點。太陽位在行星之橢圓軌道的一個焦點上。此外，圓也可以說是「二焦點重疊一致的特別橢圓」，所謂重疊一致的焦點也就是圓的中心（圓心）。

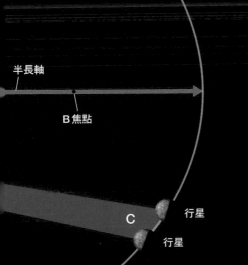

半長軸
B 焦點
C
行星
行星

A 焦點
B 焦點
橢圓上的 X 點

4. 只有在特殊情形下，軌道才會呈圓形

呈現橢圓軌道
落下幅度
地面的下降幅度
呈現圓形軌道（落下幅度與地面的下降幅度相等）

從力學的角度看棒球

在此，讓我們以棒球為例，談談「動量（表示物體運動狀態的量）」吧！

捕手用手套接球時，之所以會感覺到一股「力量」是因為球速很快（1）。**也就是球的「速度」決定了它的運動狀態。**還有一個左右球之狀態的因素，雖然有點違規，但是如果我們在球內部灌鉛，那麼捕手在接到它時，應該會感覺比相同速度、重量較輕的球更有力量。**「質量」也是運動狀態（動量）的重要因素。**

在物理學上認為運動狀態的指標就是「動量」。從上面的例子可以想像，動量可用「**質量×速度**」來表示。質量越大、速度越大，動量就會變得越大。此外，**動量具有方向，可用箭頭（向量）來表示。**動量的加法與速度、力一樣，可想像成向量的加法。

如何讓捕手的手不痛？

球的動量可以藉由施力讓它改變。動量與力的關係如下所示。

「動量的變化量＝力[※]×（施力時間）」……☆
左邊之動量的變化量為「（施力後的動量）－（施力前的動量）」。右邊「力×（施力時間）」稱為「衝量」（impulse）。力越大或是施力的時間越長，動量的變化就越大。

捕手的接球行為，可以說是捕手的手（手套）在與球之行進方向相反的方向上施力，使球的動量變成零（速度為零）（2）。

此外，從作用與反作用定律來看，捕手給予球的力與捕手的手（手套）所受的力相等。換言之，從☆式中即可明白，「施力時間」變得越長時，「力」就變得越小（接球的情況下，左邊「球原來的動量」是固定的）。

換句話說，如果要緩和手的疼痛，可以在手套中多填塞一點東西，或是在接球時將手套往後面拉，延長球和手套的碰撞時間即可。這跟拳擊手套可以緩和對手的撞擊；從高處跳下時，曲膝著地以緩衝撞擊力道的道理是一樣的。

此外，打球也可以給球衝量，改變球的動量（3）。所謂打球，以力學名詞來說就是「巧妙操控球棒，瞄準球、給予球衝量，使它的動量變化將球飛往預設的方向和地點。」

※：嚴格地說，捕手手套、球棒等施加在球上的力，雖然只是極短暫的時間，但卻時時刻刻在變化。因此，「（力的平均大小）×（施力的時間）」才是衝量更為正確的式子。

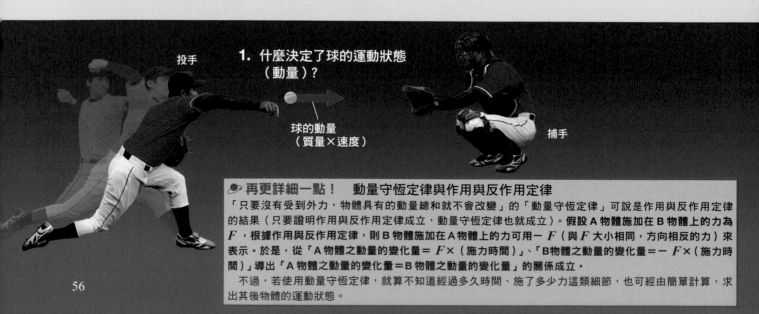

投手

1. 什麼決定了球的運動狀態（動量）？

球的動量
（質量×速度）

捕手

🪐 **再更詳細一點！ 動量守恆定律與作用與反作用定律**
「只要沒有受到外力，物體具有的動量總和就不會改變」的「動量守恆定律」可說是作用與反作用定律的結果（只要證明作用與反作用定律成立，動量守恆定律也就成立）。假設 A 物體施加在 B 物體上的力為 F，根據作用與反作用定律，則 B 物體施加在 A 物體上的力可用－F（與 F 大小相同，方向相反的力）來表示。於是，從「A 物體之動量的變化量＝F×（施力時間）」、「B 物體之動量的變化量＝－F×（施力時間）」導出「A 物體之動量的變化量＝B 物體之動量的變化量」的關係成立。

不過，若使用動量守恆定律，就算不知道經過多久時間、施了多少力這類細節，也可經由簡單計算，求出其後物體的運動狀態。

2. 利用接球使球的動量變為零

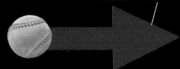

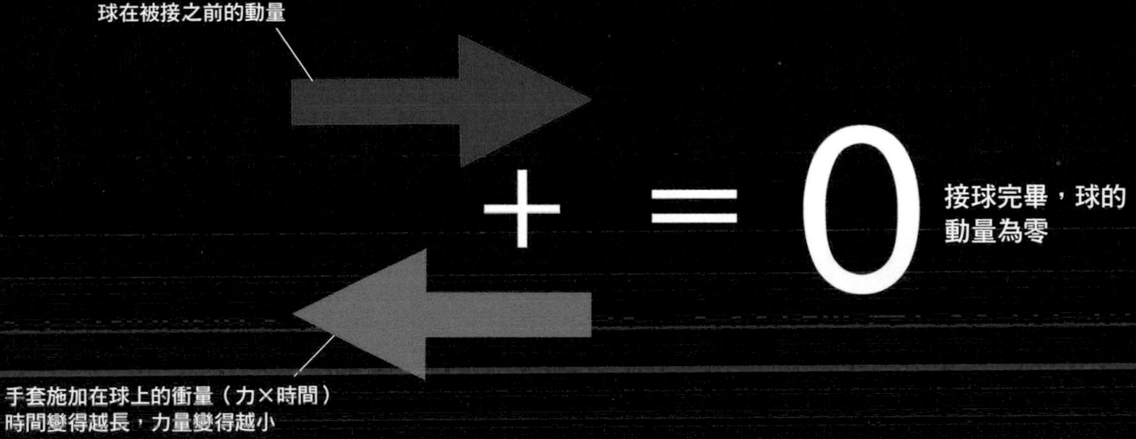

球在被接之前的動量

手套施加在球上的衝量

手套承受來自球的衝量

接球完畢，球的動量為零

球在被接之前的動量

$+$ $=$ **0** 接球完畢，球的動量為零

手套施加在球上的衝量（力×時間）
時間變得越長，力量變得越小

3. 利用球棒改變球的動量

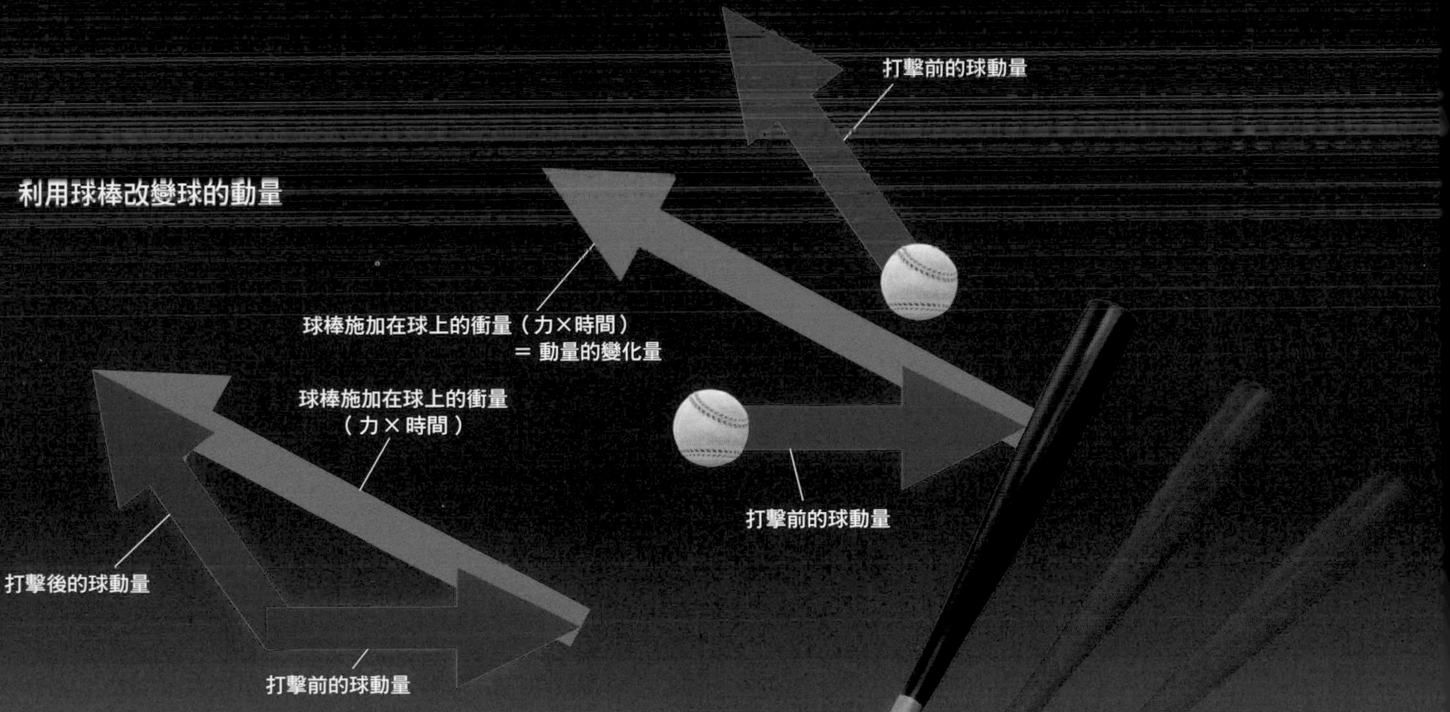

打擊前的球動量

球棒施加在球上的衝量（力×時間）
＝動量的變化量

球棒施加在球上的衝量
（力×時間）

打擊前的球動量

打擊後的球動量

打擊前的球動量

■ 動量和衝量箭頭（向量）的關係（上圖）
根據內文中的☆式及「動量的變化量」和「衝量」的定義，則
（打擊後的球動量箭頭）－（打擊前的球動量箭頭）
＝（球棒施加在球上的衝量箭頭）
如果更進一步將算式予以移項改寫，以下關係（上圖）成立。
（打擊後的球動量箭頭）
＝（打擊前的球動量箭頭）＋（球棒施加在球上的衝量箭頭）

能量是「可作『功』的能力」

能量有各式各樣的形態，例如：熱能、光能、聲能（空氣振動的能量）、化學能（蘊藏在原子和分子的能量）、核能（貯藏在原子核中的能量）、電能、以及在牛頓力學中出現的「動能」和「位能」等。最後二者將在次頁中詳細介紹。

能量可以互相轉移，例如：太陽能發電，可以將太陽的光能轉變為電能（1）；音響喇叭則是使用電能轉換產生聲能（2）。

所謂能量，以力學用語來說可說是「可產生力，而引發物體運動的潛在能力」。 例如，以鐵鎚敲打鐵釘就是使用動能讓鐵釘移動，此時的「力×（施力的距離）[1]」就稱為「作功」。**一個物體對其他物體作功時，或是受到外力作功時，它本身具有的能量會發生增減[2]。** 但是，如果連施力的一方（在敲打鐵釘例子中作為動力的電能）都考慮其中，則能量的總量還是固定不變的。

能量可以用於作功。例如：以鐵鎚敲打鐵釘時，就是使用動能對鐵釘作功（3）。**能量就是「可以作功的潛在能力」。**

事實上，我們的身體也是利用食物的能量

1. 將光能轉換為電能的太陽能發電

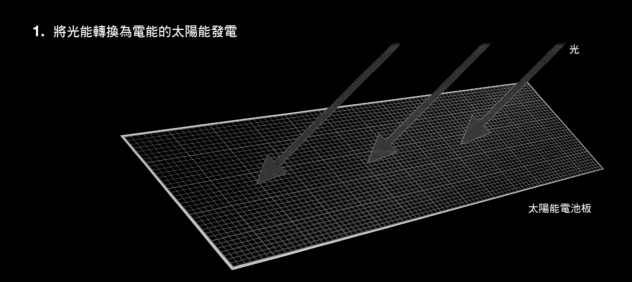

光

太陽能電池板

2. 將電能轉換為聲能的音響喇叭

聲波

音響喇叭

（化學能），獲得身體活動的力，以及運動所需的動力。

前面一開頭所舉的各種能量都只要經過數道過程，就能夠引起物體運動。光能也一樣，只要藉由太陽能電池轉換成電能，就能夠驅動電梯升降。

自然界的大定律「能量守恆定律」

「能量的總量不會增也不會減，它總是保持一定，不會變化」，這個規則稱為能量守恆定律。能量守恆定律不僅限於力學，而是所有自然現象都適用的自然界大定律。

也許有人會說：「如果能量不會減少，為什麼還要節約能源呢？」其實事情不是各位所想像的。例如，讓我們想像一下使用電爐將電能轉換成熱能的狀況吧！熱能讓室內變暖和後，逸失到戶外，就不可能再利用了（4）。換句話說，所謂能量守恆是連這種「流出」的能量都包括在內。如果考慮到能量的流出量，無論在任何情況下，能量的總量是守恆的。

※1：這是在力的方向和移動方向一致的情況下。如果是在兩者方向不同的場合，則「（移動方向的分力）×（施力的距離）」就是作功。

※2：從地面慢慢地將物體舉起到某高度，因為需要和重力相同大小的力，因此此時的作功大小為「重力×高度」。因為光是此時的作功量就能讓物體獲得位能，故就如同內文所示，「位能＝重力×高度」。

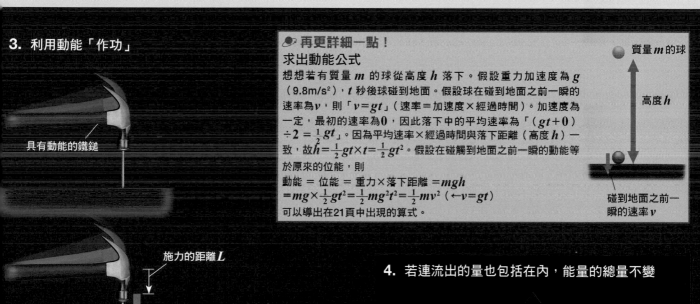

3. 利用動能「作功」

具有動能的鐵鎚

施力的距離 L

鐵鎚所施的力 F

鐵鎚所作的功 ＝ $F \times L$

💡 再更詳細一點！
求出動能公式
想想若有質量 m 的球從高度 h 落下。假設重力加速度為 g（9.8m/s²），t 秒後球碰到地面。假設球在碰到地面之前一瞬的速率為 v，則「$v = gt$」（速率＝加速度×經過時間）。加速度為一定，最初的速率為 0，因此落下中的平均速率為「$(gt+0) \div 2 = \frac{1}{2}gt$」。因為平均速率×經過時間與落下距離（高度 h）一致，故 $h = \frac{1}{2}gt \times t = \frac{1}{2}gt^2$。假設在碰觸到地面之前一瞬的動能等於原來的位能，則
動能 ＝ 位能 ＝ 重力×落下距離 ＝ mgh
$= mg \times \frac{1}{2}gt^2 = \frac{1}{2}mg^2t^2 = \frac{1}{2}mv^2$ （←$v=gt$）
可以導出在 21 頁中出現的算式。

質量 m 的球

高度 h

碰到地面之前一瞬的速率 v

4. 若連流出的量也包括在內，能量的總量不變

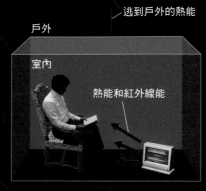

逃到戶外的熱能

戶外

室內

熱能和紅外線能

💡 再更詳細一點！
動量和動能的差異為何？
由於動能在某方面也能表現運動的狀態，所以很容易跟動量混為一談。差異之一是動量具有大小和方向，是能夠以箭頭（向量）表現的量；而動能是只有大小的量。另外一個差異是能夠改變動量的是「力×（施力時間）」（衝量）；而可以改變動能的是「力×（施力距離）」（作功）。

滑輪和槓桿雖然省力，但無法節省能量

自古以來，人類即能巧妙利用力的性質，其中廣為大眾使用的方便工具有「**滑輪**」和「**槓桿**」，使用這些工具**能夠以小力產生大的力**。一般人認為以滑輪和槓桿作功（力×施力距離）似乎可以有效率地獲得大能量，然而實際的情況又是如何呢？

例如，使用一個可以上下自由移動的滑輪（動滑輪）（1），拉起10公斤重的重物。經過計算，相當於繩子的一端只要用 5 公斤重的力來拉就可以了（假設可以忽略動滑輪的重量）。因為是以 2 條繩子負荷，所以只要10公斤的一半就可以。

5 個動滑輪（2）時也以同樣的模式思考，則10公斤分別由10根繩子負擔，所以拉起重物只需10分之 1 的力，也就是 1 公斤重的力即可。拉起沉重鋼骨的起重機也是運用動滑輪的構造（3）。

槓桿有支點（支撐槓桿的點）、施力點（施力的點）、抗力點（施力在槓桿上的作用點）。例如，支點與施力點的距離為支點與抗力點距離的 5 倍（4），則10公斤的重物只要 5 分之 1 的力，也就是 2 公斤重的力就可以抬起。剪刀、拔釘器、開瓶器、蹺蹺板等都是運用槓桿原理（5）。

能量增加的部分＝所作的功

事實上，以滑輪、槓桿等舉起重物是需要付出「代價」的。**如果舉起重物所需的力只要 2 分之 1（x 分之 1），則持續施力的距離必須增為 2 倍（x 倍）。**如果是 1 的滑輪，要將重物拉高10公分，所需拉的繩長為20公分。

不管是槓桿還是滑輪，「**力×距離〔所作的功〕＝能量增加的部分**」這樣的關係都成立。給予物體相同的位能，卻要將力變小，因此這部分就必須拉長施力的距離。滑輪和槓桿雖然在力的大小方面占到便宜（省力），但是卻無法節省能量。不僅是滑輪和槓桿，無論如何想要獲得超越所投入之能量是不可能的事[※]。

---

1. 使用滑輪可用小的力拉起重物

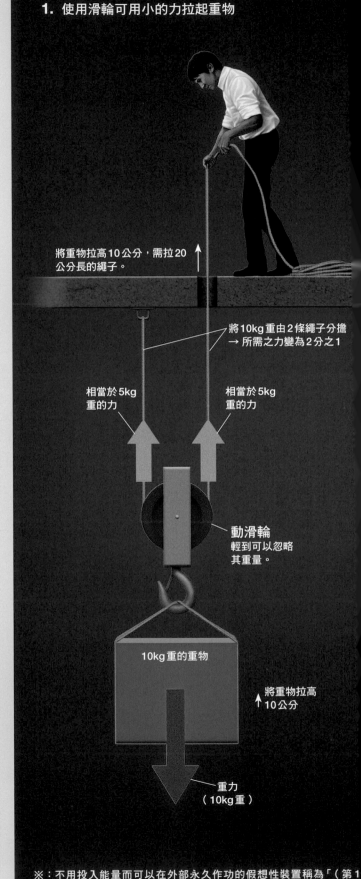

將重物拉高10公分，需拉20公分長的繩子。

將10kg重由2條繩子分擔 → 所需之力變為2分之1

相當於5kg重的力

相當於5kg重的力

動滑輪
輕到可以忽略其重量。

10kg重的重物

將重物拉高10公分

重力（10kg重）

※：不用投入能量而可以在外部永久作功的假想性裝置稱為「（第1種）永動機」（perpetual motion machine）。永動機可說是從「無」之中產生能量的裝置，因為它違反能量守恆定律，所以不可能實現（詳情請看PART2的「更詳細一點！永動機為什麼不可能實現？」。

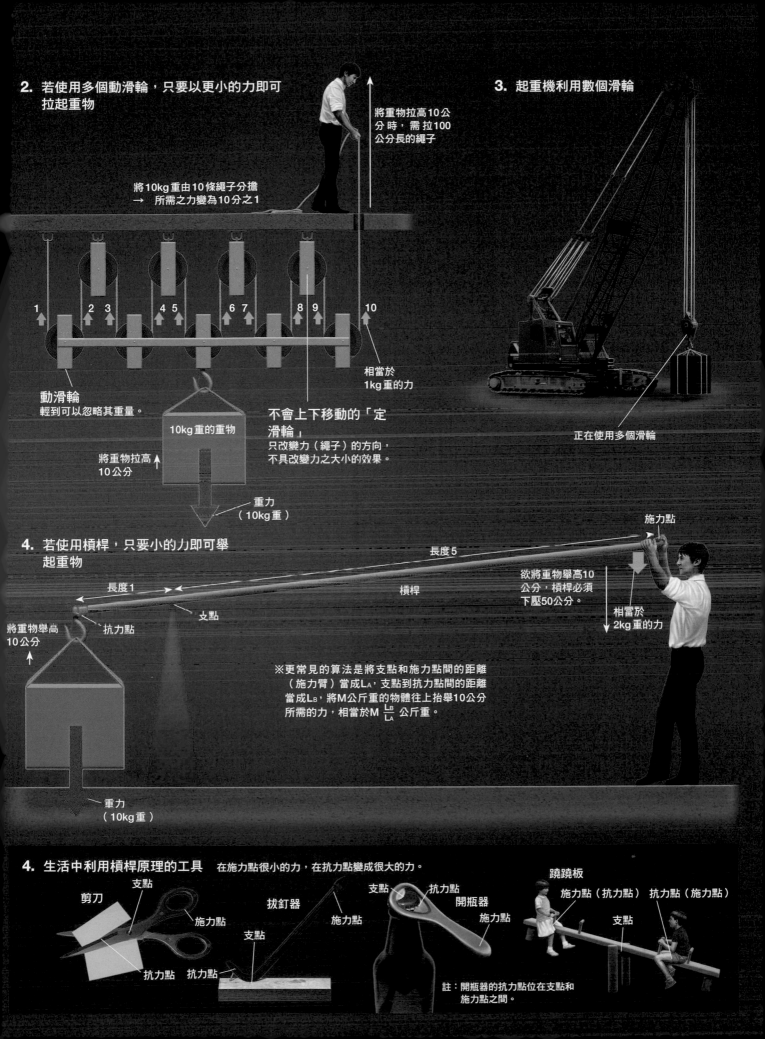

2. 若使用多個動滑輪，只要以更小的力即可拉起重物

將重物拉高10公分時，需拉100公分長的繩子

將10kg重由10條繩子分擔
→ 所需之力變為10分之1

3. 起重機利用數個滑輪

1　2 3　　4 5　　6 7　　8 9　　10

相當於
1kg重的力

動滑輪
輕到可以忽略其重量。

10kg重的重物

不會上下移動的「定滑輪」
只改變力（繩子）的方向，
不具改變力之大小的效果。

將重物拉高
10公分

重力
（10kg重）

正在使用多個滑輪

4. 若使用槓桿，只要小的力即可舉起重物

施力點

長度5

長度1

槓桿

欲將重物舉高10公分，槓桿必須下壓50公分。

支點

相當於
2kg重的力

抗力點

將重物舉高
10公分

※更常見的算法是將支點和施力點間的距離（施力臂）當成L_A，支點到抗力點間的距離當成L_B，將M公斤重的物體往上抬舉10公分所需的力，相當於$M\frac{L_B}{L_A}$公斤重。

重力
（10kg重）

4. 生活中利用槓桿原理的工具　在施力點很小的力，在抗力點變成很大的力。

蹺蹺板

剪刀
支點

施力點

拔釘器

支點　抗力點
開瓶器

施力點

施力點（抗力點）　抗力點（施力點）

施力點

支點

支點

抗力點　抗力點

施力點

註：開瓶器的抗力點位在支點和施力點之間。

重要事項的關鍵字地圖

克卜勒三大定律

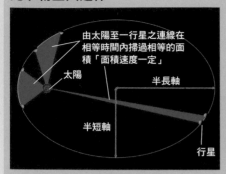

由太陽至一行星之連線在相等時間內掃過相等的面積「面積速度一定」

太陽

半長軸

半短軸

行星

克卜勒從天文觀測闡明行星運動三大定律。「行星的軌道為橢圓」（第一定律）、「由太陽至一行星之連線，在相等時間內掃過相等的面積」（第二定律）、「公轉週期平方和軌道半長軸立方的比，每個行星都一樣」（第三定律）。牛頓將上述定律成功地理論性導出，是牛頓力學受到普世肯定的一大契機。

自由落體定律

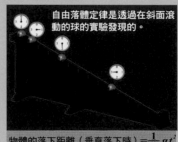

自由落體定律是透過在斜面滾動的球的實驗發現的。

物體的落下距離（垂直落下時）$= \dfrac{1}{2} g t^2$
（g 為重力加速度 9.8〔m/s²〕，t 為時間）

伽利略藉由實驗闡明不管是重的（質量大）物體或是輕的物體（質量小），其自由落體的情況是一樣的。再者，他發現「物體的落下距離與經過的時間平方成正比」此自由落體定律。

↓ 藉由牛頓力學獲得理論性闡明　　　　　　　↓ 被牛頓力學採納

運動三大定律：牛頓以該三大定律為基礎構築力學。

第一運動定律　慣性定律

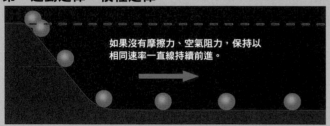

如果沒有摩擦力、空氣阻力，保持以相同速率一直線持續前進。

由伽利略、笛卡兒等人發現的定律。「運動中的物體，在未受力的情況下，以相同的速率持續一直線運動（等速直線運動）」、「靜止的物體，在未受力的情況下，恆久保持靜止狀態。」

第二運動定律　運動方程式

$$F = ma$$

力　　　　質量　加速度

「力＝質量×加速度」（運動方程式）。「受力物體進行加速度運動。其加速度的大小與力的大小成正比，與質量成反比。此外，加速度的方向與力的方向一致。」如果知道作用於物體上之力的大小與方向，以及物體質量，即可從運動方程式求出加速度，然後再求出物體的運動軌跡。

如果知道物體的質量以及作用在物體上之力的大小，就可利用運動方程式求出加速度（甚至是速度、位置的時間變化）。

各式各樣的力 除此之外還有張力（繩子等物體的拉力）、浮力（使物體浮在液體中和氣體中的力）、空氣阻力等。

萬有引力（重力）

萬有引力

萬有引力 $= G\,\dfrac{Mm}{r^2}$，作用於地上之物體的重力 $= mg$
（G 為萬有引力常數 6.67×10^{-11}〔N·m²/kg² = m³/kg·s²〕，
r 為物體間的距離、M 和 m 為質量、g 為重力加速度 9.8〔m/s²〕）

萬有引力定律是：「所有物體都以與其質量相關的力（萬有引力）相互吸引」。在地表上，物體會往下掉落、月球會繞著地球運行等，都是萬有引力的結果。一般使用時，萬有引力跟重力的意義幾乎相同。又，作用於地球上之物體的重力（萬有引力）公式為 mg（m×9.8），可以將萬有引力公式中，M 代入地球質量、r 代入地球半徑導出。

正向力和摩擦力

人的推力

重力

摩擦力

正向力

最大靜摩擦力 > 動摩擦力
$R = \mu N$
（R 為最大靜摩擦力或是動摩擦力、N 為垂直阻力、μ 為比例常數，在最大靜摩擦力時和動摩擦力時的值並不相同。）

二物體（上圖中為書櫃和地板）以某個面互相接觸時，與該面垂直相頂的力稱為正向力（也稱垂直阻力）。此外，接觸面在妨礙運動的方向上還有摩擦力作用。作用於靜止物體上的摩擦力稱為「靜摩擦力」，大小是有限度的，最大時稱為「最大靜摩擦力」。最大靜摩擦力會因為接觸面的性質，大小有所差異。作用於運動物體的摩擦力稱為「動摩擦力」，一般而言，動摩擦力比最大靜摩擦力小。此外，眾所周知的，最大靜摩擦力和動摩擦力與正向力成正比。

最後，我們將PART1中出現的重要關鍵字加以彙整。從中一眼即可看出重要關鍵字間的關係性，因此在理解牛頓力學上，應該會有相當的幫助。又，其中部分配合介紹前面內文中無法介紹的數學式。

能量守恆定律

將相互影響者全部考量其中，總能量隨時維持一定。這不是只限於與力學相關的現象，在所有現象也都成立。能量方面，除了力學能（動能和位能之和）之外，還有各式各樣的形態。

力學能守恆定律

「只要未從外部作功（力×施力距離），力學能（動能和位能之和）恆久保持一定」。若自外部施力，作功量即為力學能的增減量。

動能 $=\frac{1}{2}mv^2$，位能 $=mgh$，功 $=F\Delta x$

（m 為質量、v 為速率、g 為重力加速度 $9.8\,\text{m/s}^2$、h 為從基準算起的高度、F 為力、Δx 為施力距離）

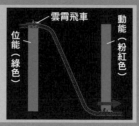

雲霄飛車　　動能（粉紅色）　位能（綠色）

力學能守恆定律可以由運動方程式，根據數學（使用微積分）導出。

動量守恆定律

「在不受外力的情況下，即使數個物體間相互作用，動量的總和不變。」當有外力作用時，動量的增減為衝量的量（力×施力時間）。

行李的動量　　船的動量

動量 $=mv$（或 $m\vec{v}$）、衝量 $=F\Delta t$（或 $\vec{F}\Delta t$）
（m 為質量、v 為速率（$\vec{v}$ 為速度）、F 為力（$\vec{F}$ 為力的向量）、Δt 為施力的時間）

從運動方程式和作用與反作用定律，可以根據數學（使用微積分）導出。

位置、速度、加速度的關係

假設物體的加速度為 a（定值），在時刻 t 的速度和位置（座標）可如下表示。又，v_0 為時刻 $t=0$ 的速度（初速度，常數），x_0 為時刻 $t=0$ 時的位置（常數）。

若從運動方程式可以求出加速度，那麼用上面式子就可以求出物體的速度如何變化、物體的位置如何變化（軌跡）。

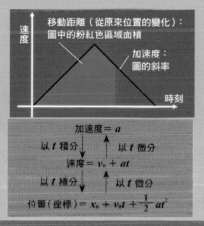

速度
移動距離（從原來位置的變化）：圖中的粉紅色區域面積
加速度：圖的斜率
時刻

加速度 $=a$
以 t 積分 ↓　↑ 以 t 微分
速度 $=v_0+at$
以 t 積分 ↓　↑ 以 t 微分
位置（座標）$=x_0+v_0t+\frac{1}{2}at^2$

第三運動定律　作用與反作用定律

人承受來自牆壁的力（反作用）　　人施予牆壁的力（作用）

「A 物體對 B 物體施力（作用）的同時，B 物體也對 A 物體施以大小相同、方向相反的力（反作用）。」何者為作用，何者為反作用，將依所看的立場而改變。並不是作用「先」、反作用「後」，兩者是同時作用的。

彈力

彈力
重力

彈力 $=kx$
（k 為比例常數〔彈簧常數〕、x 為從彈簧之原來長度的伸長或收縮）

彈簧所受的力與彈簧之原來長度的伸縮量成正比（虎克定律）。

浮力

浮力大小等於物體所排開之流體重力（阿基米德原理）。

浮力 $=\rho Vg$
（ρ 為流體密度、V 為排開之流體的體積、g 為重力加速度 9.8（m/s^2））

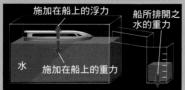

施加在船上的浮力　　船所排開之水的重力
水
施加在船上的重力

慣性力

慣性力　　巴士的加速度

慣性力 $=-ma$
（m 為質量、a 為所觀察之場所的加速度）

若是從進行加速度運動的場所來看，外觀上看起來好像正在發生的假想力，作用於所有的物體上。因為它不是實在的力，因此沒有相當於反作用的力。如果是從靜止的場所或是進行等速直線運動的場所來看，並沒有發生慣性力。

離心力

離心力
車速

離心力 $=m\dfrac{v^2}{r}$
（m 為質量、v 為觀察之場所的運動速率、r 為圓的半徑）

離心力是慣性力的一種。從進行圓周運動的物體觀察，似乎有一種假想力，它朝著遠離圓心的方向。在過彎的車子中所發生的假想力就是離心力。

牛頓力學的誕生，近代物理學於焉展開

最後，我們將一方面補足到目前為止未能介紹的重要事項，另一方面則就整體內容加以彙整，做為PART1的總結。在此，將仿傚生出牛頓力學的另一位母親——伽利略的著作《天文對話》、《新科學對話》，以對話的形式進行。

理解「運動三大定律」的關鍵

博士——牛頓力學是物理學的根本，對許多人而言，它好像與我們所知的「常識」有很大的差異，很多時候並不容易理解。掌握理解牛頓力學的關鍵就是「運動三大定律」。換句話說，「慣性定律」、「運動方程式（力＝質量×加速度）」、「作用與反作用定律」。如果能夠徹底了解這三大定律，應該就可以看透物體運動和力的本質。

學生——慣性定律感覺上有點不可思議。

博士——慣性定律在感覺上也許很不容易理解，但還好現在跟牛頓時代不同，我們可以透過電視轉播，感受太空人在無重力狀態下的情形。在無重力狀態下，物體不會往下掉，因此很容易就能夠了解：推動物體，物體會依循慣性定律以相同的速率持續直線前進。

學生——這次，我們藉由了解運動方程式，終於知道平常無意中使用的「力」的真正意義。

博士——就結果而論，力可以說是「造成加速度運動之源頭」。只要知道物體質量和所施加的力，就可從運動方程式獲知該物體的加速度。再者，從該加速度也可以預測物體其後的運動（速度和位置的時間變化）。

「作用與反作用定律」沒有例外

學生——作用與反作用定律感覺上也很不可思議。有沒有反作用力比作用力小的例外情況呢？

博士——在日常生活中基本上是沒有例外情形的。只要施力，就一定會承受大小相等、方向相反的反作用力。絕對不會有「單方施力，而施力方沒有受到任何影響」的事情發生。但是，像慣性力是一種假想力，因此沒有反作用力。

學生——原來是這樣！也就是說，受力一直都是「互相」的。

無法忽視其大小的物體，必須同時考慮到「旋轉」問題

博士——在此稍微補充一下。牛頓力學的「運動三大定律」，基本上可以說是針對「質點」的定律。所謂質點是一種假想性的東西，意指「具有質量、沒有實體大小的點狀物體」。

學生——但是，牛頓力學也會用來處理一般無法忽視大小之物體的運動嗎？

博士——沒錯！因為只要將具有大小的物體視為質點的集合就行了。在49頁中已經介紹過，把地球當成是無數「顆粒」的集合體，同時若將所有顆粒所具的萬有引力相加，與假設全質量集中在地球中心時的萬有引力是相等的。這裡所說的顆粒可以說就是質點。

學生——原來如此！

博士——跟質點不同的是，具有大小的物體也會「旋轉（相當於自旋運動）」。在牛頓以後的時代才完成的「剛體力學」，將旋轉也包括在物體運動中。

學生——什麼是剛體呢？

博士——所謂剛體就是指「具有實體大小、不變形的物體」。剛體力學是由在數學界相當有名的尤

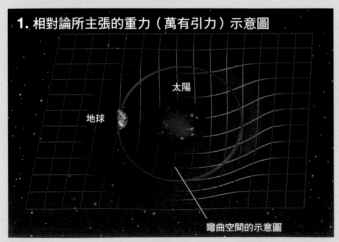

1. 相對論所主張的重力（萬有引力）示意圖

太陽

地球

彎曲空間的示意圖

根據廣義相對論，太陽周遭的空間是扭曲的。地球因為受到該空間扭曲的影響而公轉。

拉（Leonhard Paul Euler，1707～1783）所確立，槓桿以支點為中心旋轉，因此該問題也可說是剛體力學的例子。

學生──鐵鎚看起來好像也是剛體，拋擲鐵鎚時，它會不斷旋轉，不會形成漂亮的拋物線。剛體跟質點所做的運動截然不同嗎？

博士──沒有這回事。像鐵鎚這樣的剛體，如果我們只觀察其重心（質量分布的中心）的軌跡，會發現它也是呈拋物線。

牛頓的名言「我不作假說」

學生──請問牛頓本身是在什麼樣動機下，建構出牛頓力學的呢？

博士──就牛頓本身的動機來看，好像是為了反駁當時笛卡兒的想法，所以寫了《自然哲學的數學原理》。

學生──笛卡兒有什麼樣的想法呢？

博士──笛卡兒不認同像萬有引力這類可以遠距作用的「超距力」。他認為宇宙中充滿了物質，由於物質成渦狀運動的關係，所以天體才會有圓周運動。他這種說法稱為「渦動說」。

學生──超距力的確非常神奇。

博士──雖然牛頓否定渦動說，但他並沒有說明為什麼分離的物體間會有萬有引力作用。在他留下的名言中曾經說道：「我不作假說」。他主張如果承認有萬有引力這樣的超距力存在，就能夠很精確地說明天體的運動，沒有必要假設渦的存在。

學生──結果，萬有引力為什麼會作用？

博士──其原因，一直到20世紀，才由愛因斯坦的相對論闡明。詳細情況在此無法多談，簡單地說，「由於具有質量之物體周圍的空間（時空）彎曲，因此該彎曲影響的結果，使其他的物體受到重力（萬有引力）」（1）。

追求「終極理論」，繼續不斷地研究

學生──能否針對「相對論」有更進具體的說明呢？

博士──以接近光速（秒速約30萬公里）的物體運動，不是用牛頓力學，而是必須以「相對論」來思考。例如，單純的「速度加法」（28頁）在

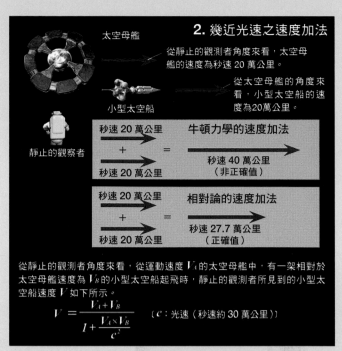

2. 幾近光速之速度加法

太空母艦

從靜止的觀測者角度來看，太空母艦的速度為秒速20萬公里。

小型太空船

從太空母艦的角度來看，小型太空船的速度為20萬公里。

靜止的觀察者

秒速20萬公里
＋
秒速20萬公里
＝
牛頓力學的速度加法
秒速40萬公里
（非正確值）

秒速20萬公里
＋
秒速20萬公里
＝
相對論的速度加法
秒速27.7萬公里
（正確值）

從靜止的觀測者角度來看，從運動速度 V_A 的太空母艦中，有一架相對於太空母艦速度為 V_B 的小型太空船起飛時，靜止的觀測者所見到的小型太空船速度 V 如下所示。

$$V = \frac{V_A + V_B}{1 + \frac{V_A \times V_B}{c^2}}$$

〔 c：光速（秒速約30萬公里）〕

在幾近於光速的運動中，牛頓力學單純的速度加法不成立。

接近光速的物體運動中不成立。舉個例來說，假設超未來的太空母艦以秒速20萬公里飛行（2）。從太空母艦的角度來看，有艘小型太空船以跟母艦同方向、以秒速20萬公里的速度從太空母艦起飛。如果以牛頓力學思考，從位於靜止之外部的觀測者來看，小型太空船看起來應該是以秒速40萬公里（＝20萬＋20萬）的速度飛行。但是若根據相對論，位在靜止之外部的觀測者所見到的小型太空船，速度大約只有秒速27.7萬公里。

學生──實在太神奇了……。

博士──這個話題已經離題，在此無法詳細解說。總之，速度接近光速的運動，不適用牛頓力學中的常識。

學生──也就是說，牛頓力學並非絕對的。

博士──牛頓力學的誕生可以說是近代物理學的起點。因為牛頓力學，我們才知道原來天上世界和地上世界都是受同樣的物理定律所支配。這在漫長的科學史中，可以說是極為重要的革命。但是自然界至今依然非常深奧，牛頓力學所無法說明的現象不勝枚舉。雖然物理學家在20世紀初提出超越牛頓力學的相對論和量子論，但是這二個理論還不是完全理論。為了追求「終極理論」，物理學家們至今依然努力不懈、全力以赴。 🪐

氣體與熱

監修　和田純夫　　協助　中島秀人／清水 明

不管是「空氣（氣體）」還是「熱」，我們的肉眼都無法看到，然而我們的皮膚卻可以感受到熱空氣和冷空氣的差異。氣體究竟是什麼樣的東西呢？若以微觀的視點來看溫度不同的氣體，它們的差別究竟是什麼呢？

　　在PART2中，我們將探討有關充滿謎團之氣體與熱的「規則」，讓我們一起來認識。

吸盤黏附在壁面是受到分子推壓

　　沒有接著劑，吸盤到底是怎麼緊黏在壁面上的呢？此問題的關鍵就是在我們身體周遭穿梭的無數分子。

　　空氣是由許許多多肉眼無法看到的微小「氣體分子」聚集而成的。常溫的大氣每1立方公分中，大約存在高達10^{19}（1000兆的再1萬倍）個氣體分子。空氣中的氣體分子在真空中自由穿梭，彼此會互相碰撞，也會碰到壁面又反彈回來。雖然我們無法切身體驗，但事實上也有大量的氣體分子撞擊我們的身體並被反彈回去。

　　氣體分子在撞擊壁面的瞬間對壁面施力。1個氣體分子的碰撞力非常微小，然而，若是大量的氣體分子碰撞，便匯聚成無法忽視的強大力量，這就是氣體「壓力」的本質。

　　將吸盤壓在牆壁上時，吸盤與牆壁間的空氣被推擠出來，想恢復原狀的吸盤在鬆手時會在內側產生部分真空，使得來自內側的壓力變小。於是，周圍的空氣壓力比吸盤內側的氣體壓力大，吸盤就被推壓緊緊黏附在壁面上了。體積微不足道之氣體分子的運動，卻產生讓吸盤無法移動的力。

大氣壓力強勁施加在所有物體之上

　　大氣的壓力稱為「大氣壓力（或稱氣壓）」（atmospheric pressure）。大氣壓力不只施於我們身體，也不斷施加在牆壁、桌子等所有物體的表面。

　　海面附近的大氣壓力強度大約是1013百帕（hectopascal，符號hPa），也就是1標準大氣壓，該壓力相當於在1平方公尺的地面有重達10公噸（約7輛汽車的重量）的巨大砝碼置於其上。舉例來說，若將汽油空桶中的空氣全部抽空，汽油桶一下子就扁掉了。大氣壓力的強度超乎想像。

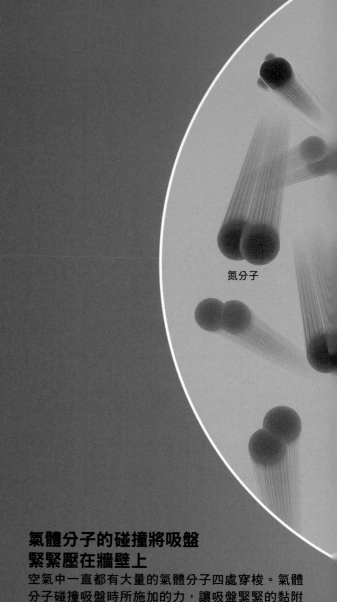

氮分子

氣體分子的碰撞將吸盤緊緊壓在牆壁上

空氣中一直都有大量的氣體分子四處穿梭。氣體分子碰撞吸盤時所施加的力，讓吸盤緊緊的黏附在牆壁上。

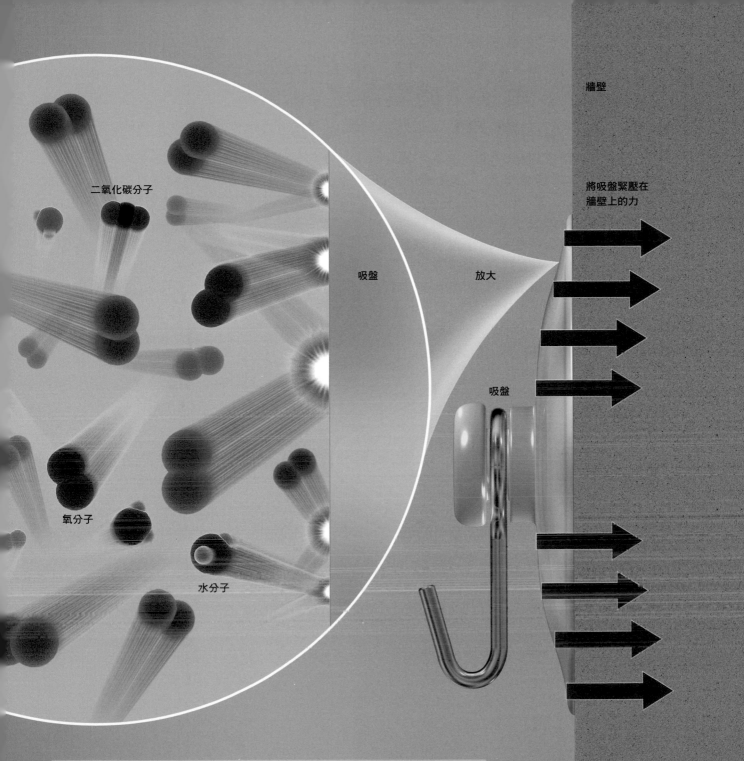

二氧化碳分子

氧分子

水分子

吸盤

放大

吸盤

將吸盤緊壓在
牆壁上的力

**大氣壓力的強度相當
於 7 部汽車的重量**

1013百帕的大氣壓力相當
於在 1 平方公尺的地面上有
重達10公噸的巨大砝碼置
於其上的壓力,而10公噸
相當於 7 部汽車的重量。雖
然我們感覺不到大氣壓力,
但我們身體表面的每一處,
都承受著來自四面八方的大
氣壓力。

汽車

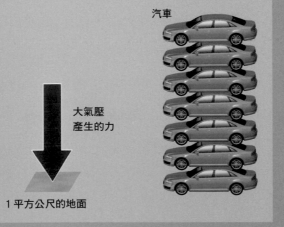

大氣壓
產生的力

1 平方公尺的地面

溫度有下限，就是「絕對零度」！

冷空氣讓人感覺刺痛；而熱空氣宛若可以將人煮熟。之所以會產生這樣的溫度差異，原因在於空氣中穿梭之氣體分子的「運動劇烈程度」。

高溫的氣體中，氣體分子更快速運動穿梭；低溫的氣體中，氣體分子更緩慢運動。其實，液體和固體也都一樣，依原子和分子之運動（若是固體，就是在原地振動）的劇烈程度來決定溫度高低。

換句話說，所謂溫度可以說就是「原子和分子的運動劇烈程度」。而物質的熱能就是構成該物質之原子或分子之動能的總和。

氣溫高時我們會感覺到熱，是因為氣體分子劇烈碰撞我們的身體，氣體分子的動能傳遞到身上，使得溫度上升之故。相反地，冷空氣碰到身體，若構成身體之原子和分子的振動能量

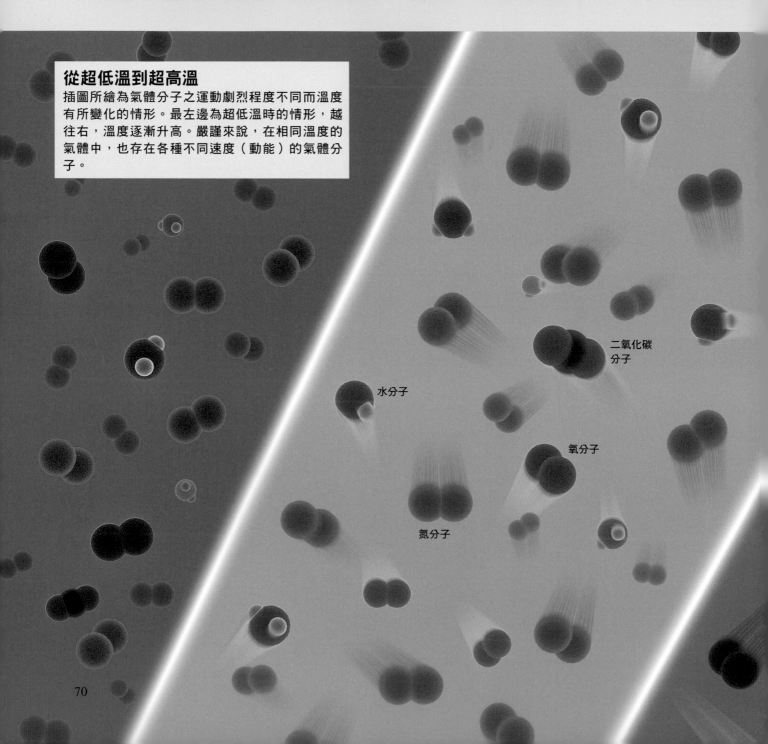

從超低溫到超高溫
插圖所繪為氣體分子之運動劇烈程度不同而溫度有所變化的情形。最左邊為超低溫時的情形，越往右，溫度逐漸升高。嚴謹來說，在相同溫度的氣體中，也存在各種不同速度（動能）的氣體分子。

二氧化碳分子

水分子

氧分子

氮分子

被傳遞給氣體分子，那麼身體的溫度會下降，就會感覺冷。

溫度的上限是「普朗克溫度」？

溫度下降愈多，原子和分子的運動變得愈遲緩。因此，假設溫度一直持續下降，到達某溫度時原子和分子的運動完全停止[※]，此時的溫度就是理論上的最低溫度。現在已知該溫度就是攝氏零下273度（－273.15℃），稱為「絕對零度」（absolute zero）。

不過，絕對零度被認為是不可能實現的。

以絕對零度為起始（0度）計數的溫度稱為「絕對溫度」（單位是K），迄今為止人類所能達成的最低溫度是芬蘭的阿爾托大學（Aalto University）在1999年所實現的0.0000000001K，是僅比絕對零度略高一些的低溫。

科學家認為在宇宙誕生時，亦即大霹靂之始，溫度極高。但若當時溫度高於「普朗克溫度」（Planck temperature，約1.4×10^{32} K），將不適用目前我們所知的物理法則。因此，科學家認為普朗克溫度應是溫度的上限。

※：嚴格來說，是指「能量無法再下降的狀態」。

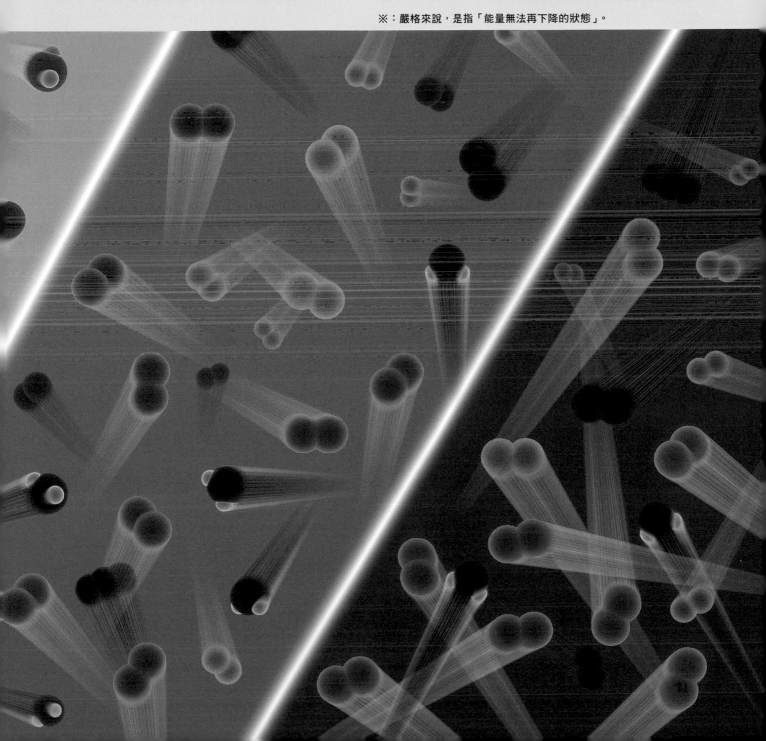

為什麼飛機艙內的零食袋會膨脹？

　　不知道各位是否有在高空的飛機艙內或是高山上，發現零食的密封袋竟然膨脹的經驗？愈往高空，空氣變得愈稀薄，氣壓變得愈低。雖然飛機艙內的氣壓已經過調整，但仍然僅有地面的0.7倍左右。施加在零食袋上的壓力變小，從零食袋內部往外面推的力較強，於是，裝零食的密封袋就膨脹了。

　　有個可以表達「當壓力等條件改變時，氣體會如何變化」的公式，這就是「物態方程式：$PV=nRT$」。物態方程式也稱狀態方程式（equation of state），是表示氣體壓力（P）、體積（V）、溫度（T）之關係的式子（n 是物質量，R 是氣體常數），封閉的氣體會遵循該公式[※]。

　　以零食袋為例，假設起飛前的地面與飛機艙內的溫度（T）一樣，那麼右邊就是固定的。一旦飛向高空，飛機艙內的氣壓逐漸變小，零食袋膨脹，袋子的體積變大（V）。增加的體積導致袋內的氣體壓力（P）變小，滿足物態方程式。像這樣，一個值改變，為了滿足該方程式，其他的值也必須跟著改變。

利用寶特瓶製作簡易溫度計！

　　誠如右邊的小插圖所示，將內有水滴的吸管插入寶特瓶，用兩手加溫寶特瓶，結果發現水滴上升。這是因為溫度上升（物態方程式右邊的值變大），使得寶特瓶內的空氣體積增加（左邊的值也應溫度上升而變大）。因為大氣壓力一直保持一定的關係，所以只有體積出現變化。藉由測量水滴的高度，可充當簡易的溫度計使用。

※：嚴謹來說，這是只有在可忽略分子大小，分子間並無力之相互作用的「理想氣體」才成立的公式。實際的氣體會稍微偏離本式子。

飛機艙內的零食袋膨脹

當我們將零食袋帶到飛機艙內，一旦飛機飛到高空，零食袋會膨脹。這是因為周圍的氣壓下降，零食袋中的空氣膨脹所引發的現象。

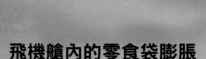

物態方程式

表示氣體之壓力、體積、溫度之關係的式子。

$$PV = nRT$$

P：壓力〔Pa〕
V：體積〔m³〕
n：氣體的物質量〔mol〕
R：（普通）氣體常數〔J/(K·mol)〕
T：絕對溫度〔K〕

起飛前的零食袋

袋內的壓力（P）：大
袋子體積（V）：小

在高空中膨脹的零食袋

袋內的壓力（P）：小
袋子體積（V）：大

水滴上升

水滴

加溫寶特瓶，水滴上升

在空的寶特瓶的瓶蓋上面挖一個洞，將吸管插入，然後用接著劑填滿吸管與瓶蓋間的空隙。將水滴入吸管中，然後兩手握著寶特瓶，加熱瓶內的空氣。結果，空氣膨脹，水滴上升。若測量水滴的高度，即可作為簡易的溫度計使用。

以兩手加溫寶特瓶

利用熱讓機械運作的「蒸汽機」孕育了工業革命

　　從1700年代引發工業革命之後，人類的生活快速富裕起來。而帶來該契機的，就是使用水蒸氣為動力的機械「蒸汽機」（steam engine）。

　　1712年，第一個製造出實用蒸汽機的人是英國的工程師紐科門（Thomas Newcomen，1664～1729），不過他的蒸汽機動作遲緩，效率不彰。其後在1769年，英國的工程師瓦特

（James von Breda Watt，1736～1819）開發出效率更佳的蒸汽機，促使蒸汽機的使用快速推廣開來。

　　瓦特所開發的蒸汽機是將水加熱以產生高溫的水蒸氣，藉由水蒸氣的熱能帶動齒輪的運轉。齒輪的旋轉運動可以用於將地下深處之物體抬舉上來的滑輪，也可運用在紡織機上，甚至作為蒸汽車、蒸汽船的動力等，很容易就能

瓦特開發的蒸汽機
利用水蒸氣的壓力推動左下的活塞，活塞的運動傳遞至上面宛若天秤般的長棒，促使連接在長棒另一端的大型齒輪轉動。

運用在各式各樣的機械上面。

熱能作「功」，讓車輪轉動

　　將水加熱使之轉變為水蒸氣，一般來說，體積大約會增加1700倍以上。但是將容器內的水加熱，密閉的水蒸氣無法膨脹，取而代之的是壓力急速升高。

　　如果，這裡有個可動式活塞，會變成什麼情況呢？被水蒸氣的壓力推擠，活塞會一下子往前動。若活塞透過推桿與車輪相連，那麼當推桿被推出，車輪就會轉動（下圖 A）。再者，從活塞的另一側注入高溫水蒸氣，這次活塞會往反方向移動，牽引著與活塞相連的推桿，於是車輪跟著轉動（下圖 B）。反覆這樣的操作使車輪旋轉，這就是瓦特蒸汽機的機制。

　　水蒸氣的熱能轉換成車輪的動能。當能量使某種物體移動時，稱為該能量作「功」。以蒸汽機為例，一方面是熱能作功，而因作功的關係導致水蒸氣的熱能減少。氣體所具之熱能（內能）的改變量，會等於系統獲得的熱量扣除掉對外部所作的功（請參考下面的「熱力學第一定律」）。　　　　　　　　　　　　　　🪐

▶再更詳細一點！
永動機為什麼不可能實現？ 76頁

水蒸氣讓車輪旋轉的機制

利用左右交互注入高溫水蒸氣讓活塞進行往復運動，該運動促使車輪轉動。在注入高溫水蒸氣的同時，必須冷卻另一側的空氣。於是水蒸氣轉變為水，壓力突然下降。這樣一來，就能讓活塞的運動更有效率。水蒸氣冷卻所形成的水再度被加熱，然後注入活塞。

> **熱力學第一定律**
> 氣體的熱能（內能）變化依據給與氣體的熱量和氣體所作的功而定。若對外部作功，就得扣除作功的這部分能量。
>
> $$\Delta U = Q - W$$
>
> ΔU：熱能變化（內能變化，〔J〕）
> Q：給與氣體的熱量〔J〕
> W：氣體所作的功〔J〕

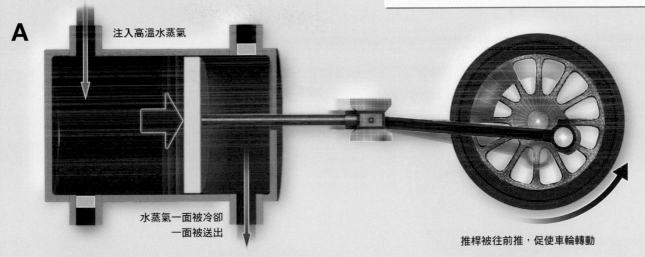

A

注入高溫水蒸氣

水蒸氣一面被冷卻一面被送出

推桿被往前推，促使車輪轉動

B

注入高溫水蒸氣

水蒸氣一面被冷卻一面被送出

推桿被牽引，促使車輪轉動

永動機為什麼不可能實現？

在探索「夢想裝置」的過程中所發現的重要物理學定律

所謂「永動機」就是一種不需使用燃料就能永久運轉的夢想裝置。人類挑戰製作永動機的各種嘗試，最後全都以失敗告終。乍看之下應該能夠永久運轉的機械，為何會無法如預期般運作呢？人類在探究原因的過程中，同時也逐漸了解到「熱」及「能量」的性質。在此，將深入介紹人類為了完成永動機而持續奮鬥的歷史，以及在過程中逐漸浮現的自然界重要法則。

協助：**中島秀人** 日本東京工業大學社會理工學研究科研究所教授

清水 明 日本東京大學總合文化研究科研究所教授

過去曾被提案的永動機實例

轉動方向

鐵球

1.
放在圓盤中的鐵球會產生一股使圓盤往順時針方向旋轉的力，圓盤會因此轉動不停嗎？

水

玻璃容器

2.
此裝置稱為波以耳永動機。水會因「毛細現象」而被吸上玻璃細管，並因此循環不止嗎？

磁鐵

洞

鐵球

3. 受到磁鐵吸引的鐵球能夠重複進行爬上軌道後掉進洞中，然後再度爬上軌道的運動嗎？

齒輪

水

浮球

浮球從底部進入

4. 在連成一串的浮球中，由於只有右排的浮球受到浮力影響，這串浮球會因此持續朝逆時針方向轉動嗎？

插圖中描繪了各種過去曾被提案的永動機例子。例如使用裝置1取代風力發電的風車，就能製造出即使無風也能獨力轉動而持續發電的理想裝置。科學家們曾經提出利用重力或毛細現象、以及磁力或浮力等為動力源的各種永動機設計方案，但卻全數以失敗收場。插圖是參考《永恆運動的夢想》（Perpetual motion : the history of an obsession，Arthur W.J.G. Ord-Hume著，筑摩書房發行）所繪製而成。

自古以來，人類即利用裝設在河川上的水車轉動力，把水汲往高處，或讓石臼轉動以輾磨穀物成粉。曾有人突發奇想：「利用水車轉動的力量將水汲上，再將該水重新利用使水車轉動，如此一來不就不需要依賴河水，水車也能永遠持續運轉了嗎？」（右圖）。若此發想能實現，即意味著能獨力補充動力來源（水），又能同時持續運轉的夢想裝置（水車）成功問世了。

如同這部水車般，不需要施加外力或補給燃料也能夠獨力持續運作的裝置稱為「永動機」（perpetual machine）。大部分的永動機主要都是在16世紀之後，以歐洲為中心設計出來的（左頁圖）。然而實際上並沒有那麼容易，自始至終沒有一部永動機是成功的。

亦有些知名的科學家是以進行永動機的研究而聞名。例如：因解釋氣體體積與壓力之關係的「波以耳定律」（Boyle's Law）而聞名的英國化學家波以耳（Robert Boyle，1627～1691）就是其中一人。他利用毛細現象設計出稱為「波以耳永動機」的裝置（左頁圖2）。文藝復興時期的畫家，同時也具有深厚科學造詣的達文西（Leonardo Da Vinci，1452～1519），也留下了永動機的素描手稿。但他下的結論是：「這種裝置是不可能實現的」。

所有裝置乍看之下似乎都能夠永久運作……

如同文章一開始所介紹的水車，乍聽永動機的機制會讓人覺得應該有永動的可能，但實際上卻無法持續運作。這是因為在說明的過程中存在「陷阱」，也就是有與自然定律互相矛盾之處。

來看左頁永動機圖片中的裝置1。這個裝置像電風扇一樣有個會旋轉的圓盤，鐵球則放在被區隔成幾個區塊的圓盤內部。在圓盤的右側，鐵球會沿著區分圓盤的隔板，從中心往邊緣方向移動。另一方面，左側的設計則是讓鐵球會回到中心。就像坐翹翹板一樣，當一個人坐在翹翹板一

能獨力汲水並持續運轉的「永動水車」

本圖所示為17世紀設計出的永動機範例。德國工程師伯克勒（Georg Andreas Böckler）曾在他的著作中介紹過此裝置。水車（圖中的H）藉由齒輪轉動右側的臼（M）並輾磨穀物的同時，亦能轉動左側的裝置（Q）將水汲上來。原本的設計原理是將汲上來的水再次用來轉動水車，這樣一來就能使水車獨力持續轉動，但結果水車並無法如預期般運轉。

端的邊緣位置，而另一個人坐在相反側靠近中央的位置時，就算2人的體重相同，翹翹板也會往坐在邊緣位置之人的方向傾斜。鐵球轉動圓盤的旋轉力（在物理學上稱為「力矩」（moment））同樣亦是愈遠離中心就愈大。因此，圓盤右側總是會比左側具有更大的旋轉力，圓盤也照理應該能夠持續朝順時針方向轉動。

在製作這個裝置後，並用手以順時針方向施力轉動圓盤，原本以為圓盤內鐵球所產生的旋轉力

能讓圓盤一直轉動下去，但圓盤卻在一開始施予的力道消失後就停止旋轉了。這是由於右側鐵球朝順時針方向轉動圓盤的力道，事實上和左側鐵球以逆時針方向轉動圓盤的力道大小相等（請參考本頁下圖），因而使施在圓盤上的旋轉力左右相互抵消了，所以圓盤並不可能獨力旋轉。

76頁所繪的其他永動機，亦是因為在某些狀態下，整體的重力與磁力或浮力等會相互抵消，因此裝置無法持續運轉（請參照本頁下圖）。

能量的總量不會增加或減少！

以圓盤旋轉方式運作的永動機，只要一開始施予圓盤的力道消失，就會停止運轉。那麼，就算圓盤本身不具有獨力持續旋轉的能力，但「施予圓盤的力」又消失到哪裡去了呢？

解決這個疑問的是英國物理學家焦耳（James Prescott Joule，1818～1889）。他藉由實驗發現，攪動水槽中的水，會使水增加等同攪動時產生之熱量的水溫。此即表示此攪動水之動作會產生熱並使水升溫。這個現象在物理學上，則以攪動水的「功」與加熱水的「熱能」為等值（可互換）的來表現。所謂作功，簡單來說就是對物體施予某種力使物體運動。

在圓盤旋轉的永動機例子中，作用於圓盤的功，也是因圓盤旋轉時的摩擦而轉變成熱，並不是憑空消失了。如果能進行精密的測量，應該能發現裝置及其周圍空氣的溫度會有些微上升的現象。

德國物理學家梅耶（Julius Robert von Mayer，1814～1878）與同為德國物理學家的亥姆霍茲（Hermann Ludwig Ferdinand von Helmholtz，1821～1894），亦針對功與熱能之間的關係作了研究。研究結果所導出的是稱為「能量守恆定律」，或稱「熱力學第一定律」

永動機無法運轉的原因

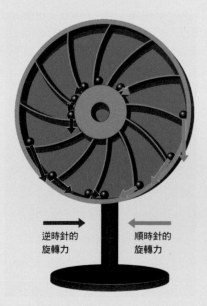

因內部的小球所產生之順時針旋轉力正好與逆時針旋轉力完全抵消。

所謂毛細現象係指水因表面張力而攀附在容器壁面，同時使水面上升之現象。而水並無法離開容器壁面，持續從管中流出。

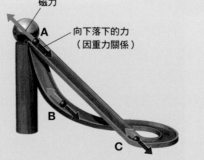

由於距離愈短，磁力的作用愈強，因此鐵球愈靠近磁鐵所受到的吸力就愈強。若磁鐵的磁力較強，則鐵球可能會沒有掉進洞中而是吸附在磁鐵上（A），或即使掉進洞中，卻停留在磁力與落下的力相互抵消的地方（B）。如果磁鐵的磁力較弱，則鐵球根本無法爬上斜坡（C）。

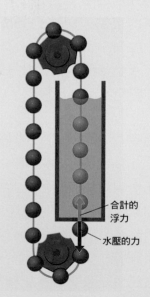

要想使浮球進入水槽底部，需要比施加在底部之水壓更強大的力（假設不考慮底部漏水的問題）。但施加在水槽中之浮球的浮力（使浮球逆時針旋轉的力）並無法勝過底部的水壓。

（first law of thermodynamics）的物理學定律。內容是「在與周圍完全隔絕的孤立空間或物體中，內部之能量即使改變形態，其總能量仍永遠維持不變（能量守恆）」。此外，所謂熱力學乃物理學中研究熱與能量性質的一個領域[※1]。

　　所謂在與周圍完全隔絕的孤立空間或物體，指的是例如一間周圍以斷熱材料完全包覆密閉，且完全阻隔與外界交換熱及氣體的房間。在此房間中，不論是燃燒物體或進行任何行為，房間內部的能量總量在前後都應保持不變。假設該房間沒有與周圍隔絕，如果讓熱或物質逸失到外面（或由外進入），房間內的能量總量就會減少（或增加）這部分的量。

　　若從反向思考，我們也可以說，能量守恆定律將即使改變形體也不會增減的「某種東西」稱為「能量」。如此一來，人類才終於在進入19世紀後確立了現在普遍認知的「能量」這個概念。熟知科學史的日本東京工業大學中島秀人教授表示：「使物體運動的動能以及熱能都同屬能量的一種，而這個概念是物理學史上的一個重要轉捩點。」

從無產生能量的「第1類永動機」

　　且讓我們使用能量這個概念重新檢視本文目前為止介紹過的永動機。永動機對外界作功（以77頁右上的水車為例，它會轉動並磨粉），即代表裝置將自己擁有的能量供給外界。這表示永動機是一種能獨力產生能量，並將該能量持續提供給外界的裝置。這明顯違反了能量之總量不會增減的能量守恆定律。中島教授表示：「在能量概念確立之前，一般主流的想法是就像河川的水流會持續推動水車一樣，認為大自然會獨自不斷運動。永動機就是以大自然會主動提供力量為前提下的產物。」

　　能量守恆定律的出現，使得在那之前設計出來的，能獨力產生能量型的永動機全數遭到否定。

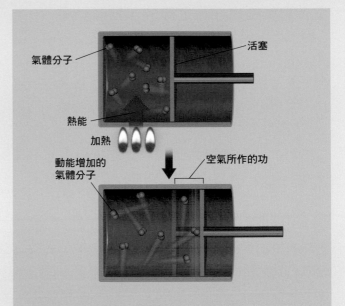

何謂「熱力學第一定律」？
加熱附有活塞的密閉容器（上面圖片）。於是容器內部的氣體分子動能增加，增加的動能使氣體的溫度上升。再者，被加熱的空氣膨脹，將活塞往外推（對外部所作的功＝給予外部能量）。根據熱力學第一定律，增加之氣體分子的動能（$\varDelta U$）與將活塞推出之際對外部所作的功（W）的合計，與加總之熱能（Q）的量是一致的，這就是熱力學第一定律（$Q＝\varDelta U+W$）。

（圖中標示：氣體分子、活塞、熱能、加熱、動能增加的氣體分子、空氣所作的功）

這種違反能量守恆定律（熱力學第一定律）的永動機，被稱為「第1類永動機」。76頁所介紹的所有永動機都屬於第1類永動機。

持續繞著太陽運行的地球是永動機嗎？

　　雖然永動機全數遭到否定，但世上卻確實存在著能獨力持續運轉的物體。「地球」就是其中一例。地球自46億年前誕生以來，便不斷繞著太陽周圍運行。這不就是永動機嗎？

　　雖然地球可說是在進行「永恆運動」，但卻不能算是「永動機」。因為基本上所謂永動機，是指除了自力運轉之外，還必須持續對外界作功的機關（裝置）。地球雖然承受太陽的重力而持續在宇宙空間中轉動，但並沒有對任何物體施力使其運動（作功）。

※1：正確地說，熱力學是研究熱與能量宏觀性質的學問。所謂的宏觀是指不是以原子或分子（微觀）角度端視，而是將整體視為一個狀態之意。

沒有違反能量守恆定律的永動機登場

雖然因為能量守恆定律，使得在那之前的永動機都遭到了否定，但想要發明永動機的人們，並沒有因這點程度的失敗就意志消沉。這次他們設計了沒有違背能量守恆定律的新型永動機，例如下面提到的汽車。

汽車上裝有能使液體沸騰，並將產生的蒸氣轉變為旋轉力的引擎（蒸汽機）。使用的液體在15℃就會沸騰並變成蒸氣（即沸點是15℃）。只要利用周遭20℃左右的空氣加熱該液體，就能使它沸騰。加熱液體，就等於是熱（能量）從空氣中移動到液體中。被液體奪去熱的空氣，溫度就會下降而變冷（例如變成19℃），然後被排出車外（下圖）。

若使蒸汽機運作，並做使汽車前進的功，則蒸汽機所擁有的能量就會減少對汽車作功那部分的量。若蒸汽機不需補充燃料或任何東西也能持續運轉，就會變成能獨力產生能量的第 1 類永動機，但由於這輛汽車會從周遭的空氣補充減少掉的能量，因此並沒有違反能量守恆定律。

若該機制可行，表示真正不需燃料也能運行的汽車成功實現了。但是，現實依然沒有那麼簡單。以下理由將會說明製造這種汽車是不可能的。

由於熱能無處可去，因此汽車無法持續運轉

將熱能轉變為功的裝置稱為「熱機」（heat engine）。代表性的例子是以燃燒燃料等方式加熱水之類的液體並使其沸騰，再利用產生的蒸氣推動活塞以引起旋轉運動的蒸汽機。蒸汽機為了要能重複將熱能轉變為功，按原理來說，在對外作功後需要回到初始的狀態。亦即蒸氣要回復為液體狀態，被向上推動的活塞也需要落回到原來的位置。若不這麼做，蒸氣就無法再次推動活塞（作功）。

前文提到的汽車蒸汽機，使用的是在15℃就會沸騰的液體。因此利用汽車周圍20℃的空氣就能加熱該液體，使液體沸騰變成蒸氣進而推動活塞。為了使這台蒸汽機能再次作功，則需要使蒸氣冷卻並變回液體才行，也因此而需要比液體的沸點（15℃）溫度還低的空氣。但是汽車周圍並沒有那麼低溫的空氣，也就等於熱能無處可排放。

或許會有人認為，可以利用例如冰箱等裝置去進行冷卻，但那會需要使用電等能源，這麼一來就不算是不使用燃料（能源）運轉的車了。結果剛才所提到的汽車的蒸汽機，並無法回到剛開始的狀態並重複作功。

杯子中的水不會自動沸騰

若能利用20℃的空氣將蒸氣冷卻到15℃，代表熱能會從低溫的物體往高溫的物體移動。這就像是將裝著60℃水的杯子放在室溫20℃的房間裡，熱能就會自動從空氣移動到水中並使水沸騰一

從空氣獲取能量並前進的汽車
圖為沒有違背熱力學第一定律（能量守恆定律）的永動機一例。這部汽車是受從空氣中獲取熱能而運轉的引擎（蒸汽機）所驅動前進。雖然這部車會失去（能量傳遞給外部）使引擎運轉（對外作功）部分的能量，但亦會從空氣中補充回失去的那部分能量。也就表示，引擎並不是能獨力產生能量，因此並沒有違背能量守恆定律。但製造這種汽車最終還是不可能的任務（理由請參考本文）。

從空氣獲取熱能，並將沸點15℃的液體轉化成蒸氣而運作的引擎（蒸汽機）

熱能的移動

熱能被奪去，溫度下降至19℃的空氣

20℃的空氣

指出永動機不可能實現之物理定律

熱力學第一定律（能量守恆定律）	熱力學第二定律
能量即使改變形態，其總能量仍永遠保持不變。	熱量會由高溫物體向低溫物體移動，不可能獨力產生逆向的移動。

上圖歸納了指出永動機不可能實現的重要物理定律。此外，除了上述定律之外，熱力學定律還包括了「第零定律」以及「第三定律」。在此並不作詳細說明，但第零定律乃指「在 A、B、C 三個系統中，若 A 與 B 之間，以及 B 與 C 之間皆處於熱平衡狀態，則 A 與 C 之間亦為熱平衡狀態」。第三定律則指「在絕對零度（約零下273℃），熵（混亂程度）的值亦為零」。

所有東西最後都會變得「混亂」也是因熱力學第二定律的關係

如下面左側插圖所示，假設高溫氣體與低溫氣體隔著隔板相接。根據熱力學第二定律，隨著時間的推移，熱會從高溫側移動到低溫側，最終溫度達到平衡。換句話說，溫度有所偏倚的某狀態（有秩序的狀態）一定會往溫度沒有偏倚的狀態（混亂的狀態）演變。像這樣，熱力學第二定律也可以說是「混亂的程度（熵）一定會增加」，此稱為「熵增定律」。

　舉例來說，加入紅茶中的牛奶，隨著時間的經過牛奶會漸漸擴散（變混亂），這也可以說是遵循熵增定律的現象（右圖）。

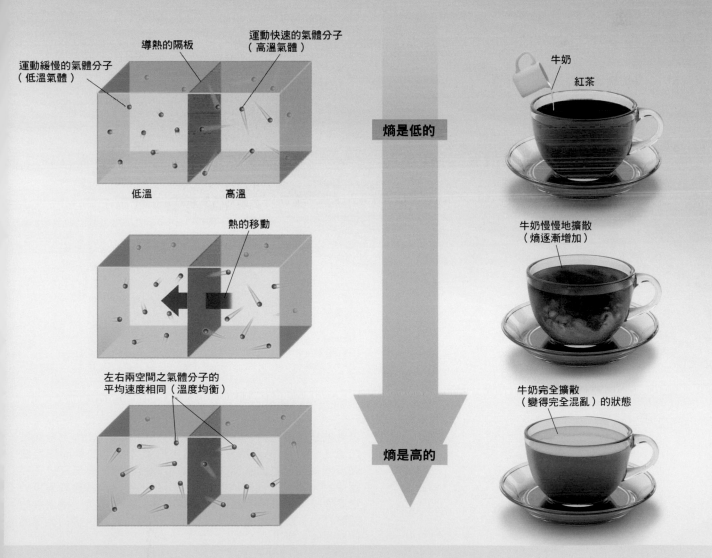

運動緩慢的氣體分子
（低溫氣體）

導熱的隔板

運動快速的氣體分子
（高溫氣體）

低溫　　　　　高溫

熱的移動

左右兩空間之氣體分子的
平均速度相同（溫度均衡）

熵是低的

熵是高的

牛奶

紅茶

牛奶慢慢地擴散
（熵逐漸增加）

牛奶完全擴散
（變得完全混亂）的狀態

樣，是一種絕對不可能的現象。要使剛才提到的汽車運轉，除了利用這種違反自然現象的機制之外，別無他法。

德國的物理學家克勞修斯（Rudolf Julius Emmanuel Clausius，1822～1888）等人，將有關熱能移動的自然定律稱為「熱力學第二定律」，內容是「熱能會從高溫物體往低溫物體移動，不可能擅自反向移動[※2]」。因這條熱力學第二定律的登場，使得巧妙迴避熱力學第一定律（能量守恆定律）的永動機研究者又無技可施了。這種雖然遵守熱力學第一定律卻違反熱力學第二定律的永動機，被稱為「第2類永動機」。

此外，亦有人將熱力學第二定律解釋為「熱無法完全（100％）轉換為功[※2]」。雖然與一開始介紹的定義及表現不同，但內容是相同的。兩者都指出了第2類永動機不可能實現。

撼動熱力學第二定律的「精靈」

熱從低溫物體移動至高溫物體的例子，其實就在我們的生活周遭，那就是冷氣機及冰箱。但是這些機器是使用電能來使熱轉移的。雖然熱無法自行發生上述現象，但利用能量，就能夠使熱從低溫往高溫移動。

不過，19世紀時已有人提出了不使用電能，就能使熱從低溫往高溫移動的想法。這個想法是英國物理學家馬克士威（James Clerk Maxwell，1831～1879）所構思，稱為「馬克士威精靈」（Maxwell demon，也稱為馬克士威惡魔或馬克

熱機模式圖

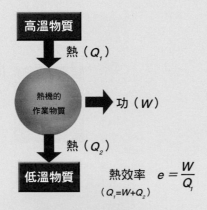

$$e = \frac{W}{Q_1}$$

熱效率 $(Q_1 = W + Q_2)$

熱泵（冷氣機、冰箱等）模式圖

冷氣機的機制

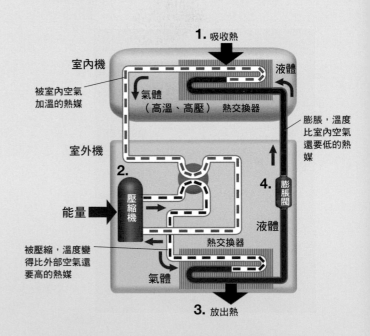

冷氣機是溫度比室內空氣還要低的熱媒接觸到室內空氣而被加溫（1），此時熱媒因為大量吸收室內空氣的熱而變為氣體。其後，呈氣體狀態的熱媒被壓縮機壓縮而變得高溫、高壓（2）。高溫、高壓的熱媒在室外機的熱交換機接觸到戶外空氣而被奪去大量的熱，轉變為液體（3）。其後，通過膨脹閥而壓力下降，因而變得低溫（4）。藉由反覆這樣的循環而使室內的溫度下降。

※2：正確來說，還要加上「不留下其他任何變化」這個條件。例如，從外界投入能量（若在周圍留下變化），就能使熱從低溫物體移動至高溫物體，或是全數將熱量轉變為功。

士威妖）的理論。這種精靈如下所述，能打破熱力學第二定律。

在一個從中央被隔成 2 間的房間裡，充滿了相同溫度的空氣（右圖）。室內溫度會與該房間中氣體分子運動的激烈程度成正比。但同一房間內氣體分子的運動速度並非全體相同，而是有比平均速度快的分子，也有比平均速度慢的分子。精靈就在中央隔間的位置，觀察在房間中飛行的氣體分子狀態。中央的隔間是可以開閉的。

精靈只在運動速度快的氣體分子從左側房間飛向中央隔間時，才打開隔間讓分子進入右側房間。另一方面，當運動速度慢的分子從右側房間過來時，也會打開隔間讓分子進入左側房間。精靈藉由重複這個動作，而使速度慢的分子囤積在左側房間，速度快的分子則囤積在右側房間。這即表示原本溫度相同的兩個房間，此時已出現了溫差。精靈所做的只有開關隔間，並沒有直接使氣體分子運動（沒有給予能量）。他只是巧妙地利用氣體分子的運動，製造出房間的溫差而已。

若能開發出能進行有如該精靈之行為的裝置，就應該表示夢想中的永動機（第 2 類永動機）完成了。可惜，到了2000年代，馬克士威的精靈已被證明亦無法打破熱力學第二定律。因為科學家發現，觀測氣體分子的運動速度，以及進行與精靈相同的行為，最終都還是需要能量。

從失敗的經驗獲得新的物理學理論

目前為止，熱力學的定律還沒有遭顛覆的跡象。熟知熱力學的日本東京大學清水明教授表示：「一般都知道在眾多物理學理論中，熱力學理論最為穩固」。看來製造永動機究竟還是件不可能的事。

但是清水教授同時表示：「雖然無法打破熱力學定律，卻可以有技巧地迴避它」。例如：火力發電是利用燃燒煤炭及天然氣得到的熱能使發電機運作，進而得到電能。由於在發電過程中，熱

馬克士威精靈

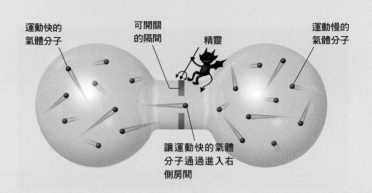

運動快的氣體分子　可開關的隔間　精靈　運動慢的氣體分子

讓運動快的氣體分子通過進入右側房間

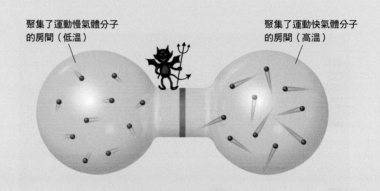

聚集了運動慢氣體分子的房間（低溫）　聚集了運動快氣體分子的房間（高溫）

如果世界上存在著能觀察各個氣體分子速度的超自然生物，就不需從外部投入能量，只需巧妙地開關房間中央的隔間，就能使被分成二間的房間產生溫差（下面這張圖片）。這個超自然的存在就是「馬克士威精靈」。

能會轉換為功，而根據熱力學第二定律，由燃料得到的熱能是無法全數轉換成電能的。另一方面，將氫分子與氧分子產生化學反應而變成水時的能量直接轉換成電的「燃料電池」，由於是不經過熱能形式的發電方法，因此不受熱力學第二定律的限制。理論上來說，化學能量是可以完全轉換成電能的。

前人們千方百計想製作永動機，雖然全數以失敗收場，但是就結果而言，這些失敗的經驗卻間接引導出強大的物理學理論，並使我們的視野更上一層樓。　🪐

波

監修 和田純夫

「波」並非只能在海面上看到，整個自然界到處充滿著「波動」。最主要的代表就是「聲音」和「光」。海浪、聲音和光看起來是截然不同的現象，但是具有「波」這個共通的性質。

在PART3中，將以與聲音、光相關的生活現象為例，介紹與各式各樣現象相關之波的性質。

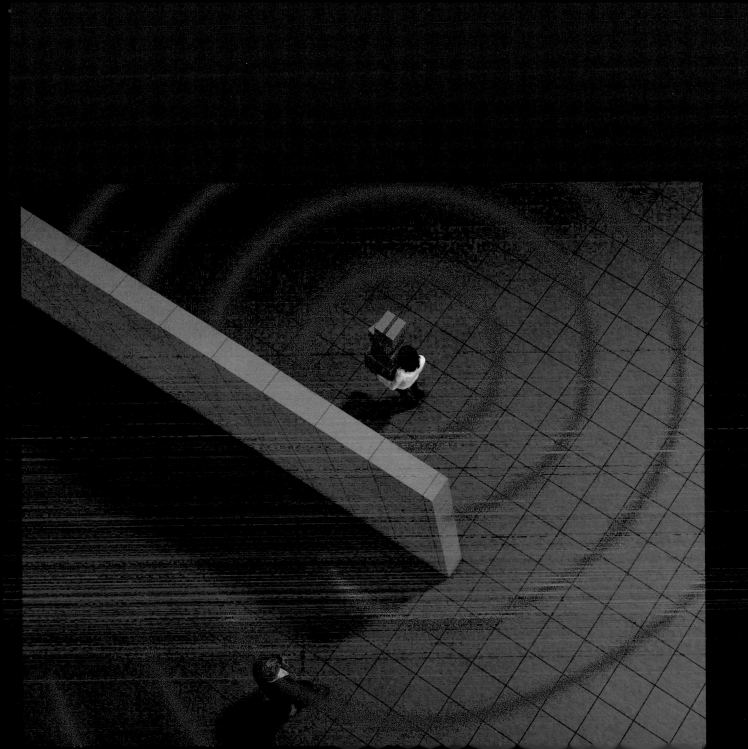

光是「橫波」、聲音是「縱波」兩者有何差異？

　　將石子投入平靜的湖面，在石子落入的場所會出現同心圓狀的「波」並向外擴散。在水面上傳送的波，一看就知道是波，是比較容易了解的例子。事實上，這個世界充滿了「波」，最具代表性的就是聲音和光。

　　所謂波動係指「在某一點產生的振動往周圍傳播的現象」。以聲音為例，揚聲器所產生的空氣振動陸續接觸到周圍的空氣，而在空間中傳播。聲音在空氣中的傳播速率為每秒約340公尺。聲音是物體振動而產生的聲波，藉由一定的介質（在此是指空氣）傳播出去，而非空氣以每秒約340公尺的速率移動。

　　光是空間本身所具之「電場」與「磁場」的振動（電場與磁場之大小和方向的變化）往外傳播的波（電場與磁場的相關內容請參考PART4）。光在空氣中以每秒約30萬公里的超高速率行進。

地震是先縱波而後橫波

　　波大致可分為「橫波」（transverse wave）和「縱波」（longitudinal wave）。介質的振動方向與波的前進方向互相垂直的波為「橫波」，介質的振動方向與波的前進方向一致的波為「縱波」（右圖）。

　　光是橫波、聲音是縱波，而地震所產生的「地震波」（seismic wave）則是兼有縱波和橫波。最早測到（在地底下的傳播速率快）的P波是縱波，而較晚測到（傳播速率較慢）的S波是橫波。若是發生在正下方的地震，由於最先到達的P波是縱波，因此會突然有來自正下方往上頂的晃動。

橫波與縱波的差異

以搭肩排成一排的人為例來說明橫波與縱波的差異。若是排尾的人（波的發生源）往左右搖動就會產生橫波，往前後搖動就會產生縱波，往前方傳播而去。

與前進方向垂直晃動的「橫波」

橫波的代表例子是光（可見光、無線電波等）。太陽光（白色光）是由往上下左右各方向晃動，各種不同波長的光混合而成。

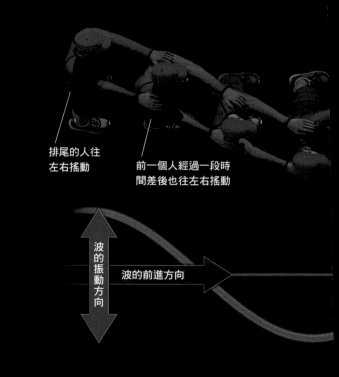

排尾的人往左右搖動

前一個人經過一段時間差後也往左右搖動

波的振動方向

波的前進方向

與前進方向同方向晃動的「縱波」

縱波的代表例子是聲音。由於縱波是傳播波的介質（以聲音為例，介質是空氣等）呈「密」、「疏」的變化依序傳播，因此也稱為「疏密波」。

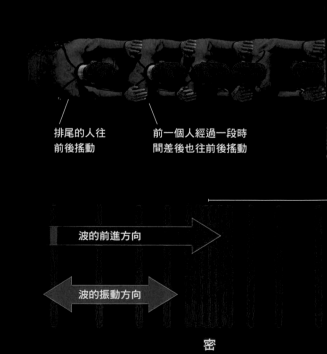

排尾的人往前後搖動

前一個人經過一段時間差後也往前後搖動

波的前進方向

波的振動方向

密

聲音 96～99頁
光（電磁波）100～103頁
地震波 104頁

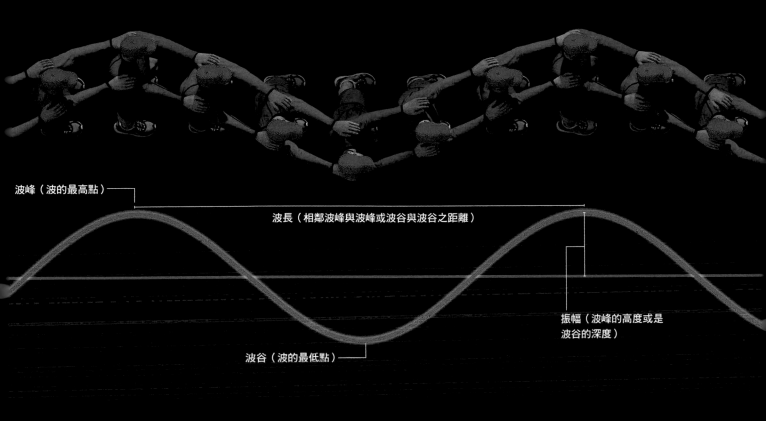

波峰（波的最高點）

波長（相鄰波峰與波峰或波谷與波谷之距離）

振幅（波峰的高度或是波谷的深度）

波谷（波的最低點）

取縱軸為密度的高低或是與振動前相較之位置偏移（位移）的量予以圖像化，即可將縱波表現得像橫波（像上面的圖像）。

振幅（最密或是最疏處之密度與振動前之密度的差）

波長（最密或是最疏處間之距離）

疏   密

「救護車的警笛聲」與「宇宙膨脹」竟有意外的共通黑

　　當救護車從遠方靠近時,感覺其警笛聲音似乎越來越高;遠離時則越來越低。這樣的現象是當聲音的發生源(聲源)接近聽到之人(觀測者),或是遠離聽到之人時所產生之「都卜勒效應」(Doppler effect)所造成的[1]。

　　聲音的高低係由聲波的「振動數」而定。所謂的振動數就是波在 1 秒內的振動次數,單位為Hz(赫茲、赫)。振動數也稱為「頻率」

(frequency)。以聲音為例,振動數愈大(空氣快速振動),聽到的聲音愈高。順道一提,救護車之警笛聲的頻率,高音為960Hz,低音為770Hz。

　　救護車(聲源)一面發出警笛聲一面前進,就像下面的插圖般,救護車的前方波長縮短(變短)。聲波的波長變短是波峰與波峰的間隔縮短,因此頻率(振動數)變高。就這樣,

聲源移動,波長跟著改變

插圖所繪是救護車發出之鳴笛聲(聲波)向外傳播情形的模擬示意圖。實際聲波是0.1秒約行進34公尺,在此為方便看出波長變化,聲速畫得比實際慢。

　　各觀測者上方所示為抵達站在行駛之救護車前方和後方的人(聲音觀測者)的聲波是如何變化的。聲波原本是縱波,在此將空氣的疏密轉換成上下的高度,以橫波的形式表現。

接近中的聲音聽起來變高

警笛聲如下所示般波長變短(音調變高),抵達站在救護車前方之觀測者耳中。若觀測者是站在斜前方,波長的縮短(振動數增加)幅度比站在正面小。

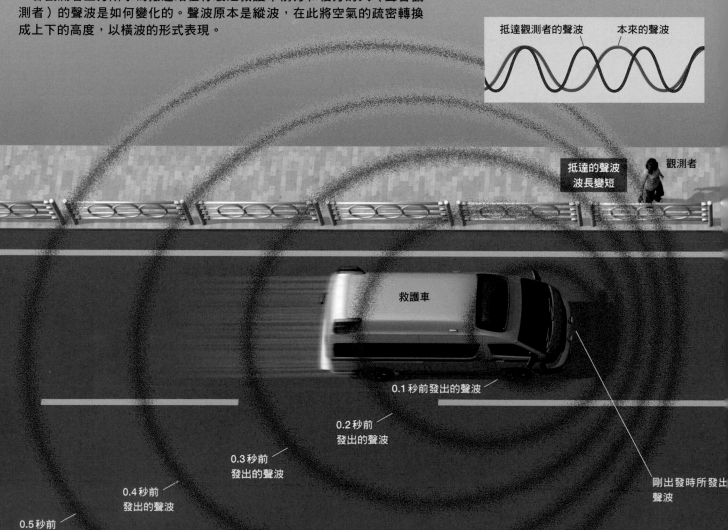

抵達觀測者的聲波　　本來的聲波

抵達的聲波
波長變短

觀測者

救護車

0.1秒前發出的聲波

0.2秒前
發出的聲波

0.3秒前
發出的聲波

0.4秒前
發出的聲波

0.5秒前
發出的聲波

剛出發時所發出
聲波

當聲源接近時，因頻率變得比原本聲音還要高，所以聲音聽起來是高的（音調變高）。這就是都卜勒效應的機制。

當救護車遠離時會發生相反的現象。聲音的波長拉長（變長），振動數變少（頻率變低），聽起來比原本聲音還要低（音調變低）。

都卜勒效應也能用來測量星系的移動速率

光也會發生都卜勒效應。天文學應用都卜勒效應來測量星系的移動速率，這是因為從接近（或遠離）地球之星系所發出的光，會因為都卜勒效應而變得比原本波長還要短（遠離時是長）的緣故。

美國的天文學家哈伯（Edwin Powell Hubble，1889～1953）測定來自星系之光波長變化[2]，發現愈是遠方的星系，會以愈快的速率遠離地球。該發現即為宇宙膨脹的證據。

※1：嚴格說，此中還牽扯到人腦會將救護車駛近或遠離時音量變化詮釋成聲音高低的心理學效應，但在一般物理書上都將此重要因素省略不計。

※2：以星系高速遠離地球所造成的都卜勒效應來說明自遠方星系而來的光波長變長，只能說是一種近似的說明。更正確的說法是因宇宙膨脹將光的波長拉長所導致。

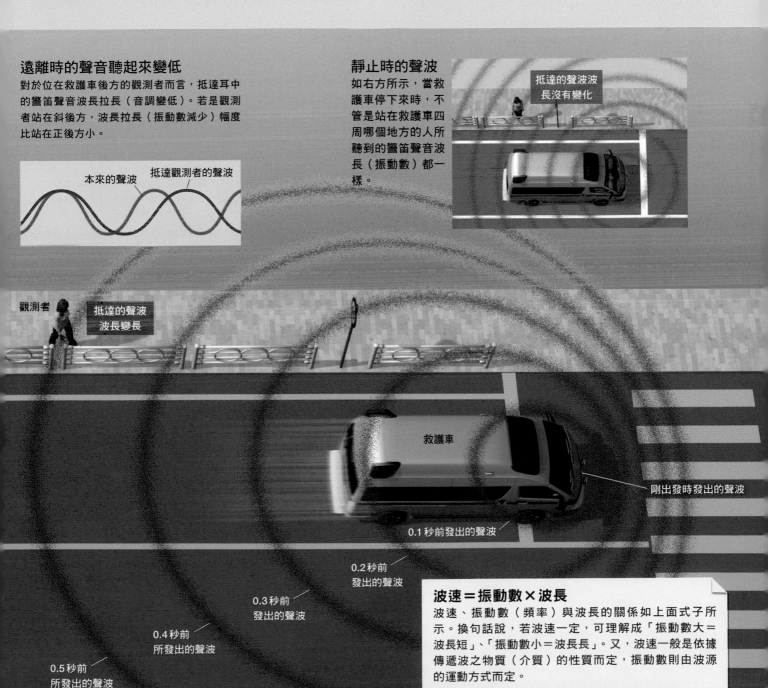

遠離時的聲音聽起來變低
對於位在救護車後方的觀測者而言，抵達耳中的警笛聲音波長拉長（音調變低）。若是觀測者站在斜後方，波長拉長（振動數減少）幅度比站在正後方小。

本來的聲波　抵達觀測者的聲波

靜止時的聲波
如右方所示，當救護車停下來時，不管是站在救護車四周哪個地方的人所聽到的警笛聲音波長（振動數）都一樣。

抵達的聲波波長沒有變化

觀測者
抵達的聲波波長變長

剛出發時發出的聲波

救護車

0.1秒前發出的聲波

0.2秒前發出的聲波

0.3秒前發出的聲波

0.4秒前所發出的聲波

0.5秒前所發出的聲波

波速＝振動數×波長
波速、振動數（頻率）與波長的關係如上面式子所示。換句話說，若波速一定，可理解成「振動數大＝波長短」、「振動數小＝波長長」。又，波速一般是依據傳遞波之物質（介質）的性質而定，振動數則由波源的運動方式而定。

光由空氣進入水中發生折射是因傳播速率變慢的緣故

對我們而言，不同波長的光看起來是不同的顏色。長波長的光看起來是紅色，短波長的光看起來是藍色、紫色。此外，光（可見光）和無線電波、紅外線、紫外線、X射線等也僅是波長不同而已，其實全都是「電磁波」（下圖）。

太陽光（白色光）是由各種不同波長（顏色）的光混合而成。若使用玻璃製的三角柱（三稜鏡），就能使太陽光分解成彩虹般的七種顏色（右圖）。

當光從空氣進入玻璃中，其傳播速率降至每秒約20萬公里（約空氣中的65％）。而且，因為波長不同，在玻璃中的行進速率也會跟著略有差異，波長愈短，行進速率愈慢。結果，因光波長（顏色）不同，進入玻璃時的「折射」（refraction）角度也不一樣，於是太陽光就從最初的白色光分散成像彩虹般的七彩顏色了。

水中物體的位置看起來比實際高是因為折射

所謂「折射」，例如光從空氣中進入玻璃或水等透明的物質中時，或是從物質中進入空氣中時，因光的行進速率變化使光的行進路線出現彎曲的現象（右圖）。

在水中的物體看起來比原本位置高，就是光的折射所造成。由於光的行進路線彎曲，光會從比原本位置稍高的地方出來（物體位在較高的位置），因此才會有這種視覺上的錯覺。

▶再更詳細一點！
反射 108頁
折射 110頁

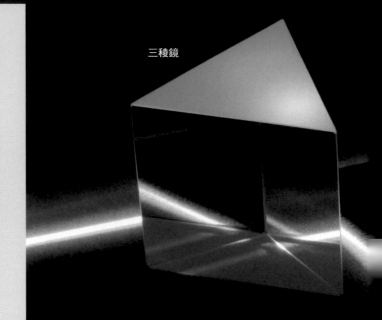

三稜鏡

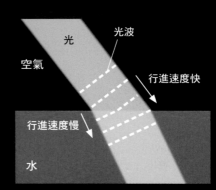

光　光波
空氣
行進速度快
行進速度慢
水

行進速度改變，就會發生「折射」
想像一下左圖般有寬度的光，從空氣中進入水中時的情形。先進入水中的部分行進速度變慢，在「原地踏步」。於是，光寬度的左右產生速度差，行進路線彎曲。

加入充分的水　硬幣虛像
折射

幾乎看不到硬幣　　硬幣看起來好像是從「杯底浮起」

折射產生視覺錯覺
由於我們的視覺意識到「光應該是直線前進的」，所以置於水中的硬幣，肉眼看來會是位在上面插圖之「硬幣虛像」的方向上。

電磁波的波長

1pm	100pm	10nm	1μm

γ射線（伽瑪射線）	X射線	紫外線	紅外線
滅菌、放射線治療等	X光攝影檢查、電腦斷層掃描（CT掃描）、機場等的手提行李檢查等	殺菌、黑光燈等	遙控器、自動門、溫度感測器等

400nm　　800nm

可見光

註：電磁波譜頻率的界線僅是大致的基準，並非明確的數值。p（pico）是1兆分之1、n（nano）是10億分之1、μ（micro）是100萬分之1、T（tera）是1兆、G（giga）是10億、M（mega）是100萬、k（kilo）是1000之意。

將光分成七種顏色的三稜鏡

當光進入行進速率不同的物質時，會發生行進路線彎曲的「折射」現象（請參考左下插圖）。折射角度視物質間的速度差而定，速度差愈大，愈會大幅彎曲。

正如右邊插圖所示，不同波長（顏色）的光在玻璃內部行進的速率，亦即折射的角度也不一樣。因此，進入三稜鏡的太陽光，依不同的波長（顏色）分散開來。又，為著容易了解起見，右邊的二幅插圖誇張表現出速度和折射角度的差異。

又，天空放晴時出現的彩虹也是光的色散，只是它並非由三稜鏡，而是由飄浮在空氣中的無數水滴引起的現象。

【光的速度】　空氣中的光速（每秒約30萬公里）

不同波長的行進速度

三稜鏡（玻璃）

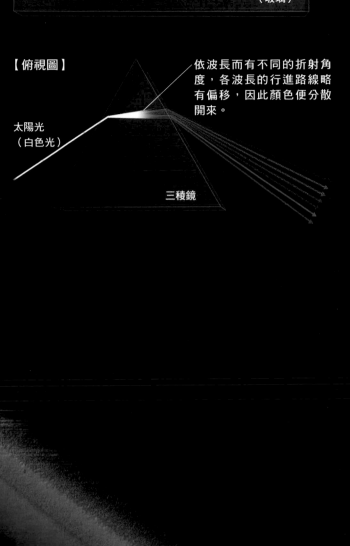

【俯視圖】

依波長而有不同的折射角度，各波長的行進路線略有偏移，因此顏色便分散開來。

太陽光（白色光）

三稜鏡

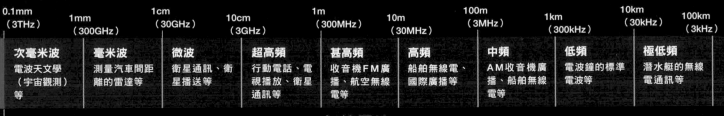

0.1mm（3THz）	1mm（300GHz）	1cm（30GHz）	10cm（3GHz）	1m（300MHz）	10m（30MHz）	100m（3MHz）	1km（300kHz）	10km（30kHz）	100km（3kHz）
次毫米波 電波天文學（宇宙觀測）等	**毫米波** 測量汽車間距離的雷達等	**微波** 衛星通訊、衛星播送等	**超高頻** 行動電話、電視播放、衛星通訊等	**甚高頻** 收音機FM廣播、航空無線電等	**高頻** 船舶無線電、國際廣播等	**中頻** AM收音機廣播、船舶無線電等	**低頻** 電波鐘的標準電波等	**極低頻** 潛水艇的無線電通訊等	

無線電波

原本透明的肥皂泡為何看起來會是七彩的？

　　肥皂水所形成的肥皂泡本來是無色透明的，然而飄浮在空中的肥皂泡看起來卻是彩虹般的顏色。這種現象也跟光是波有關。

　　當太陽光照射在肥皂泡上時，有一部分的光被肥皂泡的薄膜表面反射，另一部分則進入肥皂泡薄膜內部。在膜中行進的光有一部分被薄膜底面反射，再度來到薄膜表面，從表面出來（右頁右圖）。換句話說，肥皂泡之「被薄膜表面反射的光」與「行進至薄膜內部被底面反射的光」在薄膜表面匯合後，映入我們的眼簾。

　　在薄膜表面匯合的二種光原本是相同的光（太陽光），然而在薄膜底面反射的光因為在薄膜內部往返，行進距離稍微長了一點。結果，二波間的「波峰與波谷的位置」（相位）偏移。於是匯流之二光的波，波峰與波峰重疊而加強，波峰與波谷重疊而減弱，此現象稱為「干涉」（interference）。

　　無色透明的肥皂泡表面出現宛如彩虹般的圖案，是因干涉而相長或相消之波長（顏色）因場所而不同所致。

CD表面呈現七彩顏色的原理與肥皂泡相同

　　CD和DVD等的表面也能看到七彩圖案，這是排列在碟片表面之微小凹凸所反射之光發生干涉所形成的顏色。

　　干涉是所有波都會發生的現象，聲音也不例外。以分置於戶外演唱會舞台左右兩側之音響喇叭發出相同的音為例，因為聲波發生干涉，所以會場中會有聲波相長而音量聽起來很大的場所，以及聲波相消而音量聽起來很小的場所。

▶再更詳細一點！
波的疊加 106頁
雙狹縫實驗 151頁

干涉使肥皂泡表面出現顏色
如照片中所看到的，原本無色透明的肥皂泡看起來著上了七彩的顏色，這是在肥皂泡的薄膜表面發生光的干涉之故（右頁右圖）。

　　因為地心引力的關係，基本上肥皂泡的下側比較厚。因為肥皂泡本身的厚度並不平均，以及觀看角度不同，因此肥皂泡膜的顏色看起來就有繽紛的變化。

相長干涉與相消干涉

當A、B二波發生干涉時，會有波峰與波峰重疊的相長干涉（上）和波峰與波谷重疊的相消干涉（下）。

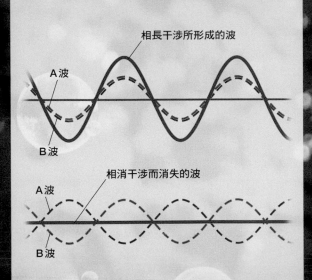

相長干涉所形成的波

A波

B波

相消干涉而消失的波

A波

B波

發生在肥皂泡膜的光波干涉

在肥皂泡膜的表面，來自不同途徑的二光發生干涉，特定波長（顏色）的光相長、相消，該光抵達觀測者的眼睛。

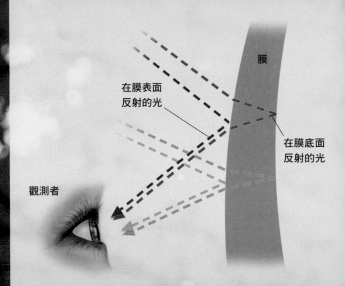

膜

在膜表面
反射的光

在膜底面
反射的光

觀測者

波會繞過障礙物，所以在牆壁背面也能聽到聲音

雖然在牆壁背後無法看到說話的人，但是可以聽到說話的聲音。像下面插圖所繪的現象也是因為聲音是波所發生的現象。

波具有遇到障礙物會繞過的性質，此稱為「繞射」（diffraction）。基本上，繞射是波長愈長的波愈容易發生的現象，人說話的聲音波長約 1 公尺，是波長較長的波，所以很容易繞過牆壁或是建築物。

波的繞射對於城市中行動電話保持順暢的通訊也有相當的貢獻。行動電話所使用的無線電波波長約數十公分到接近 1 公尺，這是很容易繞過牆壁和建築物的波長，因此從中繼無線電

誰能來幫幫忙啊！

女性發出的聲音
（聲波）

聲音容易產生繞射現象

這是牆另一邊所發出聲音（聲波）會繞到另一邊被人聽到的情景之模擬示意圖。人聲的振動數（頻率）通常是300～700Hz左右，換算成波長，大約是0.5～1公尺。實際發出的聲音是立體（三維度空間）擴散的，因此不僅會從牆壁的旁邊，也會從上面繞過。又，若在室內，除了繞射外，天花板、牆壁的「反射」也會傳播聲音。

聲音宛若繞過
牆壁般擴散

波的基地台到無法直接看到的建築物角落，都能接收到無線電波。

光的波長短，幾乎不會繞射

因為波長短，在日常生活中幾乎不會發生繞射現象的代表例子就是光（可見光）了。可見光的波長約0.0004～0.0008毫米，跟聲波、無線電波相較，是波長極短的電磁波。

從「陽光下會出現影子」這點就能明瞭光幾乎不會繞射，直進性高的特徵。如果光會繞射，因為光會繞到建築物的後方，應該就不太會形成陰影了。

雖然前面介紹過「波長愈長愈容易發生繞射」，不過更正確的說法應該是：易發生繞射的程度取決於縫隙或障礙物之尺度與波長大小的關係（下圖）。目前已知如果波長與縫隙的大小差不多，或是波長較長（縫隙較小）時，就很容易發生繞射現象。波長短的光若通過與其波長相應極微小的縫隙（狹縫），也會出現非常大的繞射。　☄

① 波長長，縫隙也大

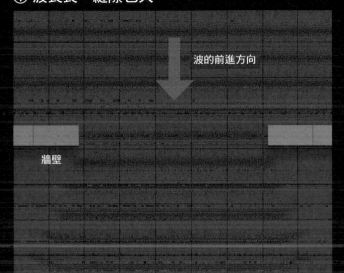

波的前進方向

牆壁

② 波長與縫隙相同程度

波的前進方向

波長和縫隙的大小會改變繞射的容易程度

插圖所示為根據波的長度和縫隙的大小，波容易繞射的程度會有什麼樣的變化。

①是縫隙較波長為大的情形。通過縫隙的波基本上會直線前進，通過後的波幾乎不會擴散（不會發生大的繞射現象）。相同的波長若像②般通過較小的縫隙（與波長差不多大小），就會出現大幅的繞射，波會擴散到牆壁的背面。③的縫隙大小與②相同，而波長縮短至比縫隙還要小（與①相同的情形），則波通過縫隙時，又變得很難發生繞射了。

③ 縫隙小，波長更短

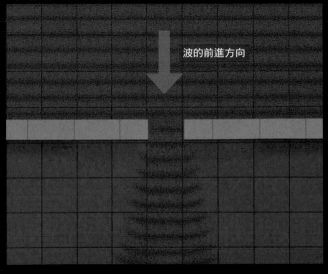

波的前進方向

惠更斯原理

下面介紹的原理是荷蘭的物理學家惠更斯（Christiaan Huygens，1629～1695）所倡議，因此被稱為惠更斯原理（Huygens' Principle）。

該原理表示：「當波行進時，波面（波前）的每一點都可視為新的點波源，各自發出球面波（如果是水面波就是圓形波），無數的球面波重疊，形成下一時刻新的波前。」

繞射可以藉由惠更斯原理來理解。若在波的前進方向上有縫隙，則各點所發生的圓形波會「存活下來」，於是波就會擴散開來。

聲音是如何產生的呢？

當我們聽到聲音時，究竟是什麼傳到我們的耳朵呢？那就是空氣的「振動」。例如：敲打大鼓時，鼓面的振動傳遞到周圍的空氣中，於是我們可以聽到大鼓發出「咚！咚！」的聲音。

空氣振動是如何產生的呢？敲打大鼓時，鼓面立即凹陷，於是鼓面附近的空氣變得稀薄，形成空氣密度降低的「疏部」。

然後在下一瞬間，大鼓的鼓面劇烈地往前彈回，於是壓縮鼓面附近的空氣，形成空氣密度稠密的「密部」。

鼓面每次反彈、凹陷，就會在周遭空氣形成「密部」和「疏部」，然後往周圍傳遞出去。此時，空氣本身並未移動，而是原地反覆地往前後振動（請參考右下的彈簧插圖）。

「疏」與「密」這樣的變化漸次傳遞的現象，稱為「波」。據此，聲音也稱為「疏密波」（rarefaction wave），這就是聲波的實際狀況。當我們聽到鼓聲「咚！咚！」時，是耳朵感覺到空氣多次「疏密波振動」的緣故。

聽到聲音時，空氣是持續地細微振動

這裡所繪為空氣傳遞振動的情形，在此將空氣以微粒的集合體來表現。大鼓受到敲擊而劇烈振動時，在靠近鼓面附近，形成空氣稠密的「密部」和稀疏的「疏部」交互出現的情形。聲音的本質就是該「密」和「疏」的狀態向周圍擴散的「疏密波」。

受到敲擊
而振動的大鼓

空氣的行為有時像「彈簧」

空氣在縫隙間移動

緩慢推入時，空氣不會頂回來。

「密」　「疏」

空氣來不及移動，形成「密部」和「疏部」，將蓋子頂回。

突然大動作推入時，空氣會像「彈簧」般反彈回來。

空氣只有在有限的時間內會像「彈簧」般製造出疏密波。正如上面所示，請試想將一個小圓筒的蓋子推壓入筒中的情形。當速度緩慢地將蓋子推入時，因為筒與蓋子間的空氣會移動，所以不會感覺到阻力。但是如果突然大動作壓入時，空氣來不及移動，就會形成「密部」和「疏部」，於是便會像彈簧般反彈。像這樣的空氣，即使有空隙，仍然會對突如其來的動作產生像彈簧般的舉動。而且即使是沒有圓筒的場合，仍會像彈簧般運動，製造出疏密波。

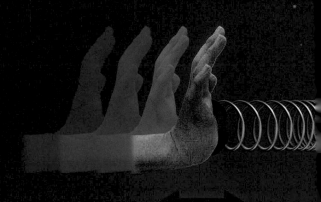

讓彈簧伸縮的手

以橫波的形式來表現疏密波

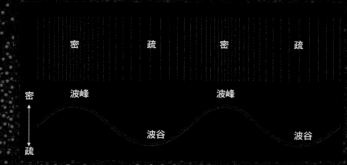

密　　　　　疏　　　　　密　　　　　疏

密 ↕ 疏　　波峰　　　　　　波峰

波谷　　　　　　波谷

若將疏密波轉換成橫波般的曲線來表現，就很容易看出聲音的高低（振動數的多寡）和大小（疏密的差距）等特徵。波峰愈高表示「密」，波谷愈深表示「疏」。相鄰波峰與波峰的間隔表示「波長」（wavelength），波長愈短，振動數愈多，換言之就是聲音愈高。此外，波峰與波谷和兩者平均值的高低差為「振幅」（amplitude），振幅愈大，音量愈大。

疏　　　密　　　疏

疏密波行進的方向 →

彈簧也會產生疏密波

長彈簧也能引起疏密波。拉開長彈簧，置於地板上，將一端固定之後，手捉住另一端，然後將彈簧往前後移動多次，「密部」與「疏部」就會反覆出現，然後漸次地傳遞出去，這就是「疏密波」。此時如果觀測彈簧的某一部分（橙色點），就會發現它並不是往左右方向移動而去，而是在原地重複往左右週期性晃動的「振動」。當我們聽到聲音時，空氣亦未移動，而是在原地前後振動，以傳遞疏密波。

密　　　疏

疏密波的行進方向 →

即使在堅硬的鋼鐵或是水中，聲音皆能順暢傳遞

如果沒有空氣，聲音便無法傳遞了嗎？其實，就算在固體和液體之中，聲音也跟在空氣中一樣能夠傳播。聲音在空氣中的本質就是傳遞空氣「密部」和「疏部」的「疏密波」。即使在堅硬的固體以及在液體中，也都是「密部」和「疏部」的傳遞。

在液體中傳遞的聲音究竟有哪些呢？海豚在水中發出聲音與同伴連絡，就是一個例子。

至於在固體中傳遞的聲音，在我們生活周遭經常發生。舉例來說，將耳朵貼靠在公園鞦韆的鐵柱上，請朋友輕輕敲擊另一側的鐵柱，於是不管敲得有多輕，我們都可以聽到由鐵柱的另一端傳來又大、又清晰的聲音（與鐵柱中的空氣無關）。

此時，傳過鐵柱的就是聲波。也許鋼鐵很硬，各位很難想像，然而在鋼鐵中形成略微「密」的部分和「疏」的部分，然後漸次傳遞。此外，在鋼鐵中傳遞的聲波，除了疏密波之外，還有另外幾種[※]，而它們也都屬於聲音家族。

像這樣，聲音可在各式各樣材質的物體中傳遞。所謂聲音，就是像這樣「在物體中傳遞的振動」。

人類的耳朵只能聽到頻率在20～2萬赫茲的聲波。若以波長來說，大概是17公尺～1.7公分（空氣中）。頻率比這個範圍高的（波長短的）稱為「超聲波」（ultrasound）；頻率比這範圍低的（長波長的）稱為「超低頻波」（infrasound）。超低頻波包括：地震波、高速公路所發出的聲音等。

※：廣義的聲音亦包含非疏密波的振動。例如：鐵棒也傳遞一種稱為「S波」的聲音。地震波也包含S波（104頁）。

空氣以外的物質亦可傳播聲音

插圖所繪為聲音在液體、固體等空氣以外的物質中傳播的例子。海豚在與同伴交換訊息時，會在水中發出聲波。此外，將耳朵貼在鞦韆的支柱上，請其他的人在另一側的支柱上輕輕敲擊，可以聽到相當大的聲響。由鐵製成的固體支柱也能傳遞聲波。

輕敲鐵柱

在空無一物的「真空」中，聲音無法傳播

在這世界上有無論如何都無法傳播聲音的場所，這就是「空無一物的空間」，也就是「真空」的環境。在宇宙空間中，即使物體與物體碰撞，其聲音在沒有振動物質的真空中完全無法傳播。

聲音的波長（空氣中）

				0.01mm
1nm	0.01μm	0.1μm	1μm	
(10^{-9}m)	(10^{-8}m)	(10^{-7}m)	(10^{-6}m)	

超聲波回波

當超聲波通過人體時，會穿透內臟等部分，也會從那些組織器官反射。超聲波回波就是藉由接收該超聲波的反射波，以檢查體內狀況的技術。

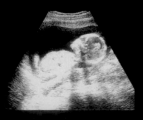

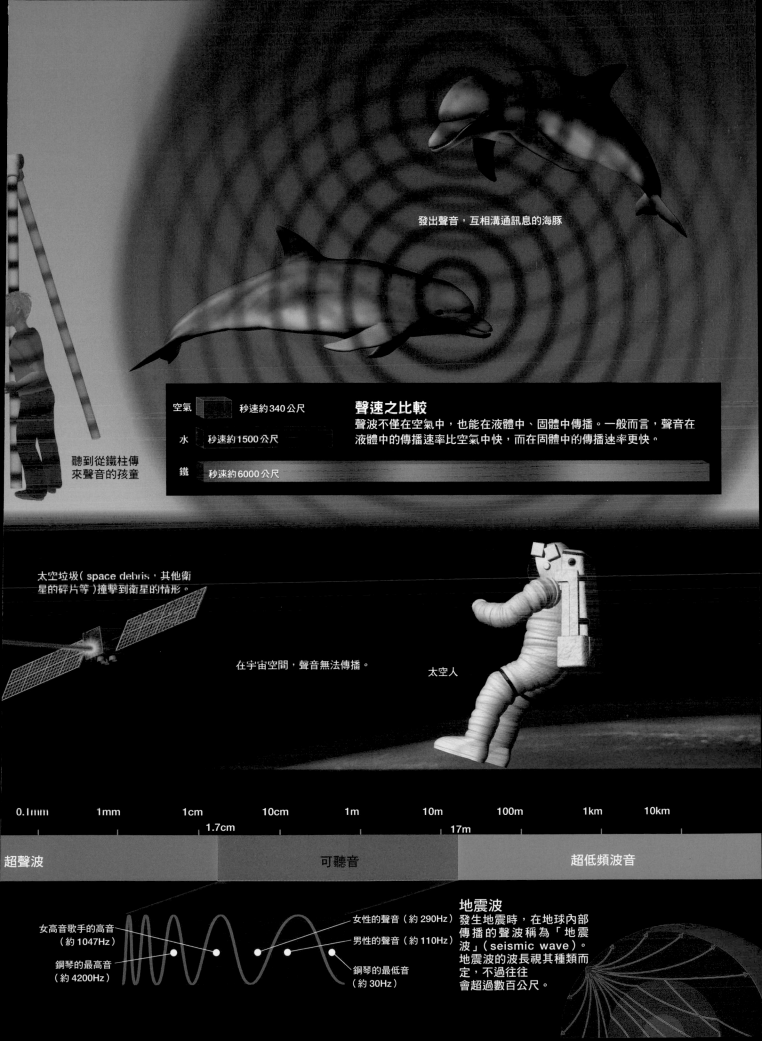

發出聲音，互相溝通訊息的海豚

聽到從鐵柱傳來聲音的孩童

空氣		秒速約340公尺
水		秒速約1500公尺
鐵		秒速約6000公尺

聲速之比較
聲波不僅在空氣中，也能在液體中、固體中傳播。一般而言，聲音在液體中的傳播速率比空氣中快，而在固體中的傳播速率更快。

太空垃圾（space debris，其他衛星的碎片等）撞擊到衛星的情形。

在宇宙空間，聲音無法傳播。

太空人

0.1mm　1mm　1cm　10cm　1m　10m　100m　1km　10km

1.7cm　　　　　　　　　　　　　　17m

超聲波　　　　可聽音　　　　超低頻波音

女高音歌手的高音
（約1047Hz）

鋼琴的最高音
（約4200Hz）

女性的聲音（約290Hz）

男性的聲音（約110Hz）

鋼琴的最低音
（約30Hz）

地震波
發生地震時，在地球內部傳播的聲波稱為「地震波」（seismic wave）。地震波的波長視其種類而定，不過往往會超過數百公尺。

電磁波是「電子振盪所產生的波」

光和無線電波等的真正身分是電磁波,而它並不是「物體振動」所產生的波。跟聲波不同,光跟無線電波都可以在沒有物質的真空中傳播,原因就在於其中沒有物質在振動。

所謂電磁波是「電場」(electric field)與「磁場」(magnetic field)成對振盪,可以說是在空間中傳播的橫波(電場與磁場請參考下面邊欄「再更詳細一點!」,在PART4有更詳細的介紹)。電場與磁場會使像電子這類帶電粒子受力,因此電磁波也可以說是「使電子(正確說是帶電粒子)振盪的波」。

當無線電波碰到天線,讓天線中的眾多電子產生振動。電子的移動就是電流。就這樣,天線將無線電波轉換為電流來接收。

光(可見光)也是一樣。眼睛的視網膜細胞裡,有些相當於「光感應器」的分子。光進入眼睛,到達那些分子時,分子中的電子因為吸收光而振動,使分子構造發生轉變。如此所形成的刺激,將「受光」的訊息由視神經傳到腦部,於是產生視覺。

紅外線、紫外線、x射線、γ射線(伽瑪射線)等其他的電磁波也都可以總結為「振動電子產生的波」。

電磁波(無線電波)

所謂電磁波是電場和磁場的方向與大小一面振動,一面前進的波。若注意空間中的某一點則會發現:電場和磁場的箭頭,時時刻刻都在改變大小和方向。由於電場和磁場的振動方向都是與波的前進方向垂直,因此是橫波。

某種天線
(發訊端)
當交流電通過時即會產生無線電波。

交流電

A點

在A點的磁場

波的前進方向

☄再更詳細一點! 何謂電場?

帶正電的玻璃棒和帶負電的氯乙烯(vinyl chloride或chloroethylene)棒因電力而互相吸引,這是因為在二棒之間產生圖中以箭頭示意的「電場」。帶正(負)電的物體於電場的箭頭方向(與箭頭相反方向),受到大小與箭頭長度相應的力。反過來說,表現這樣空間性質的箭頭就是電場。

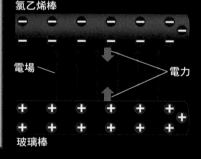

氯乙烯棒

電場

電力

玻璃棒

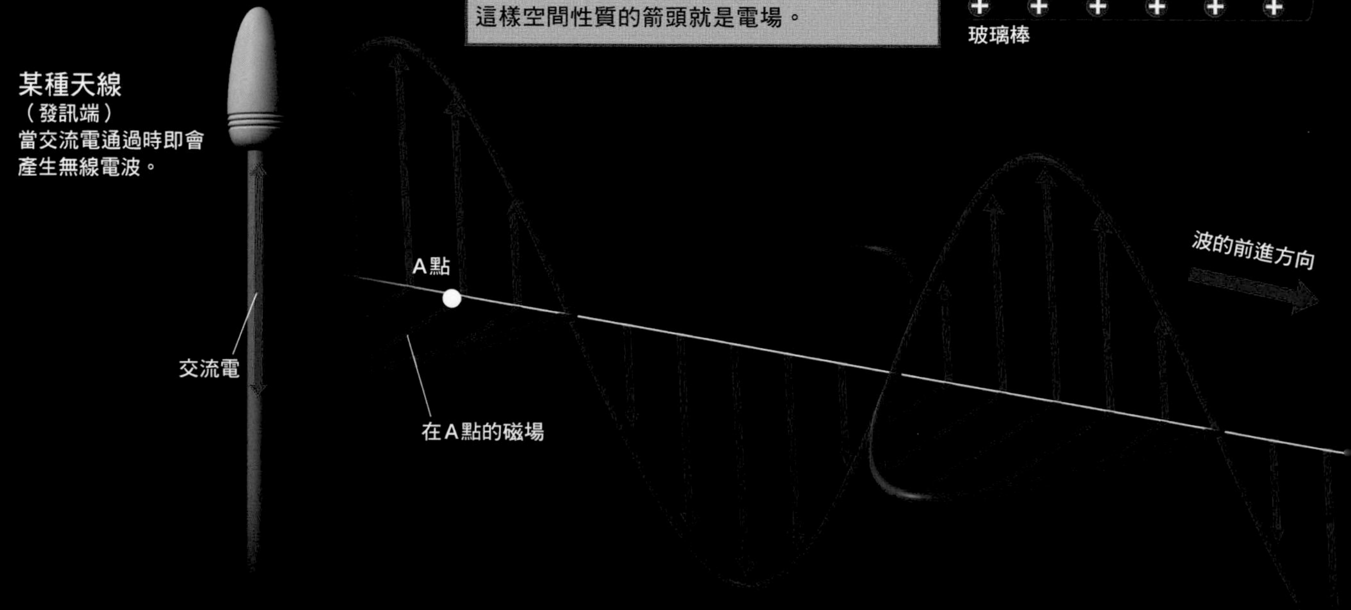

☄再更詳細一點! 何謂磁場?

磁鐵的N極和S極因為磁力而互相吸引,這是因為在N極與S極之間產生在圖中以箭頭示意的「磁場」之故。N極(S極)於磁場的箭頭方向(與箭頭相反的方向),受到大小與箭頭長度相應的力。反過來說,表現這樣空間性質的箭頭就是磁場。此外,磁場也使運動中的帶電粒子受力。

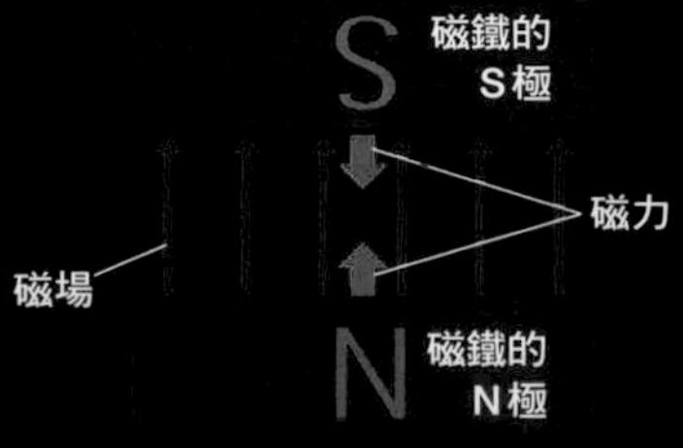

S 磁鐵的S極

磁力

磁場

N 磁鐵的N極

電子振盪產生電磁波

　　然而，電磁波是如何產生的呢？用手指去撥動浮在水面上的球，則會發生同心圓水波。如果在水面其他地方有另一顆漂浮的球，水波到達後會讓這顆球上下振動！「振動的球與水波的關係」和「振盪的電子與電磁波的關係」十分相似。電磁波是因電子或其他帶電粒子振動所產生的；帶電粒子也會因為受到電磁波作用而產生振盪，因而又產生新的電磁波，而使電磁波繼續傳播。

　　實際上，當「交流電」通過天線時，就會產生電磁波。所謂交流電就是大小和方向會交替變動的電流，在天線上就是電子的振動。

　　此外，當光源（燈泡和螢光燈等）之原子中的電子軌道改變時，會產生可見光。除此之外，產生其他的電磁波時，也都與電子或其他電荷某種方式的振動有關。

光速之比較

光在真空中以自然界最高速度（每秒約30萬公里）行進。在物質中行進時，一般而言，與構成物質之個個原子的相互作用愈強，以及原子的密度愈高，光的行進速度變得愈慢。

真空

空氣
真空中的
約99.97%

冰
真空中的
約76%

水
真空中的
約75%

玻璃
真空中的
約69%

油（石蠟油）
真空中的約68%

鑽石
真空中的約41%

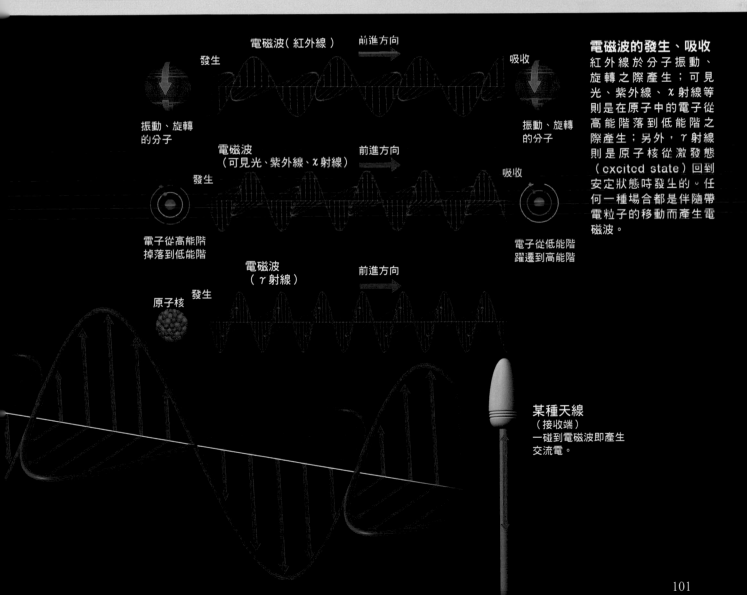

電磁波（紅外線）　前進方向

發生　　　　　　　　　　　　吸收

振動、旋轉
的分子

振動、旋轉
的分子

電磁波
（可見光、紫外線、x射線）　前進方向

發生　　　　　　　　　　　　吸收

電子從高能階
掉落到低能階

電子從低能階
躍遷到高能階

電磁波
（γ射線）　前進方向

原子核　發生

某種天線
（接收端）
一碰到電磁波即產生
交流電。

電磁波的發生、吸收

紅外線於分子振動、旋轉之際產生；可見光、紫外線、x射線等則是在原子中的電子從高能階落到低能階之際產生；另外，γ射線則是原子核從激發態（excited state）回到安定狀態時發生的。任何一種場合都是伴隨帶電粒子的移動而產生電磁波。

「偏光太陽眼鏡」的神奇性

從事釣魚、滑雪等活動時配戴的「偏光太陽眼鏡」除了遮蔽來自水面、雪面的反射光之外，同時還讓來自景色的光通過，因此釣魚時可以清楚看到水面下魚的蹤影。這項功能與光的振動方向有關。

1 是往 Z 方向前進的電磁波模型圖。在該圖中，電場僅在 X 方向、磁場僅在 Y 方向振動。像這樣，**僅在一個方向振動的光稱為「偏光」**（若說「振動方向」習慣上係指電場的振動方向）。另一方面，太陽光和螢光燈光等平常的光是均勻混合各種振動方向的光（2）。

平常的光通過「偏光片（也稱偏光膜）」（polarizer）就變成偏振光。所謂偏光片是讓通過的光僅於一個特定方向振動的光學材料。當光入射到使通過之光的振動方向正交的 2 片偏光片時，所有的光都會被遮蔽（3）。

再者，當光被金屬以外之物體表面反射時，**反射光幾乎都轉變成在與反射面平行之方向振動的偏振光（4）**[1]。由於偏光太陽眼鏡變成遮蔽橫向振動之光的偏振片，因此能夠有效率地僅將反射光予以遮蔽。

那麼，反射光為什麼是偏振光呢？被水面反射的光，在某種意義上跟原來的入射光是不同的光。水分子先將光「吸收」了，然後立即將光「再放出」[2]。**由無數水分子「再放出」之光的集合就是反射光。**水分子中的電子「吸收」了入射而來的光，在其振動方向振動。然後，**將在與自己振動方向相同方向振動的光「再放出」。**

如 5 所示，振動的電子在與自己振動方向垂直的方向放出最多的光，而不會在自己的振動方向放出光。如 6-a 般，在橫向（與水面平行的方向）振動的電子會在反射方向（滿足反射定律的方向）放出光；而如 6-b 般在縱向振動的電子不會在反射方向放光。由於以上的原因，反射光就幾乎都是在水面方向振動的光了。

※1：偏振光的比例依入射角而有所不同。已知當折射光與反射光所成的角度為90度時，反射光成了100%偏振光。此時的入射角稱為「布魯斯特角（也稱無反射角、極化角）」（Brewster's angle）。

※2：吸收與再放出以引號（「」）標明，是為了與完全吸收（光能轉換成物體的熱能）有所區別。

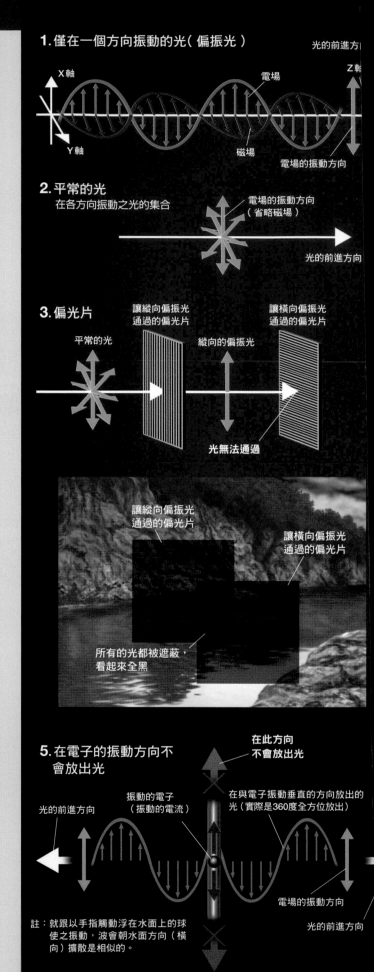

1. 僅在一個方向振動的光（偏振光）

X軸　電場　Z軸　光的前進方向

Y軸　磁場　電場的振動方向

2. 平常的光
在各方向振動之光的集合

電場的振動方向（省略磁場）

光的前進方向

3. 偏光片

平常的光　讓縱向偏振光通過的偏光片　縱向的偏振光　讓橫向偏振光通過的偏光片

光無法通過

讓縱向偏振光通過的偏光片

讓橫向偏振光通過的偏光片

所有的光都被遮蔽，看起來全黑

5. 在電子的振動方向不會放出光

在此方向不會放出光

振動的電子（振動的電流）

在與電子振動垂直的方向放出的光（實際是360度全方位放出）

光的前進方向

電場的振動方向

光的前進方向

註：就跟以手指觸動浮在水面上的球使之振動，波會朝水面方向（橫向）擴散是相似的。

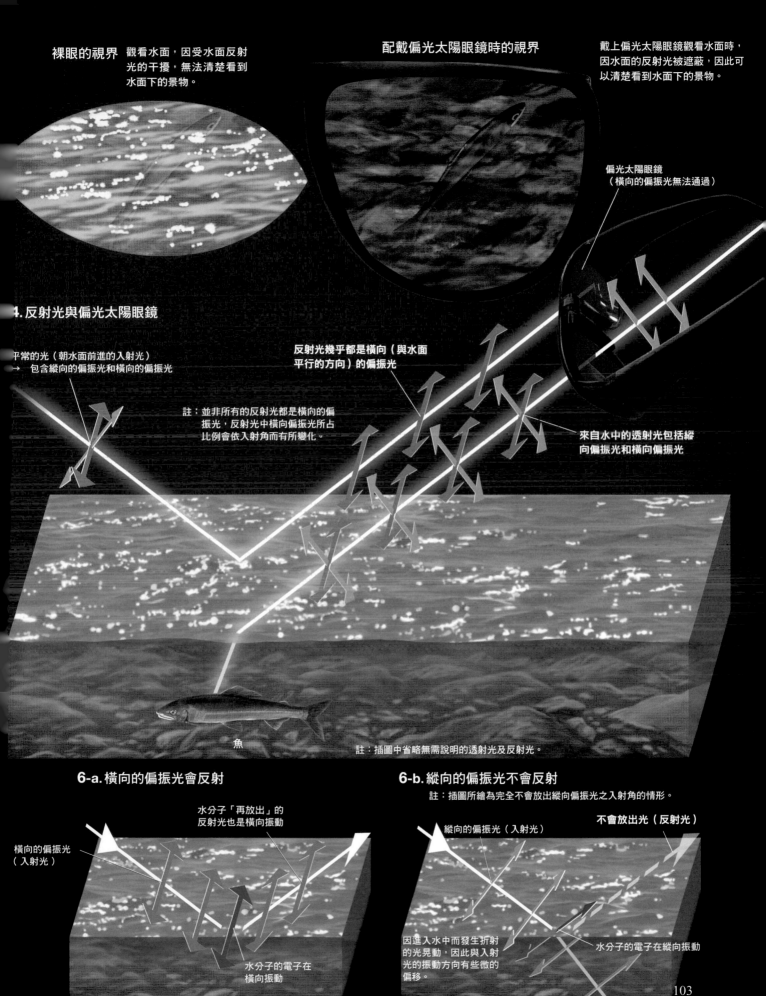

裸眼的視界 觀看水面，因受水面反射光的干擾，無法清楚看到水面下的景物。

配戴偏光太陽眼鏡時的視界

戴上偏光太陽眼鏡觀看水面時，因水面的反射光被遮蔽，因此可以清楚看到水面下的景物。

偏光太陽眼鏡
（橫向的偏振光無法通過）

4.反射光與偏光太陽眼鏡

平常的光（朝水面前進的入射光）
→ 包含縱向的偏振光和橫向的偏振光

反射光幾乎都是橫向（與水面平行的方向）的偏振光

註：並非所有的反射光都是橫向的偏振光，反射光中橫向偏振光所占比例會依入射角而有所變化。

來自水中的透射光包括縱向偏振光和橫向偏振光

魚

註：插圖中省略無需說明的透射光及反射光。

6-a.橫向的偏振光會反射

橫向的偏振光
（入射光）

水分子「再放出」的反射光也是橫向振動

水分子的電子在橫向振動

6-b.縱向的偏振光不會反射

註：插圖所繪為完全不會放出縱向偏振光之入射角的情形。

縱向的偏振光（入射光）

不會放出光（反射光）

因進入水中而發生折射的光晃動，因此與入射光的振動方向有些微的偏移。

水分子的電子在縱向振動

地震波有快速的「P波」和慢速的「S波」

對生活在地震帶的我們而言，「地震波」也算是與生活相當貼近的一種波。當地下的斷層發生錯動，該撞擊產生地震波向外擴散，撼動地面，這就是地震。

在地底下傳遞的地震波（體波）可分為「P波」和「S波」（下圖1、2）。P波的速度快，**最先到達地面引發初期微震**（preliminary tremors，在地殼部分的秒速約6.5公里，不過場所不同，速度也不一樣）。所謂P波就是「最初的波」（Primary wave）的意思。**P波是縱波**，使地盤往波的進行方向搖晃。地震波是從接近垂直於地面的下方傳來。在此種場合，P波會引發輕微的縱搖。

比P波晚一點到達的是「S波」。所謂S波是

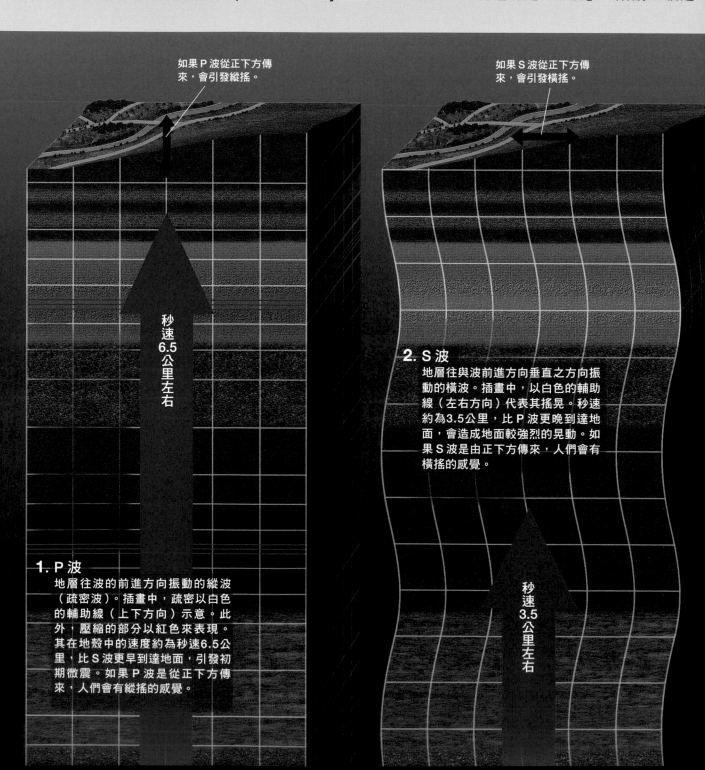

如果P波從正下方傳來，會引發縱搖。

如果S波從正下方傳來，會引發橫搖。

秒速6.5公里左右

秒速3.5公里左右

1. P波
地層往波的前進方向振動的縱波（疏密波）。插畫中，疏密以白色的輔助線（上下方向）示意。此外，壓縮的部分以紅色來表現。其在地殼中的速度約為秒速6.5公里，比S波更早到達地面，引發初期微震。如果P波是從正下方傳來，人們會有縱搖的感覺。

2. S波
地層往與波前進方向垂直之方向振動的橫波。插畫中，以白色的輔助線（左右方向）代表其搖晃。秒速約為3.5公里，比P波更晚到達地面，會造成地面較強烈的晃動。如果S波是由正下方傳來，人們會有橫搖的感覺。

「次級波」（Secondary wave）的意思。S波的速度比P波慢，大約秒速3.5公里。S波為橫波，在大多數的情況下，它會讓人感覺地面有劇烈的橫搖。造成地震災害的主要就是S波。

強烈晃動到來之前的速報

如果地震波是從硬土層往軟土層前進，會有放大效應（振幅增大），往往地面的災情會比較慘重。這就像在堅硬的鐵板上擺一塊柔軟的豆腐，用力搖晃它，豆腐會晃動得很厲害一般。

日本提供適於一般大眾的「緊急地震速報」，所利用的就是晃動較小的P波先到達地面的特性。該系統機制是：利用震源附近的地震儀器檢測P波的到達，再以該資料為基礎，迅速預測出S波到達各地的時間和震度，最後透過電視等媒體，在強烈晃動到來之前就先發布速報。

另外一種地震波如下圖3所示，稱為「表面波」（surface wave）。在地底下傳遞的地震波到達地面之後，沿著地表前進的波就是表面波，它比S波更慢到達。類似嘉南平原這種遼闊的平原地區，在長週期晃動方面，通常表面波的晃動要比S波來得厲害。

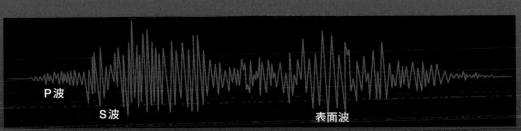

地震儀上所紀錄的地震波
首先，傳播速度最快的P波到達地表，引發小晃動（初期微震）。其後，S波到達，引發較大的振動（主震）。在長週期振動方面，隨後到來的表面波也會引起大的振動。

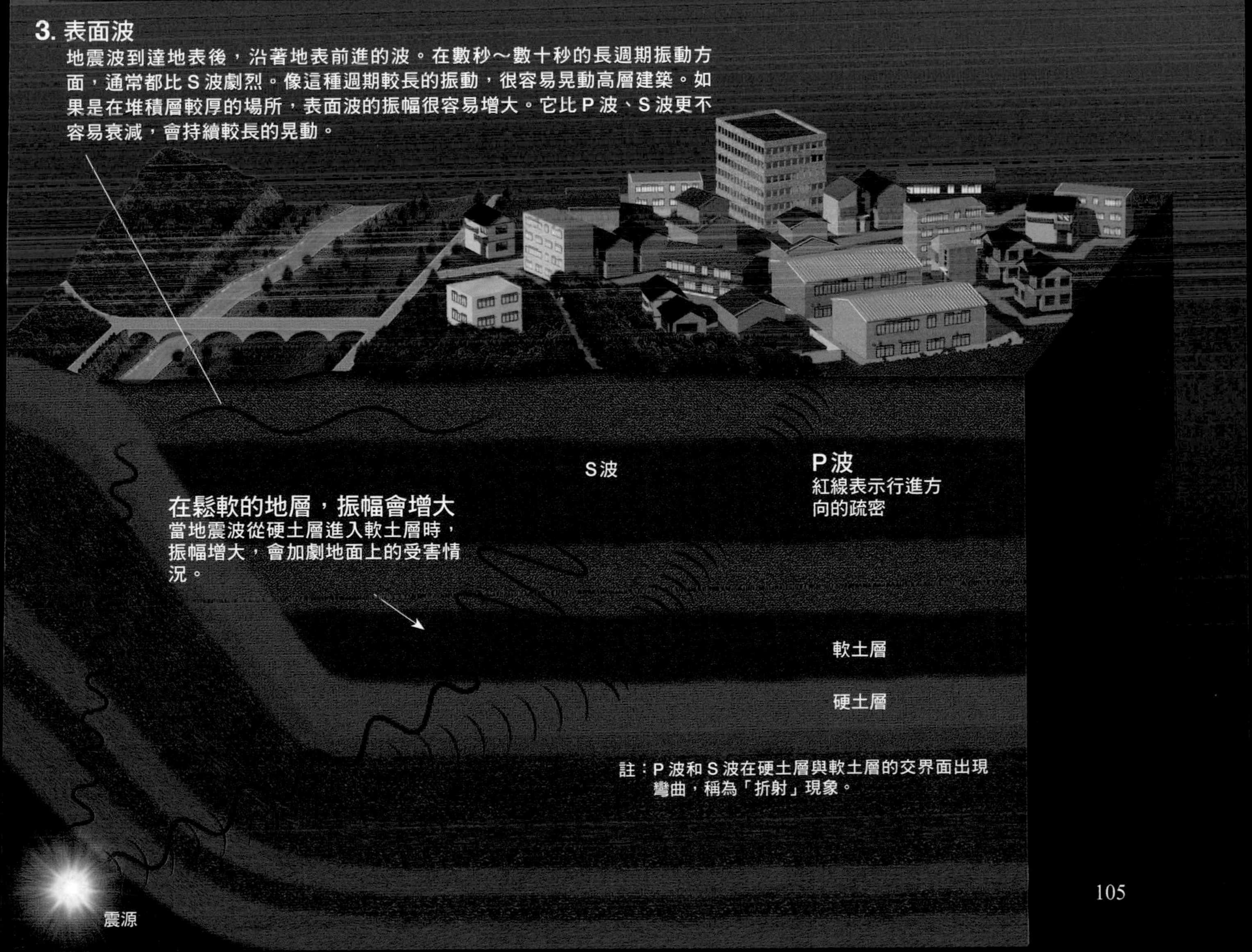

P波
S波
表面波

3. 表面波
地震波到達地表後，沿著地表前進的波。在數秒～數十秒的長週期振動方面，通常都比S波劇烈。像這種週期較長的振動，很容易晃動高層建築。如果是在堆積層較厚的場所，表面波的振幅很容易增大。它比P波、S波更不容易衰減，會持續較長的晃動。

S波

P波
紅線表示行進方向的疏密

在鬆軟的地層，振幅會增大
當地震波從硬土層進入軟土層時，振幅增大，會加劇地面上的受害情況。

軟土層

硬土層

註：P波和S波在硬土層與軟土層的交界面出現彎曲，稱為「折射」現象。

震源

波在衝撞、重疊之後，恢復為原來的波形

從本頁至117頁的內容，我們將介紹各種波的共通性質和規律性。看起來完全不同的光、無線電波、聲波、地震波等，卻有非常多的共通點[※1]。

海浪通常所呈現的都是複雜的波形。各式各樣波長、振幅的波來自四面八方，重合疊加形成平常我們所見到的波浪（1）。

反過來說，即使是複雜的波形，經過分解，都可視為「單純波形」疊加所構成。這裡所謂單純波形係指波長、振幅一定的波。

以上事項對所有的波動都適用。後面將要介紹的**地震波、聲波、光、無線電波等，實際的波形也都很複雜，但是思考時，我們可以將單純波形當作基本。**

二波相撞，仍能保持波的原形

二波從不同方向過來，「衝撞」之後（重合）會變成什麼狀況呢？如果是物體彼此碰撞，可能會飛出或撞毀。

各位思考一下：有兩個波峰高度（振幅）為1的山形波分別從左右來到中央，然後「撞在一起」（2）。此二波在某個瞬間完全重合，波峰高度變為2。但是原來的波還「活著」。其後，二波交錯而過，再度呈現出兩個波峰高度為1的波。**通常，波在「相撞」的前後皆保持「獨立性」，不受其他波的影響**[※2]。物體的相撞和波的「互相撞擊」有很大的差異。

例如：想像一下由下往上照射藍光（短波長），由左往右照射紅光（長波長）的情形吧（3）！就算紅光與藍光「相撞」，仍然不受影響，映在右側螢幕上的還是紅色。

※1：前面介紹過的反射、折射、干涉、繞射等都是一般波所能見到的現象。

※2：如果水波的振幅很大時，二波也有可能會互相影響。

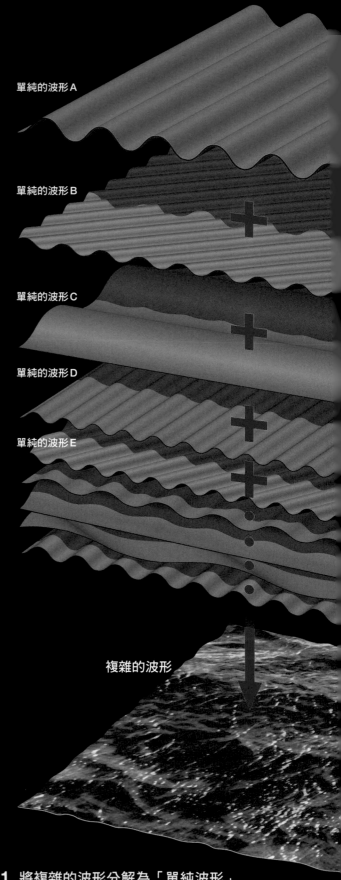

單純的波形A

＋

單純的波形B

＋

單純的波形C

＋

單純的波形D

＋

單純的波形E

複雜的波形

1. 將複雜的波形分解為「單純波形」
實際上我們所見到的波形都非常複雜，這是由來自各個方向、各式各樣波長、各式各樣振幅的波（插畫中單純波形A～E等），複雜地疊加在一起所構成。相反地，我們也可以認為：波形複雜的波可以分解為波長和振幅一定的「單純波形」。

※：插畫參考自《海洋波的物理》
（光易 亘著）之圖2.6等。

2. 即使波疊加，仍保有「獨立性」

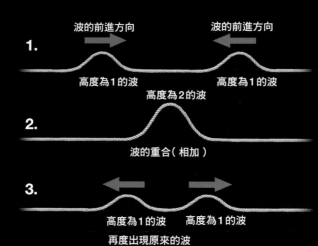

1. 波的前進方向 → ← 波的前進方向
高度為1的波　　　　高度為1的波

2. 高度為2的波
波的重合（相加）

3. ← →
高度為1的波　　高度為1的波
再度出現原來的波

二個波峰高度為1的山形波相互靠近（1）。二波重合（相加）成為高度為2的山形波（2）。儘管二波一度重合，但原來的波還「活著」，證據在於其後又會出現二個高度為1的山形波，最後彼此遠離（3）。像這樣，波在「撞擊」的前後均不受影響，保有「獨立性」。

3. 光也保有「獨立性」

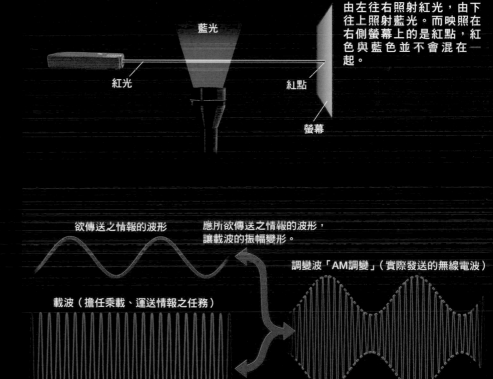

藍光

紅光　　　　　　　　　紅點

螢幕

由左往右照射紅光，由下往上照射藍光。而映照在右側螢幕上的是紅點，紅色與藍色並不會混在一起。

欲傳送之情報的波形

應所欲傳送之情報的波形，讓載波的振幅變形。

調變波「AM調變」（實際發送的無線電波）

載波（擔任乘載、運送情報之任務）

📖 再更詳細一點！
通訊、播送用的無線電波「調變」

無線通訊、播送時，係將電磁波「變形」，以搭載資訊。使電磁波變形的方法稱為「調變（或調制）」（modulation）。調變的方法有很多種，上面所繪的是AM收音機播放所使用的「AM調幅」（amplitude modulation）方式。上面所謂「想傳送的情報波形」，指的是將聲音、影像等情報以圖形來表現。

　　AM調變的情形是：配合想傳送的情報波形，將擔任乘載、運送情報之任務的「載波」振幅加以改變（向右的橙色箭頭），以無線電波（調變波）來發送訊號。這裡所說的「無線電波頻率」是指該載波的頻率。接收端在接收到調變波後，取出情報的波形（解調：往左的橙色箭頭）。另外，AM調變不是「波的加法（重合）」，而是相當於「波的乘法（欲傳送之情報的波形×載波）」。

眼睛能夠視物全拜反射之賜

光被水面反射，或是進入水中發生折射都是大家熟知的現象。一般，波在物質的交界面，一部分「反射」，其餘則發生「折射」而繼續前進。

鏡子映出臉龐的機制

鏡子上面什麼也沒畫，然而為什麼能照映出自己的臉呢？

原本所謂的鏡子就是在玻璃板等背面鍍上金屬。電鍍上的金屬沒有凹凸，非常光滑，可以將入射的光完全反射出去，因此鏡面才會映現出影像。對著鏡子的物體是紅色的，我們看到的鏡像就是紅色的，若是藍色的，我們看到的就是藍色的，此意味著鏡面能將所有顏色的光都反射回去。

讓我們想想站在鏡前注視自己臉龐的情形（1）。來自照明的光被臉上的各部位所反射，該光又被鏡面再次反射，然後映入我們的眼簾，於是我們便能看到被自己臉部反射出來的光。由於我們的視覺會辨識「光應該是直線前進的」，因此我們會將像是圖1中從額頭出來進入眼睛的光，辨識為是來自眼睛與 A 點之延長

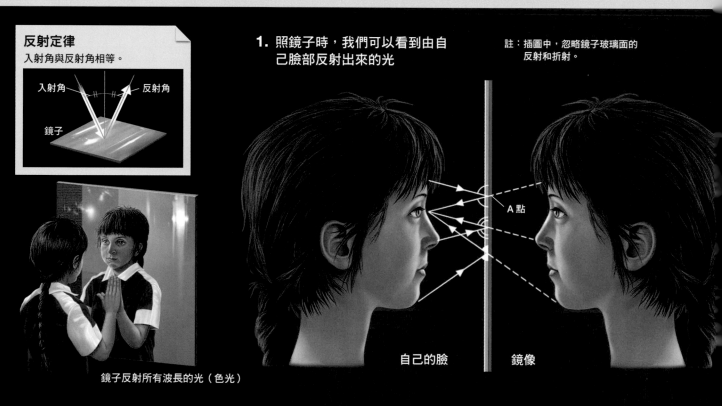

反射定律

入射角與反射角相等。

入射角　　反射角

鏡子

鏡子反射所有波長的光（色光）

1. 照鏡子時，我們可以看到由自己臉部反射出來的光

註：插圖中，忽略鏡子玻璃面的反射和折射。

A 點

自己的臉　　　鏡像

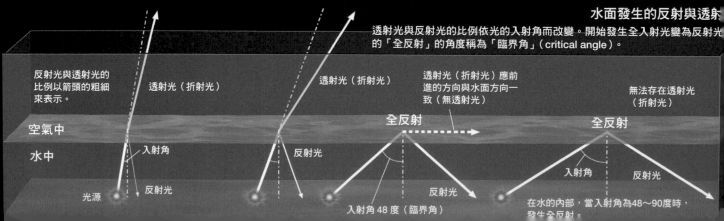

水面發生的反射與透射

透射光與反射光的比例依光的入射角而改變。開始發生全入射光變為反射光的「全反射」的角度稱為「臨界角」（critical angle）。

反射光與透射光的比例以箭頭的粗細來表示。

透射光（折射光）

透射光（折射光）

透射光（折射光）應前進的方向與水面方向一致（無透射光）

無法存在透射光（折射光）

空氣中

全反射

全反射

水中

入射角

反射光

入射角

反射光

光源

反射光

入射角 48 度（臨界角）

反射光

入射角

反射光

在水的內部，當入射角為48～90度時，發生全反射。

線上。來自臉上各部位的光皆可以此類推，結果在與鏡面對稱的位置上就能看到自己的臉。

我們身邊幾乎所有的物體皆與鏡面不同，將物體放大來看，其表面皆有凹凸。當光照射在凹凸上時，會往四面八方反射（漫射，插圖2、3）。因此，物體表面不會映照出觀測者的臉龐，同時就算觀測的位置改變，也仍能看到該物體。

耳語廊

就像鏡子的光反射率接近100％一般，水泥等堅硬壁面的聲波反射率也接近100％。

在英國倫敦的聖保羅大教堂（St Paul's Cathedral）中，有個有趣的場所稱為「耳語廊」（Whispering Gallery）（4）。在圓穹頂下方有圓筒狀的牆壁，沿著牆壁有通道，中央是挑空的設計，圓形通道的另一頭大約距離30公尺。

在牆壁邊輕聲說話，聲音可以傳到距離30公尺左右的另一邊。原因在於圓形牆壁將聲音經過多次反射，聲波毫無衰減地傳送到遠處之故。會發生與此現象相似的建築物還有美國紐約的大中央車站（Grand Central Terminal）內等處（但該車站是透過圓弧形的天花板來傳音），目前所知全世界有很多地方都有類似的現象發生。此外，音樂廳在設計上都會計算聲音該如何透過牆壁和天花板的反射傳到觀眾的耳朵。

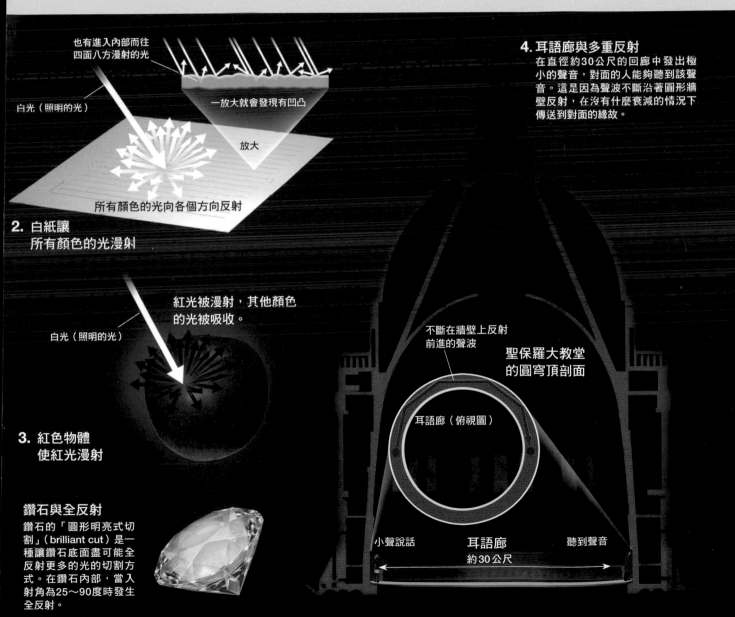

也有進入內部而往四面八方漫射的光

白光（照明的光）

一放大就會發現有凹凸

放大

所有顏色的光向各個方向反射

2. 白紙讓所有顏色的光漫射

紅光被漫射，其他顏色的光被吸收。

白光（照明的光）

3. 紅色物體使紅光漫射

鑽石與全反射
鑽石的「圓形明亮式切割」（brilliant cut）是一種讓鑽石底面盡可能全反射更多的光的切割方式。在鑽石內部，當入射角為25～90度時發生全反射。

4. 耳語廊與多重反射
在直徑約30公尺的回廊中發出極小的聲音，對面的人能夠聽到該聲音。這是因為聲波不斷沿著圓形牆壁反射，在沒有什麼衰減的情況下傳送到對面的緣故。

不斷在牆壁上反射前進的聲波

聖保羅大教堂的圓穹頂剖面

耳語廊（俯視圖）

小聲說話　　　　耳語廊　　　　聽到聲音
約30公尺

為什麼夜晚可以清楚聽到火車的聲音？

折射是在波的前進速度改變所發生的現象。舉例來說，光的速度在空氣中每秒約30萬公里，但是在水中的速度卻降至每秒約23萬公里。結果，光從空氣中進入水中時就會出現彎曲。

折射不是只有光才會有的現象，一般的波動都會發生。在此，將以聲波的折射為例加以說明。

各位是否有過這樣的經驗：夜晚時所聽到的鐘聲或火車的鳴笛聲，顯得特別的清楚。一般人往往會認為：「夜晚比白天安靜，因此即使是遠處的聲音也能聽見」，其實該現象的本質，也許是聲波折射的緣故，其機制如下。

白天，地面被太陽曬得很熱，靠近地面附近的空氣也被地面加熱了。**聲波在熱空氣中的行進速度較快，因此聲波就會往上空的方向彎曲。** 如此一來，白天的聲音就不容易傳到遠方。

夜晚，地面變冷，靠近地面附近的空氣也跟著冷卻，上空的空氣變得比靠近地面的空氣溫暖。**於是上空的聲速變快，聲音跟白天相反，會向地面方向彎曲。** 這樣一來，聲音極易傳播到遠方，白天聽不到的聲音也變得可以聽到了。

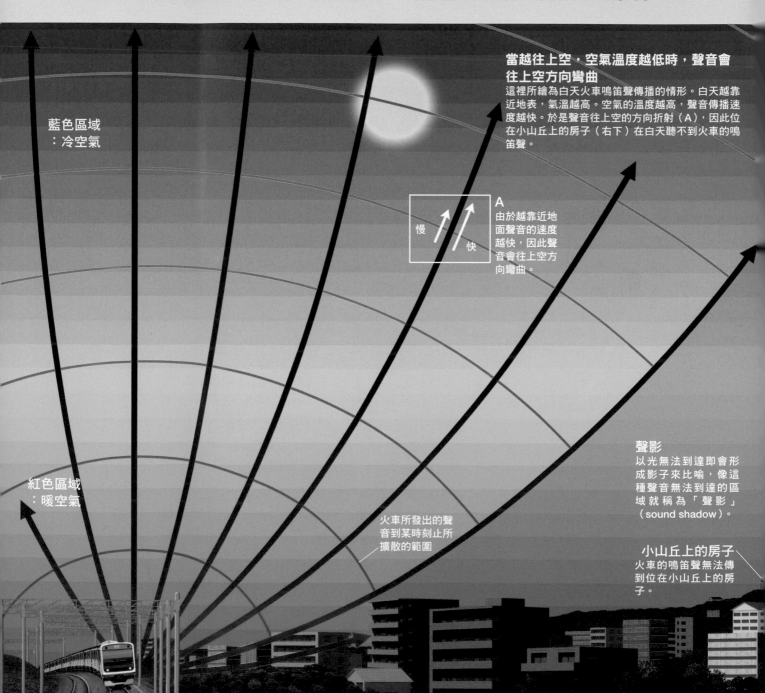

當越往上空，空氣溫度越低時，聲音會往上空方向彎曲
這裡所繪為白天火車鳴笛聲傳播的情形。白天越靠近地表，氣溫越高。空氣的溫度越高，聲音傳播速度越快。於是聲音往上空的方向折射（A），因此位在小山丘上的房子（右下）在白天聽不到火車的鳴笛聲。

藍色區域
：冷空氣

A
由於越靠近地面聲音的速度越快，因此聲音會往上空方向彎曲。

慢　快

紅色區域
：暖空氣

火車所發出的聲音到某時刻止所擴散的範圍

聲影
以光無法到達即會形成影子來比喻，像這種聲音無法到達的區域就稱為「聲影」（sound shadow）。

小山丘上的房子
火車的鳴笛聲無法傳到位在小山丘上的房子。

👁 再更詳細一點！　光所製造的幻影「下蜃景」

在夏日炎熱的季節，開車在筆直的高速公路上，也許有人曾經有過這樣的經驗：明明看見前方路面有一灘水，但是車開到那裡卻發現它消失了；其後又發現它出現在前方的路面上，然後就近時，它又消失了……。該現象就是光的折射所造成的幻影，稱為「下蜃景」（inferior mirage）。

其機制如下：盛夏的陽光將路面烤得火熱，接近路面的空氣溫度上升，於是行經路面附近之空氣中的光速率變快。被車反射的陽光在逼近路面附近時，因為通過路面上空氣時光的速率較快，因此會向上折射，進入觀察者的眼中。人可以見到光所來方向（路面）前方車子的一部分，於是便會認識成：「路面上有積水，所以可以見到車子的倒影」。

低溫空氣

汽車　高溫空氣　下蜃景　光　看到下蜃景的人

👁 再更詳細一點！　透鏡利用光的折射

放大鏡也是凸透鏡。凸透鏡可以將平行入射的大量光線聚集在一個小點上，相反地，凹透鏡則是將光發散成平行入射的大量光線。

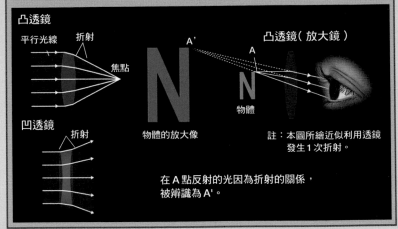

凸透鏡
平行光線　折射　焦點
凹透鏡　折射

凸透鏡（放大鏡）
A'　A
N　物體
物體的放大像

註：本圖所繪近似利用透鏡發生1次折射。

在 A 點反射的光因為折射的關係，被辨識為 A'。

上空的空氣溫度越高時，聲音往地面方向彎曲

這裡所繪為夜晚火車的鳴笛聲傳播的情形。夜晚，隨著地表的冷卻，地表附近的氣溫也跟著下降。於是聲音在比較溫暖的上空傳播速度較快，會往地面方向折射（B）。因此，位在小山丘上的房子（右下）也可以聽到白天無法聽到之火車的鳴笛聲了。

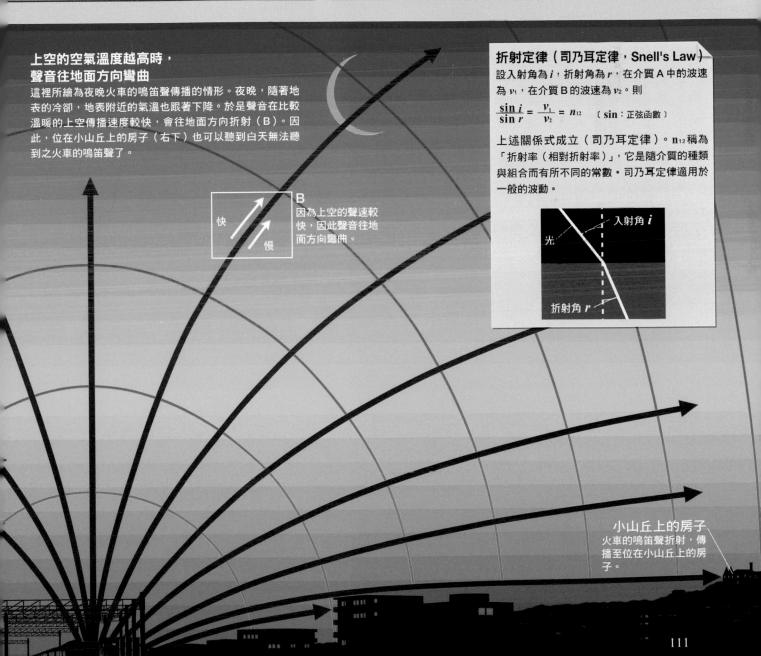

快　慢

B
因為上空的聲速較快，因此聲音往地面方向彎曲。

折射定律（司乃耳定律，Snell's Law）

設入射角為 i，折射角為 r，在介質 A 中的波速為 v_1，在介質 B 的波速為 v_2。則

$$\frac{\sin i}{\sin r} = \frac{v_1}{v_2} = n_{12} \quad \text{〔} \sin : \text{正弦函數〕}$$

上述關係式成立（司乃耳定律）。n_{12} 稱為「折射率（相對折射率）」，它是隨介質的種類與組合而有所不同的常數。司乃耳定律適用於一般的波動。

入射角 i
光
折射角 r

小山丘上的房子
火車的鳴笛聲折射，傳播至位在小山丘上的房子。

天空為什麼是藍的？黃昏的天空為什麼是紅的？

想像一下飄浮在漆黑宇宙空間中的狀態，如果有一道光從眼前通過（1），最終是否能看到這道光呢？

相信許多人都見過從葉隙和雲間灑落的「光束」，其實這時我們所見到的是存在於光束中的微塵和細小的水滴。**當太陽光撞擊到不規則分布的微小粒子時，光線會朝四面八方散開，此現象稱為「散射」（scattering）**[1]。**如果沒有可引發散射的微塵等，即使光從眼前通過，我們也無法看見。因此在1的狀況中是看不見光的。**

空氣分子使太陽光散射

光的散射營造出我們生活中習以為常的風景，這就是「藍天」。我們知道空氣是無色透明的，那為什麼天空會是藍色的呢？白天的天空，除了太陽方向以外就只是無色透明的空氣，因此我們可以看到清澄的天空。

大氣雖然是透明的，不過其實**空氣分子會使來自太陽的光線發生些微的散射。已知空氣分子所引發的散射，光波長愈短愈容易發生。**換句話說，太陽光中的紫色光和藍色光最容易被散射（2）。結果，不管從哪個方向觀察天空，都只有紫色光和藍色光會映入眼簾。而我們眼睛對藍色光的敏感度較紫色光為高，因此天空看起來是藍的。

那麼，黃昏的天空為什麼看起來是紅色的呢？每到黃昏，太陽會沉落到地平線附近。於是太陽光要在大氣層中必須行經較長的距離，才抵達我們的眼睛。像藍色光這樣短波長的光，在太陽光進入大氣層後，比較快就散射（在非常遠的彼方便已散射），幾乎不會抵達我們的眼睛（3）。結果，太陽光失去藍色和紫色的光，看起來就偏紅了。

另一方面，較不易發生散射的紅色光（波長較長的光），在長距離行進間也會被散射[2]。結果，當我們黃昏注視西方天空時，看到的就只有紅色系的光。以上就是晚霞的形成機制。

[1]：散射是所有波的共同現象。不過散射會因波的波長和與散射體（scatterer）大小之關係，所呈現出的現象大相徑庭。日常所見的散射中，散射後的光與入射光的波長相同，只是方向改變，稱為「瑞立散射」（Rayleigh scattering）。發生瑞立散射時，波長越短的光散射越顯著，沿原來方向傳播的光就越少。

[2]：也受飄浮在大氣中之塵埃及水蒸氣引發的散射所影響。

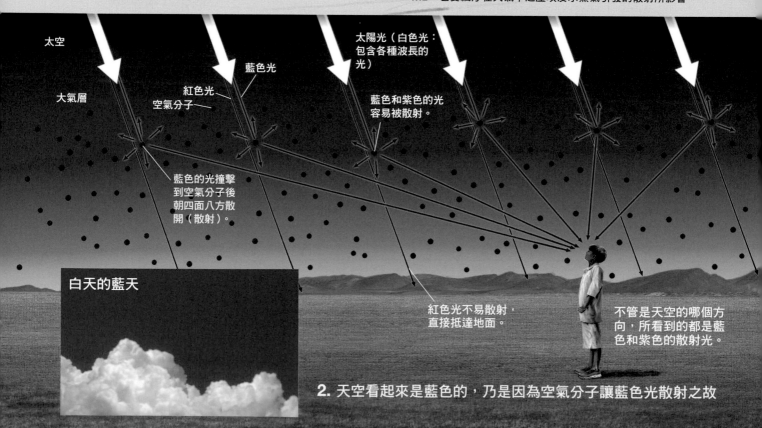

太空

大氣層

藍色光

紅色光
空氣分子

太陽光（白色光：包含各種波長的光）

藍色和紫色的光容易被散射。

藍色的光撞擊到空氣分子後朝四面八方散開（散射）。

白天的藍天

紅色光不易散射，直接抵達地面。

不管是天空的哪個方向，所看到的都是藍色和紫色的散射光。

2. 天空看起來是藍色的，乃是因為空氣分子讓藍色光散射之故

1. 在宇宙空間中可以看到眼前的光線嗎？

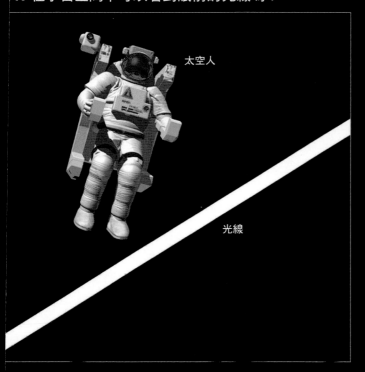

太空人

光線

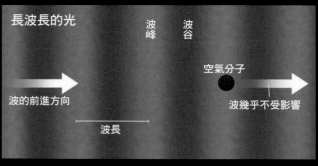

長波長的光

波峰　波谷

空氣分子

波的前進方向

波幾乎不受影響

波長

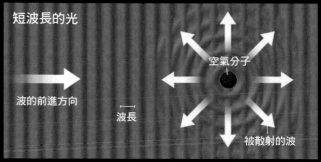

短波長的光

空氣分子

波的前進方向

波長

被散射的波

💫 **再更詳細一點！**

為什麼藍色光容易散射？

在上面二幅插圖中，將光波以水面波的形態來表現。如上圖所看到的，對長波長的波而言，空氣分子就像是漂浮在水面上的小樹葉，波不受其影響，維持原來的前進態勢。另一方面，如下圖所見的，對短波長的波而言，空氣分子宛如停泊在水上的巨船，當波遇到巨船就會被攪亂，而短波長的光容易被空氣分子散射往四面八方散開。以上的說明雖然簡略[※]，不過短波長的藍色和紫色光比長波長的紅色光更易被散射，就是因為這樣的緣故。

※：這確實是過度簡化的比喻，因為所有可見光的波長都遠比空氣分子大許多。此處的說法對於非常小的懸浮塵粒比較適用。

---

3. 注視黃昏的西方天空，只有紅色光映入眼中

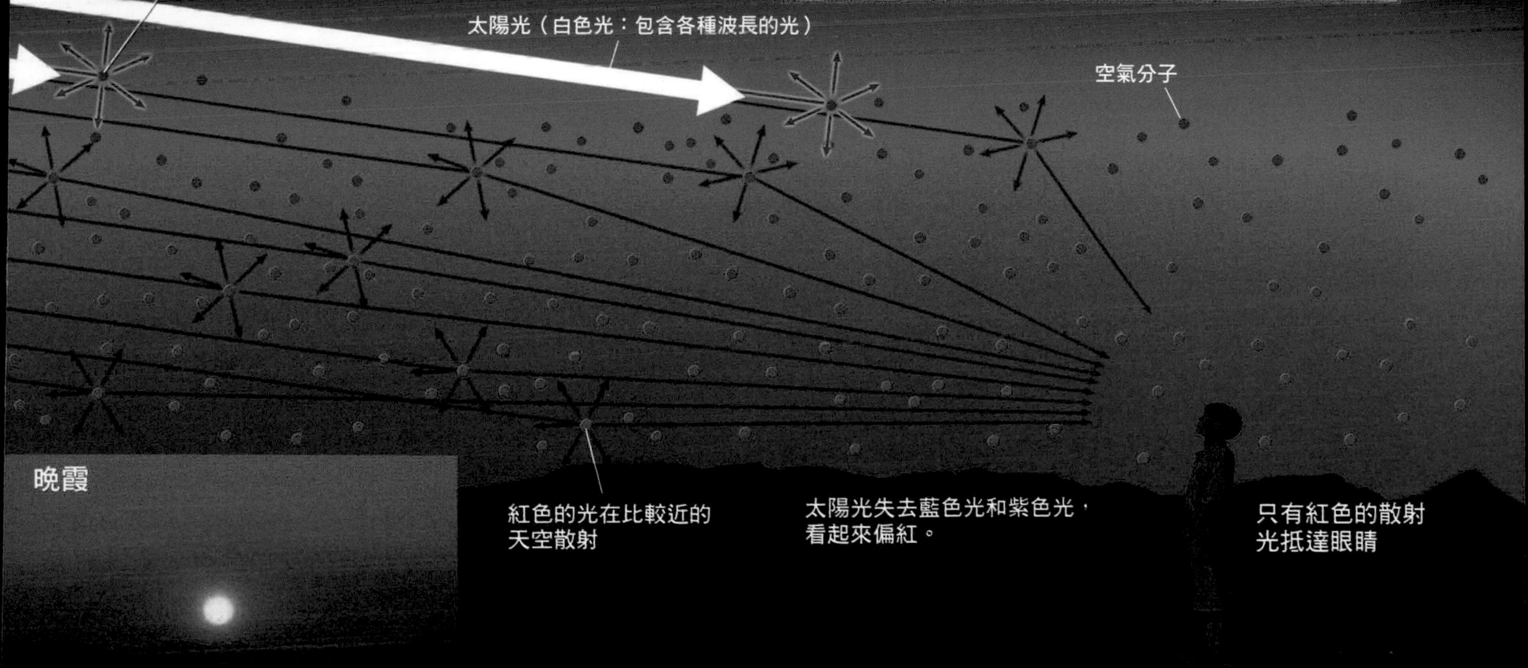

太空

藍色和紫色的光進入人氣層後，較快被散射（在非常遙遠的彼方），因此幾乎不會映入眼中。

大氣層

太陽光（白色光：包含各種波長的光）

空氣分子

晚霞

紅色的光在比較近的天空散射

太陽光失去藍色光和紫色光，看起來偏紅。

只有紅色的散射光抵達眼睛

為什麼有些建築物在地震時容易晃動？

一般而言，物體皆有依其大小而最容易晃動的週期和頻率，稱為「固有週期」（natural period）和「固有頻率」（natural frequency）。例如，在水平張掛的橫線上，吊掛了幾個長短不同的單擺（pendulum），我們讓其中一個（稱為甲單擺）開始擺動（右頁上插圖）。於是發現，只有長度跟甲單擺相同的單擺（稱為乙單擺）開始晃動。透過橫線傳遞的力，具有與甲乙兩單擺的固有週期一致的週期，於是乙單擺跟著擺動起來。這樣的現象稱為「共振」（resonance）。

將二支音叉相隔一段距離擺放，我們敲擊其中一支音叉使之發出聲音，另一支音叉也會跟著發出聲音，這也是共振。另外，在地震中，地震波與建築物的共振讓災害加劇。建築物的固有週期大體上取決於它的高度[※]，越高的建築物與長週期的地震波共振，發生較大的晃動。

天線和電路的共振使我們可以分辨電磁波

現今，在我們的生活周遭充斥著無線電波。然而，行動電話、電視、收音機等，究竟是如何只接收到目標無線電波的呢？其實，無線電波的收發過程中，巧妙地運用到共振。

無線電波是一種電磁波，「會讓遠處的電子產生振盪」（100頁）。通訊、廣播用的電磁波使接收機天線中的眾多電子產生振盪。結果，天線中流過交流電（方向及大小呈週期性變化的電流）。

天線也有固有週期。為了讓無線電波與固有週期一致，天線長度必須配合所欲接收的無線電波調整（例如：波長的2分之1）。不過天線不只是接收特定週期（頻率）的無線電波，而是有一定的接收範圍。

另外，利用藉由無線電波所產生之交流電與接收機內部電路（諧振電路，resonant circuit）的共振，只接收更窄範圍的特定無線電波。電視跟收音機等在切換頻道時，就是藉由變化諧振電路的固有週期以切換接收的電磁波。

※：大致來說，「固有週期＝建築物的樓層數×0.1（～0.05）」。若是50層樓高的建築物，經過計算就是5～2.5秒。

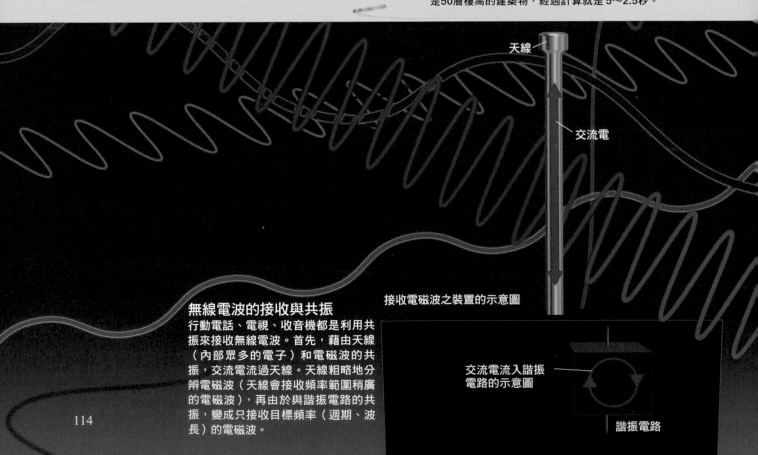

無線電波的接收與共振
行動電話、電視、收音機都是利用共振來接收無線電波。首先，藉由天線（內部眾多的電子）和電磁波的共振，交流電流過天線。天線粗略地分辨電磁波（天線會接收頻率範圍稍廣的電磁波），再由於與諧振電路的共振，變成只接收目標頻率（週期、波長）的電磁波。

接收電磁波之裝置的示意圖

天線

交流電

交流電流入諧振電路的示意圖

諧振電路

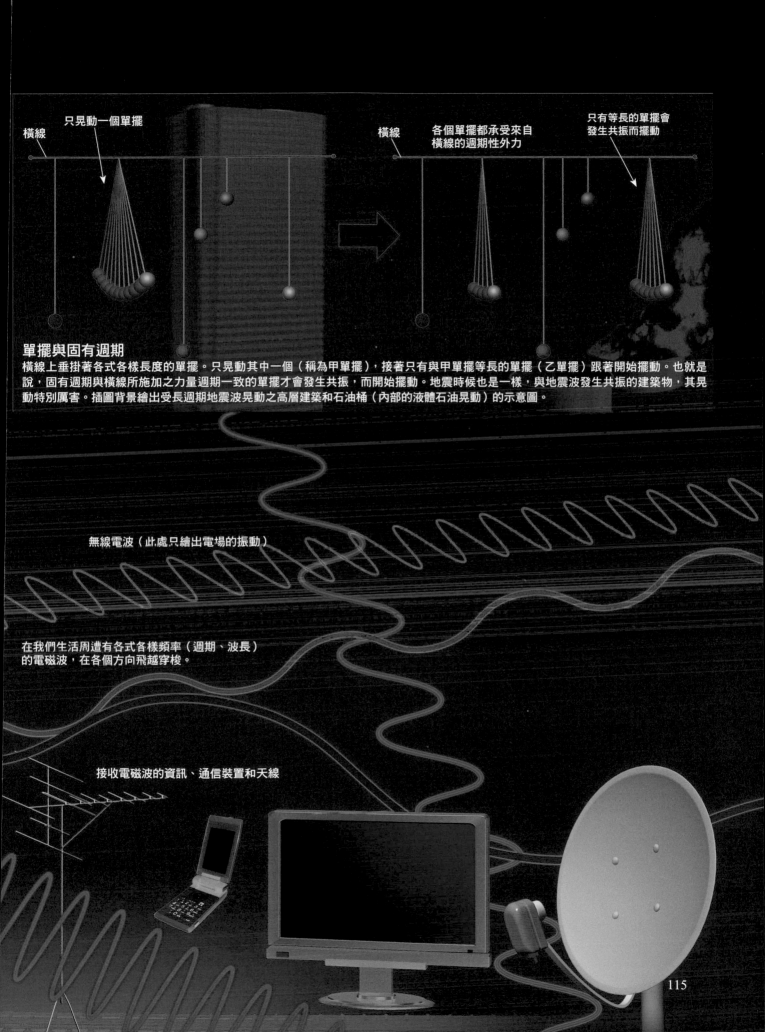

橫線　只晃動一個單擺　橫線　各個單擺都承受來自橫線的週期性外力　只有等長的單擺會發生共振而擺動

單擺與固有週期

橫線上垂掛著各式各樣長度的單擺。只晃動其中一個（稱為甲單擺），接著只有與甲單擺等長的單擺（乙單擺）跟著開始擺動。也就是說，固有週期與橫線所施加之力量週期一致的單擺才會發生共振，而開始擺動。地震時候也是一樣，與地震波發生共振的建築物，其晃動特別厲害。插圖背景繪出受長週期地震波晃動之高層建築和石油桶（內部的液體石油晃動）的示意圖。

無線電波（此處只繪出電場的振動）

在我們生活周遭有各式各樣頻率（週期、波長）的電磁波，在各個方向飛越穿梭。

接收電磁波的資訊、通信裝置和天線

樂器演奏音樂的機制是什麼？

像小提琴這類的弦樂器是振動弦來演奏音樂。然而只是振動細弦，無法讓空氣充分振動。因此，先將弦的振動傳到琴身（共鳴箱），琴身的振動再讓空氣振動產生聲波。

在兩端固定的弦上，並非任何的波都可以進行簡單的週期性振動。但若所產生的是以兩端為節點（node，不振動的點）的「駐波（standing wave）」（左頁中央插圖），其振動就非常規則。**所謂駐波是不會移動，只在原地重複不斷振動的波。**節點數一定為整數個，當節點數為最小時，其振幅時所發出的音稱為「基音」（fundamental tone），隨著節點數的增加而稱為「第一泛音」、「第二泛音」等。

弦樂器所發出的音是由基音和泛音組合而成。每個樂器的獨特音色，是根據基音和泛音的組合比例而定。手指頭按弦改變振動部分的長度，則駐波的頻率也跟著改變，聲音也發生變化。另外，像長笛等管樂器，管中的空氣（聲波）形成駐波，產生基音和泛音。

雷射光也誕生自駐波

這些樂器所發出的聲波和「雷射光」※有共通點。雷射光是讓光在二片相向的反射鏡之間往返而產生的（右頁下方插圖）。就好像弦樂器的弦一般，光在鏡與鏡之間形成駐波。其中一片反射鏡僅可讓部分的光通過，如此所透出來的就是雷射光。就這樣，雷射光成為波長相當於聲波之泛音的光被釋放出來。

※：雷射光是由眾多波長、前進方向、波峰和波谷的位置等皆整齊劃一的光聚集而成。其結果使雷射光變成非常明亮的光。

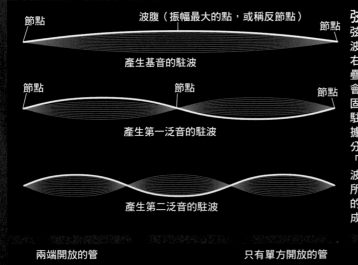

節點　　　波腹（振幅最大的點，或稱反節點）　　　節點

產生基音的駐波

節點　　　　　　節點　　　　　　節點

產生第一泛音的駐波

產生第二泛音的駐波

弦上所產生的駐波

弦彈動時所產生的波（行進波）在兩端不斷反射，形成向右行進的波和向左行進的波重疊，此時便有可能產生波形不會移動的「駐波」。在兩端被固定的弦上，只能存在特定的駐波。弦上所產生的駐波可根據節點（或是波腹）的數目來分類。節點數最少的駐波產生「基音」，節點數比它多的駐波產生「泛音」。實際上，弦所產生的駐波以及由此所產生的音，是由基音和泛音混合而成。

兩端開放的管　　　　　　　　只有單方開放的管

波腹　　　節點

產生基音的駐波　　　　　　　產生基音的駐波

產生第一泛音的駐波　　　　　產生第一泛音的駐波

產生第二泛音的駐波　　　　　產生第二泛音的駐波

管中所產生的駐波

管樂器係由管中的空氣（聲波）產生駐波。駐波的波形依管的兩端是開放的，或是僅有一端開放而有所不同。駐波的情形跟弦是一樣的，由在兩端不斷反射的多個波（行進波）重疊形成。在開管的一側，有一部分的波反射，其餘的則漏到外部。這些漏到外部的聲波就傳到我們的耳中。

註：以「距離空氣之原位置的移動量」為縱軸，將聲波圖像化為橫波。節點為空氣不會移動，移動量為零的點，而波腹則是移動量最大的點。

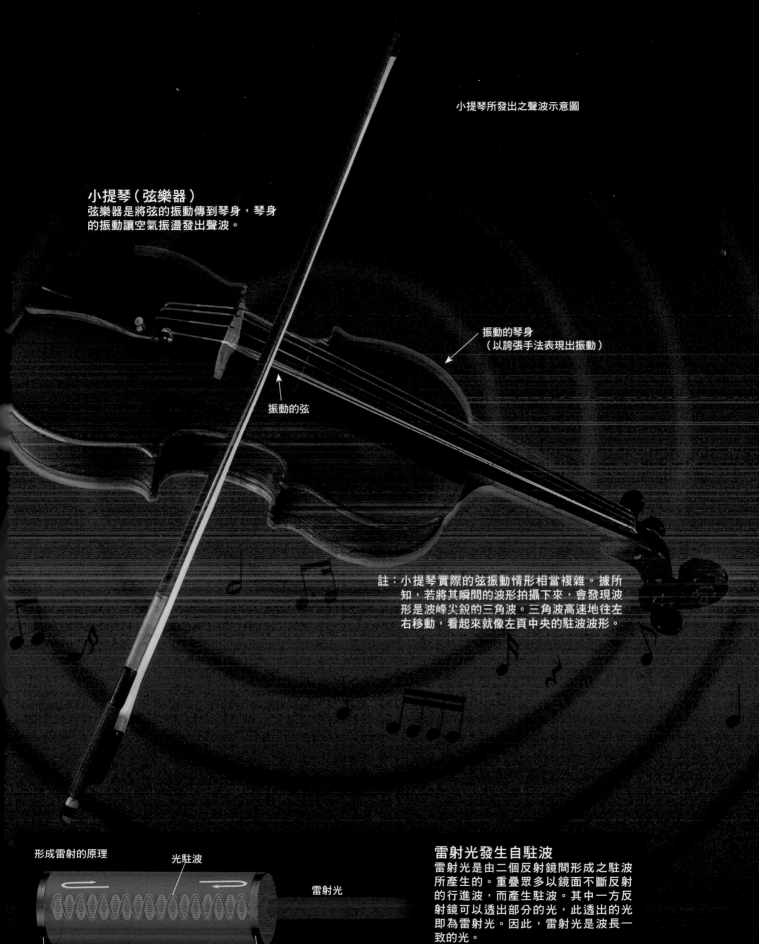

小提琴所發出之聲波示意圖

小提琴（弦樂器）
弦樂器是將弦的振動傳到琴身，琴身
的振動讓空氣振盪發出聲波。

振動的琴身
（以誇張手法表現出振動）

振動的弦

註：小提琴實際的弦振動情形相當複雜。據所
　　知，若將其瞬間的波形拍攝下來，會發現波
　　形是波峰尖銳的三角波。三角波高速地往左
　　右移動，看起來就像左頁中央的駐波波形。

形成雷射的原理

光駐波

雷射光

反射鏡

反射鏡
（讓部分的光透過）

雷射光發生自駐波
雷射光是由二個反射鏡間形成之駐波
所產生的。重疊眾多以鏡面不斷反射
的行進波，而產生駐波。其中一方反
射鏡可以透出部分的光，此透出的光
即為雷射光。因此，雷射光是波長一
致的光。

電與磁

監修　和田純夫

在我們的生活周遭，隨處都可見到使用電的裝置。若說現代社會缺了電就會崩潰，一點也不誇張。人類之所以能夠利用電，製造出各式各樣的電器產品，主要是因為對於電與磁的理解更深入之故。

　　在PART4中，除了介紹發電機和馬達的原理之外，還會解說電與磁的基本性

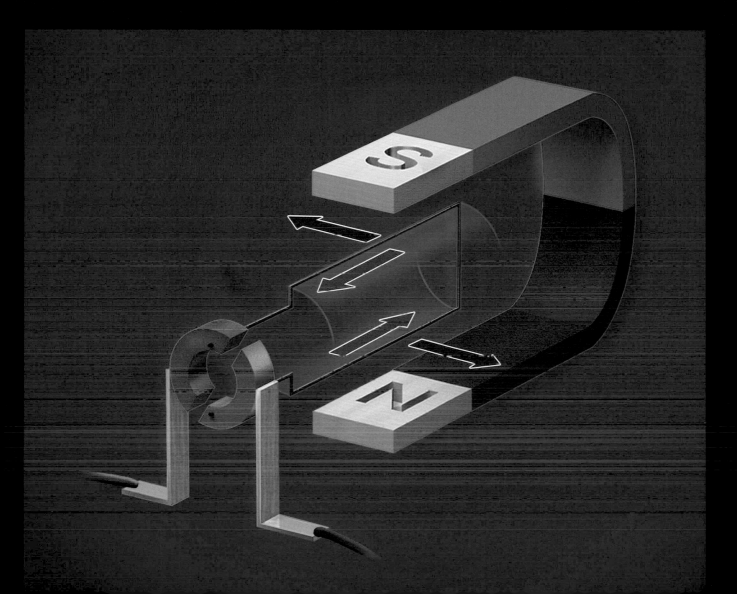

電與磁是非常相似的伙伴

　　很多人都玩過用墊板將頭髮「吸」成「怒髮衝冠」狀的遊戲吧？此時，墊板聚集了負電，頭髮聚集了正電，頭髮之所以豎立起來，也是正電和負電互相吸引的緣故。

　　產生這種電的現象的主角就是「電荷」（electric charge）。在墊板和頭髮這個例子中，正電荷與負電荷互相吸引，或是正電荷和正電荷（負電荷和負電荷）彼此相斥。電荷所

產生這樣的力稱為「靜電力」（electrostatic force）。靜電力的大小與電量（quantity of electricity，電荷大小）成正比。

　　提到相吸、相斥的力時，大家腦海中最先浮起的應該是磁鐵吧！磁鐵有「N極」和「S極」二種「磁極」（magnetic pole）。N極和S極會相吸，N極和N極、S極和S極會相斥。磁極所產生的力稱為「磁力」。磁力

相隔一段距離仍然作用的電力和磁力
照片所示為帶電荷的頭髮與氣球因靜電力而相吸的情形。靜電力和磁力皆在相隔一段距離的情況下仍能作用，這可以想成是在電荷與磁極的周圍產生電場與磁場之故（右頁插圖）。

的大小與磁極所具的「磁荷」（magnetic charge）成正比。

　　不管是靜電力或是磁力，都會隨著電荷或是磁極的距離逐漸拉遠，作用力迅速減弱。目前已知無論是靜電力或是磁力的大小，皆與「距離的平方成反比」（下方插圖）。

即使相隔一段距離，仍有力的作用

　　電荷和磁極（磁鐵）在相隔一段距離的情況下仍然能有力的作用，這是為什麼呢？現代物理學認為電荷與磁極皆能宛若對置於其周圍的

電荷和磁極有力的作用般，讓空間性質產生變化。像這樣的空間性質稱為「場」，電荷周圍所產生的場稱為「電場」；磁極周圍所產生的場稱為「磁場」。電場和磁場愈強，對電荷及磁極所施予的力愈強。

　　另外，電場或是磁場都具有「方向」。根據設定，在電場（磁場）中置放正電荷（N極）時，該正電荷（N極）所受作用力的方向即為電場強度（磁場強度）之方向。

電荷產生電場的意象圖

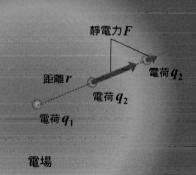

靜電力 F

距離 r

電荷 q_2

電荷 q_2

電荷 q_1

電場

註：這裡僅繪出電荷 q_1 所產生的電場。

磁極產生磁場的意象圖

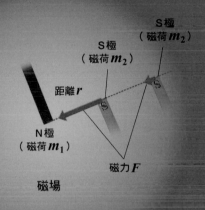

S極（磁荷 m_2）

S極（磁荷 m_2）

距離 r

N極（磁荷 m_1）

磁力 F

磁場

註：這裡僅繪出 N 極（磁荷 m_1）所產生的磁場。

與靜電力相關的庫侖定律

靜電力與電荷大小成正比增強，與距離的平方成反比減弱，此稱為「與靜電力相關的庫侖定律」。

$$F = k_e \frac{q_1 q_2}{r^2}$$

F：靜電力〔N〕　　q_1、q_2：電荷〔C〕（庫侖）
k_e：真空中的比例常數（$9.0×10^9$〔N·m²/C²〕）
r：距離〔m〕

與磁力相關的庫侖定律

跟靜電力一樣，磁力也與磁荷（N 極為正，S 極為負）的大小成正比增強，與距離的平方成反比減弱，此稱為「與磁力相關的庫侖定律」。

$$F = k_m \frac{m_1 m_2}{r^2}$$

F：磁力〔N〕　　m_1、m_2：磁荷〔Wb〕（韋伯）
k_m：真空中的比例常數（$6.33×10^4$〔N·m²/Wb²〕）
r：距離〔m〕

電力線

磁力線

表現肉眼無法看見之電場與磁場的方法

電場的方向和強度可用稱為「電力線」之帶箭頭的模型條來表現。箭頭標示從正電荷出來進入負電荷的方向，此表示電場方向。此外，電力線愈密之處表示電場愈強。

　　磁場也可以繪出與電力線一樣的線條，此稱為「磁力線」。磁力線上的箭頭（磁場方向）指出從 N 極出來從 S 極進入的方向。

為什麼在操作智慧型手機的過程中，手機會發燙？

對生活在現代化社會中的我們而言，電是不可或缺的。平常用起來完全沒有特別感覺的電視和手機，如果沒有電，只不過是個擺設。這裡所說的電，正確來說應該是流經導線等的「電流」。那麼，電流又是什麼呢？

電流的本質，一言以蔽之，就是「電子流」。「電子」是帶負電的粒子，在金屬等容易導電的物質（導體）內部，存在大量可自由移動的電子，這樣的電子稱為「自由電子」（free electron）。將導線與電池相連，自由電子會整齊劃一地從電池的負極朝正極移動，這就是電流的本質。

不過，當說到「電流方向」時，指的是與電子移動方向相反的方向。這是在過去尚未闡明電流真相之前，就將電流方向設定為「正電荷移動的方向」之故。

電流與某物「碰撞」而產生熱

當我們操作智慧型手機一段時間後，手機會變得有點燙。其中一個原因是當電子流經電路時，構成電路的元件和導線等具有「電阻」，因而產生了熱。所謂電阻是電流流動的不容易性。流經導線的電子與導線內的原子碰撞，阻礙了電子的行進。此時，原子振盪，亦即產生了熱。電子的動能轉換成熱能（原子的振動），此稱為「焦耳熱」（Joule heat）。

電阻的大小因物質而異，電子愈頻繁碰撞原子（阻力大），會發生愈多的熱。此外，導線（金屬）的溫度愈高，原子的振動愈激烈，也愈容易與電子碰撞。亦即，阻力變大。

▶再更詳細一點！
輸電與變壓、焦耳定律 132頁

電子的移動受到妨礙而發熱

插圖所繪為電流流經智慧型手機之電路導線的情形。電流的本質是電子流。在導線中流動的電子，其移動受到導線的金屬原子的阻撓，於是電子的部分動能轉變成原子振動，亦即轉換成熱。

順道一提，導線內的電子流速，平均每秒僅有1毫米以下。

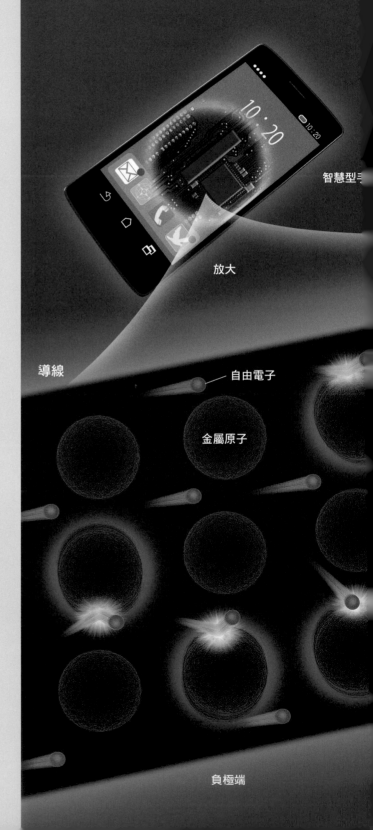

智慧型手機

放大

導線

自由電子

金屬原子

負極端

歐姆定律

串聯 2 顆電池的燈泡，因為流過的電流變多，所以亮度會比僅連接 1 顆電池時要亮。

電池有讓電流流動的作用，其大小稱為「電壓（也稱電勢差、電位差）」（右圖）。已知流通的電流大小 I（A）與電壓的大小 V（V）成正比，與電阻的大小 R（Ω）成反比。該關係式稱為「歐姆定律」（Ohm's law），可用下面的式子來表示。

$$I = \frac{V}{R} \quad \text{或是} \quad V = RI$$

電流從高電位流往低電位

水會從高處往低處流，而電壓與電流的關係也與此相似。電流也會從電壓高的場所往低的場所流動，而電壓則是由電池和發電機等所產生的。以電池的正極與負極為例，由於正極的電壓比負極高，因此以電線連接兩者，電流就會通過電線從正極流往負極。

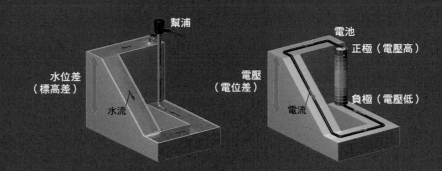

幫浦

水位差（標高差）

水流

電池

正極（電壓高）

電壓（電位差）

負極（電壓低）

電流

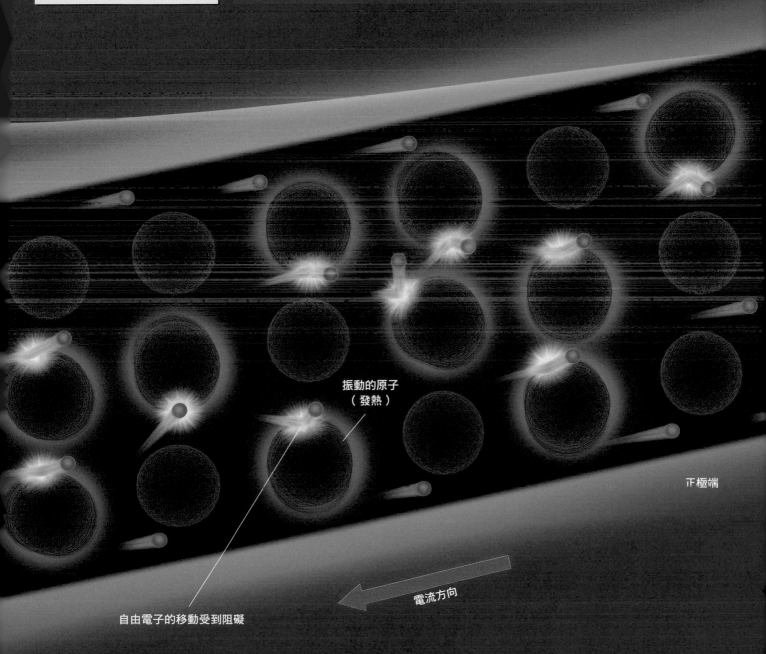

振動的原子（發熱）

正極端

自由電子的移動受到阻礙

電流方向

讓電流成環狀流動，產生「磁」效應

常用來將紙張固定在黑板或冰箱上的磁鐵稱為「永久磁鐵」（permanent magnet）；而廢鐵工廠等所使用的磁鐵則是「電磁鐵」（electromagnet）。

所謂電磁鐵是導線成線圈狀捲繞在鐵芯上面形成的，當電流通過導線時就會發揮磁力（變成磁鐵）。電磁鐵的優點是：以相對容易的方式即可產生強大磁力，切斷電流就會喪失磁力，若流通逆向電流，即可使磁極反轉。電磁鐵究竟是以何種機制產生磁力的呢？

在電流周邊產生磁場

事實上，電流與磁場有密切關聯。當有電流在導線內部流通時，就會產生包圍著導線的磁場（插圖1）。電磁鐵就是巧妙運用該磁場的一種工具。

請想像一下電流通過環狀導線時的情形。電流所產生的磁場，形狀如插圖2所示一般。再者，若將導線捲繞在鐵芯上面成線圈狀，隨著導線捲繞圈數的增加，所產生的磁場愈強（插圖3）。該磁場形狀與121頁磁棒所形成的磁場（磁力線）形狀相較，很容易就能看出形狀十分相似。換句話說，環狀電流所產生的磁場可製造出磁鐵，這就是電磁鐵。

所產生的磁鐵（磁場）強度與電流強度、導線的圈數成正比。另外，一旦切斷電流，磁場立即消失，於是也喪失磁鐵的功能。此外，雖然沒有鐵芯也能產生磁力，不過有鐵芯可以增加磁力。鐵芯也會成為暫時性磁鐵，提高磁場強度。

電流在線圈內部流動形成「電磁鐵」

插圖是電流流過導線時產生磁場的情形。導線捲繞在鐵芯上呈線圈狀即為電磁鐵。當電流通過導線時，電流所形成的磁場就能發揮磁鐵的作用。

闡明電流與磁力之關係的人是丹麥物理學家厄斯特（Hans Christian Oersted，1777〜1851）。厄斯特在1820年偶然發現把電流通入導線後，放在它的周圍的磁針會移動，這意味著電流的周圍會產生磁場。

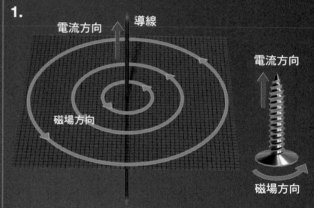

1.

在直線電流周邊產生的磁場

當電流流經筆直導線時，就會產生宛若包圍導線的磁場。距離導線愈遠的磁場強度愈弱，當與導線的距離拉長為2倍時，磁場的強度減弱為2分之1。此外，磁場方向可根據下面所說的方式來判明。把導線內流通之電流的方向，想像成螺絲釘（右旋螺絲釘）前進的方向，此時螺絲釘旋轉的方向，就是磁場的方向（N極承受磁力的方向）。

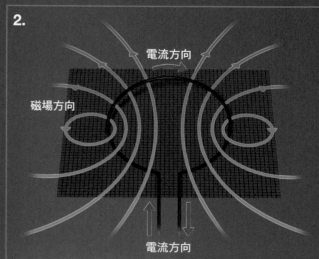

2.

在環狀電流周圍產生磁場

當電流在環狀導線內部流通時，就會產生形狀如上圖的磁場。

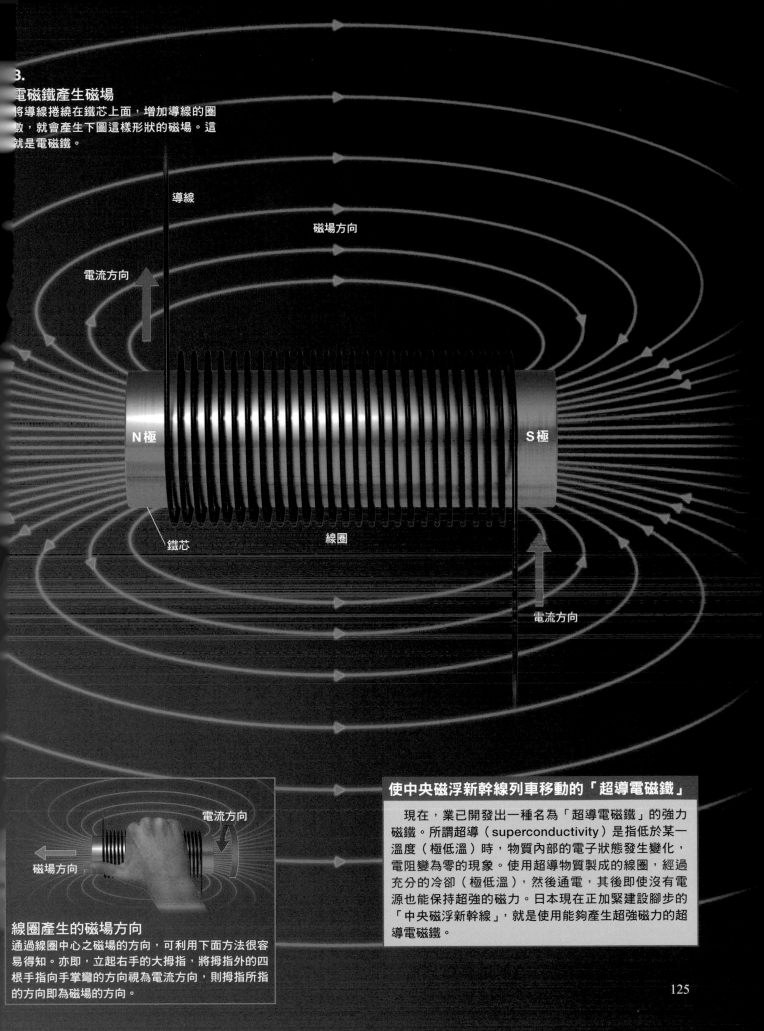

3.
電磁鐵產生磁場
將導線捲繞在鐵芯上面，增加導線的圈數，就會產生下圖這樣形狀的磁場。這就是電磁鐵。

導線

磁場方向

電流方向

N極

S極

鐵芯

線圈

電流方向

線圈產生的磁場方向
通過線圈中心之磁場的方向，可利用下面方法很容易得知。亦即，立起右手的大拇指，將拇指外的四根手指向手掌彎的方向視為電流方向，則拇指所指的方向即為磁場的方向。

磁場方向

電流方向

使中央磁浮新幹線列車移動的「超導電磁鐵」

　　現在，業已開發出一種名為「超導電磁鐵」的強力磁鐵。所謂超導（superconductivity）是指低於某一溫度（極低溫）時，物質內部的電子狀態發生變化，電阻變為零的現象。使用超導物質製成的線圈，經過充分的冷卻（極低溫），然後通電，其後即使沒有電源也能保持超強的磁力。日本現在正加緊建設腳步的「中央磁浮新幹線」，就是使用能夠產生超強磁力的超導電磁鐵。

125

發電機的原理：使磁鐵運動，產生電流！

　　我們只要將插頭插入插座，輕輕鬆鬆就能用電（電流）。能夠如此方便，全拜發電廠發電，並將這些電能輸送到每個家庭之賜。那麼，發電廠究竟是如何發電的呢？

　　產生電流的機制出人意外的單純，僅是將磁鐵推近或拉離線圈，就能使線圈產生電流（右圖），該現象稱為「電磁感應」（electromagnetic induction）。磁鐵推近時與拉離時，流過線圈的電流方向是相反的。此外，移動磁鐵的速率（更正確的說法是貫穿線圈內側之磁場的每秒變化量）愈大，流過的電流變得愈大。再者，增加線圈的捲線圈數也能使電流變大。

利用水蒸氣的力，轉動磁鐵發電！

　　發電廠便是利用此原理產生電流。發電時，不論採用何種方法都必須移動置於線圈之旁的磁鐵（也有反過來固定磁鐵，移動線圈的情形）。以火力發電為例吧！燃燒石油、天然氣使水沸騰，產生高壓蒸氣，然後高壓蒸氣推動「汽輪機」（steam turbine）。汽輪機的轉軸前端連接著磁鐵，於是磁鐵便被轉動。

　　該過程可以說是將燃料所具的「化學能」轉換成「熱能」，也就是蒸氣；然後蒸氣的「熱能」轉換成磁鐵的「動能」，最後轉換成「電能」。

　　經過這一系列過程所取得的電流，電流的大小和方向會呈現週期性變化，此稱為「交流電」（alternating current，AC）。西日本發電廠提供每秒週期性變化60次（60Hz）的交流電，東日本發電廠提供每秒週期性變化50次（50Hz）的交流電。另一方面，從電池取得的電流，電流方向固定，此稱為「直流電」（direct current，DC）。

▶再更詳細一點！
發電機與交流電 夫來明右手定則　　　130頁
電能與電功率　　　　　　　　　　　134頁

磁場的變化產生電流

磁鐵時而推近線圈，時而拉離線圈，就有電流從線圈流過（右頁插圖），該現象稱為電磁感應。英國的物理學家法拉第（Michael Faraday，1791～1867）認為：「如果電流能夠產生磁力，那麼相反地，磁力是不是也能產生電流呢？」於是，法拉第經過反覆的實驗，在1831年發現電磁感應。又，電磁感應中流過線圈的電流方向可以如下決定：此電流所產生的磁場永遠都會去（部分）抵銷原來貫穿線圈之磁力線（磁場）產生的變化（這稱為冷次定律，英語：Lenz's law）。

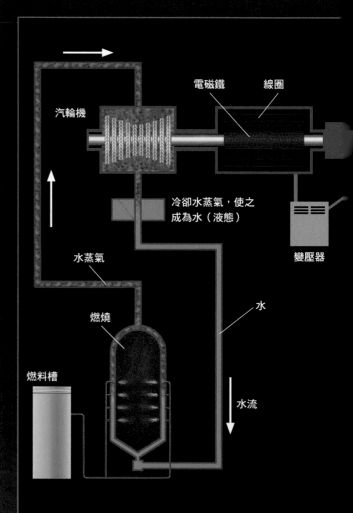

火力發電的原理

火力發電廠燃燒石油等燃料，利用熱使水蒸發，然後水蒸氣推動汽輪機轉動。藉由汽輪機的轉動使巨大的電磁鐵旋轉。在電磁鐵周圍放置線圈，於是便有電流通過線圈。

將磁鐵推近線圈時
讓磁鐵靠近線圈，則貫穿線圈內側的磁力
線（磁場）增加。此時，電流流過線圈。
從微觀視點來看，導線內的電子因磁力線
的變化而運動。

將磁鐵拉離線圈時
將磁鐵拉離線圈，則貫穿線圈內側的磁力
線（磁場）減少。此時，線圈上有與磁鐵
靠近線圈時方向相反的電流流過。

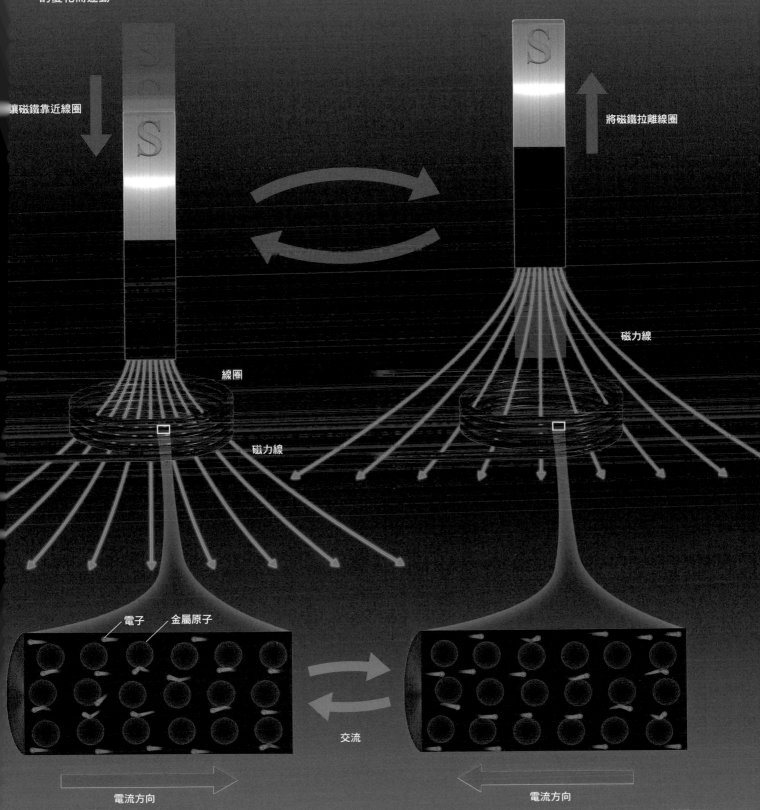

讓磁鐵靠近線圈

將磁鐵拉離線圈

磁力線

線圈

磁力線

電子 金屬原子

交流

電流方向

電流方向

馬達的原理：磁鐵周圍的電流會產生力

近年來，電動汽車的開發有了長足的進展。電動車與傳統使用引擎的汽車最關鍵性的差異，在於電動車係使用「馬達」作為動力讓汽車的輪胎轉動。馬達是使用電能以產生旋轉運動的裝置。那麼，馬達是如何將電能轉換為運動的呢？

馬達機制的基本原理是：「當一導線置於磁鐵旁邊（磁場內），若導線通上電流，導線就會受到力的作用」。導線在與磁場方向及電流方向雙方垂直的方向上受到力的作用（右圖）。實際上，力所作用的對象是導線中的電子。當大量的作用力聚集在微小粒子上時，結果就產生足以使導線移動的大作用力。不僅是電子，當帶電粒子在磁場中移動時，粒子就會受力，該力稱為「羅倫茲力」（Lorentz force）。

馬達「旋轉」的機制為何？

根據此原理而使導線轉動的就是馬達，馬達的機制誠如右頁插圖1所看到，將線圈置於磁鐵之間（磁場內），把電流沿ABCD的方向通入導線。由於線圈的AB部分與CD部分的電流方向相反，因此作用其上的力方向也相反。結果，線圈朝逆時針方向旋轉。

線圈旋轉超過插圖2的位置時，被位在線圈基部名為「整流器」（rectifier）的元件將在線圈流通的電流方向改變成逆向的DCBA，於是在AB及CD作用的力如插圖3所示，持續朝相同方向旋轉，馬達就將電能轉換成動能。

導線上的作用力使線圈轉動

插圖所示為馬達的旋轉原理。馬達是由磁鐵及線圈組合而成。當電流通過置於被磁鐵包夾之空間（磁場）中的導線時，會有力作用於導線上。馬達便是利用該力讓線圈轉動的裝置。在我們日常生活所使用的電器中，有許多都會用到馬達。實際所使用的馬達，線圈的圈數較多，且使用釹磁鐵等強力磁鐵，以提高旋轉速度。

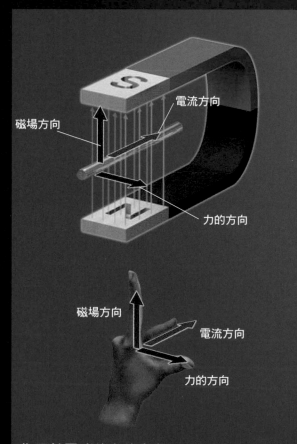

磁場方向
電流方向
力的方向

磁場方向
電流方向
力的方向

作用於電流的力的方向

如上面插圖所示，當置於磁鐵之磁極間的導線有電流通過時，在與電流方向及磁場方向垂直的方向上有力的作用。電流、磁場、力此三者的方向可使用「夫來明左手定則」很容易就能知道。

左手的中指、食指和拇指分別呈直角伸直，當中指符合電流方向、食指為磁場方向（從 N 極到 S 極的方向）時，那麼拇指所指的就是在導線上作用之力的方向。記憶時，以中指、食指、拇指的順序分別對應「電、磁、力」。

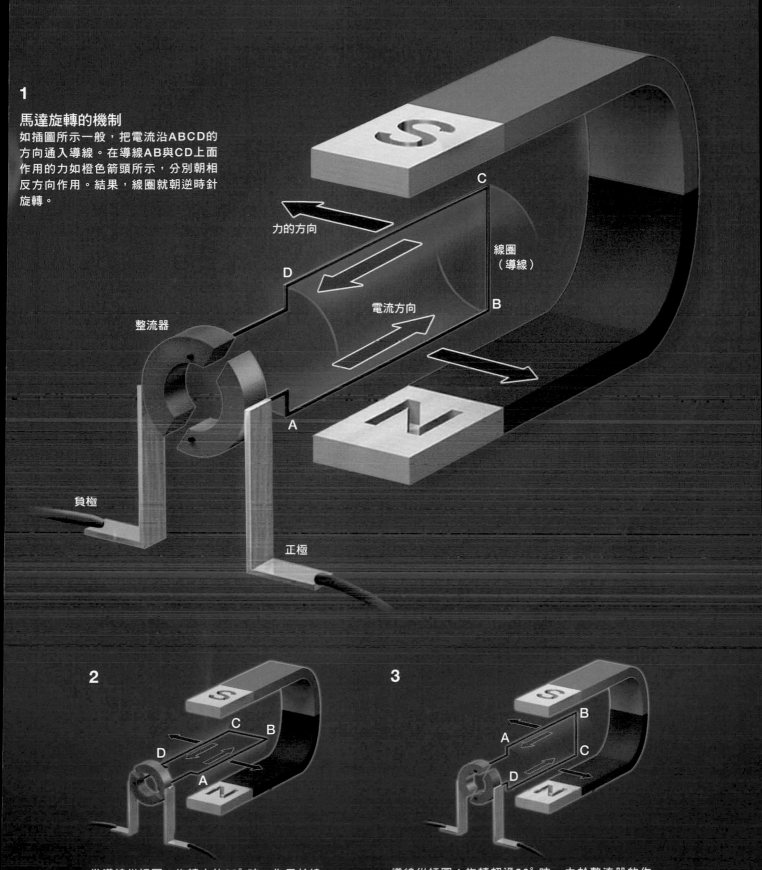

1

馬達旋轉的機制

如插圖所示一般，把電流沿ABCD的方向通入導線。在導線AB與CD上面作用的力如橙色箭頭所示，分別朝相反方向作用。結果，線圈就朝逆時針旋轉。

力的方向

線圈（導線）

C

D

B

電流方向

整流器

A

S

N

負極

正極

2

S

C

B

D

A

N

當導線從插圖1旋轉大約90°時，作用於線圈上的力轉變為上圖橙色箭頭所示，並以旋轉之勢持續旋轉。

3

S

B

A

C

D

N

導線從插圖1旋轉超過90°時，由於整流器的作用，在導線中流通的電流會反轉，沿DCBA的方向流通。結果，作用於線圈上的力轉變為上圖橙色箭頭所示，線圈便持續朝相同方向旋轉。

送達各家各戶的電流是電流方向會週期性變化的「交流電」

電流分為「直流電」和「交流電」二種。舉例來說，從乾電池流出的電流就是直流電；而**從發電廠送到各個家庭的電流就是交流電**。

直流電和交流電的差異在於：電流流向（施以電壓的方向）是否會隨著時間經過而產生變化這一點。乾電池的電流是方向不會改變的直流電；而從發電廠送達的交流電就如下面插圖所示，電流方向會週期性的變化。

交流電的流向週期性變化乃因為交流電是「發電機」旋轉運動所產生的。發電機中有磁鐵和線圈組成的構造，讓它們其中任何一個旋轉，都會產生電流。

因此，由一般發電機所輸出的**交流電，是因為發電機的磁鐵或是線圈的旋轉運動而產生，所以它的電流與電壓值反覆地週期性變化**。該週期性變化在 1 秒鐘重複的次數稱為「頻率」（單位為Hz）。

東日本為50赫茲、西日本為60赫茲

在日本，東日本和西日本的交流電頻率並不相同。日本的輸電網在明治時代（1868～1912年）分別以東京和大阪為起點開始建設起來，當時東京採用德國製的發電機、大阪則採用美國製的發電機。事實上，從一開始兩者發電的電力頻率就有50赫茲和60赫茲的分歧。在未能消除該歧異的情況下，分別展開輸電網的鋪設，結果就演變成現在東日本和西日本頻率不同的景況。

當50赫茲和60赫茲的交流電流過同一電線時，不管是電流或是電壓的值都會大為紊亂。因此，東、西日本無法直接進行電流的融通。但是在東、西日本交界附近的3個變電所，得以進行少量的東西電流融通。這3個變電所運用複雜的電路，將50赫茲或是60赫茲的交流電先轉換成直流電，然後再將直流電轉換成另一方的頻率（50赫茲或60赫茲）。

交流電的電流方向呈週期性變化

交流電為會隨著時間經過而週期性變化電流方向的電流。下圖繪出了交流電的電流方向與電流大小，並將電路中朝左流的電流視為正、朝右流的電流視為負，此時交流電的圖就如同插圖所示，成為正負交替的「正弦波」（sine wave）波形。

1秒鐘

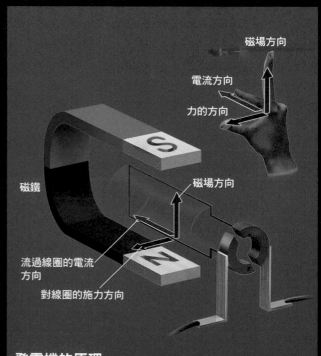

磁場方向

電流方向

力的方向

磁鐵

磁場方向

流過線圈的電流方向

對線圈的施力方向

發電機的原理

上面繪出磁場中因線圈的旋轉運動而產生電流的模型示意圖。磁場中之導體運動時所產生的電流方向，就像右上圖所示，利用「夫來明右手定則」很容易就能獲知。當線圈（或是磁鐵）旋轉1圈，電流在與線圈相連的電路中，往左的方向和往右的方向各流過1次。利用像這樣的原理來發電的，在生活中，有一類自行車燈就是一個例子。

日本的輸電網

插圖所繪為主要的輸電網，水藍色為50赫茲的變電所，紅色為60赫茲的變電所，而紫色是位在東西交界的頻率變換所。另外，在部分地區可直接輸送直流電，而橙色為交直流電變換所。與交流電相較，直流電具有輸電耗損少的性質。

當50赫茲與60赫茲的交流電同時流過同一條電線時……

當50赫茲與60赫茲的交流電同時流過同一條電線時，就會像下面插圖所繪，交流電的波形會大為紊亂，因此東、西日本無法直接進行電流的融通。

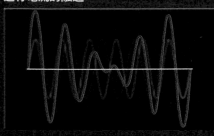

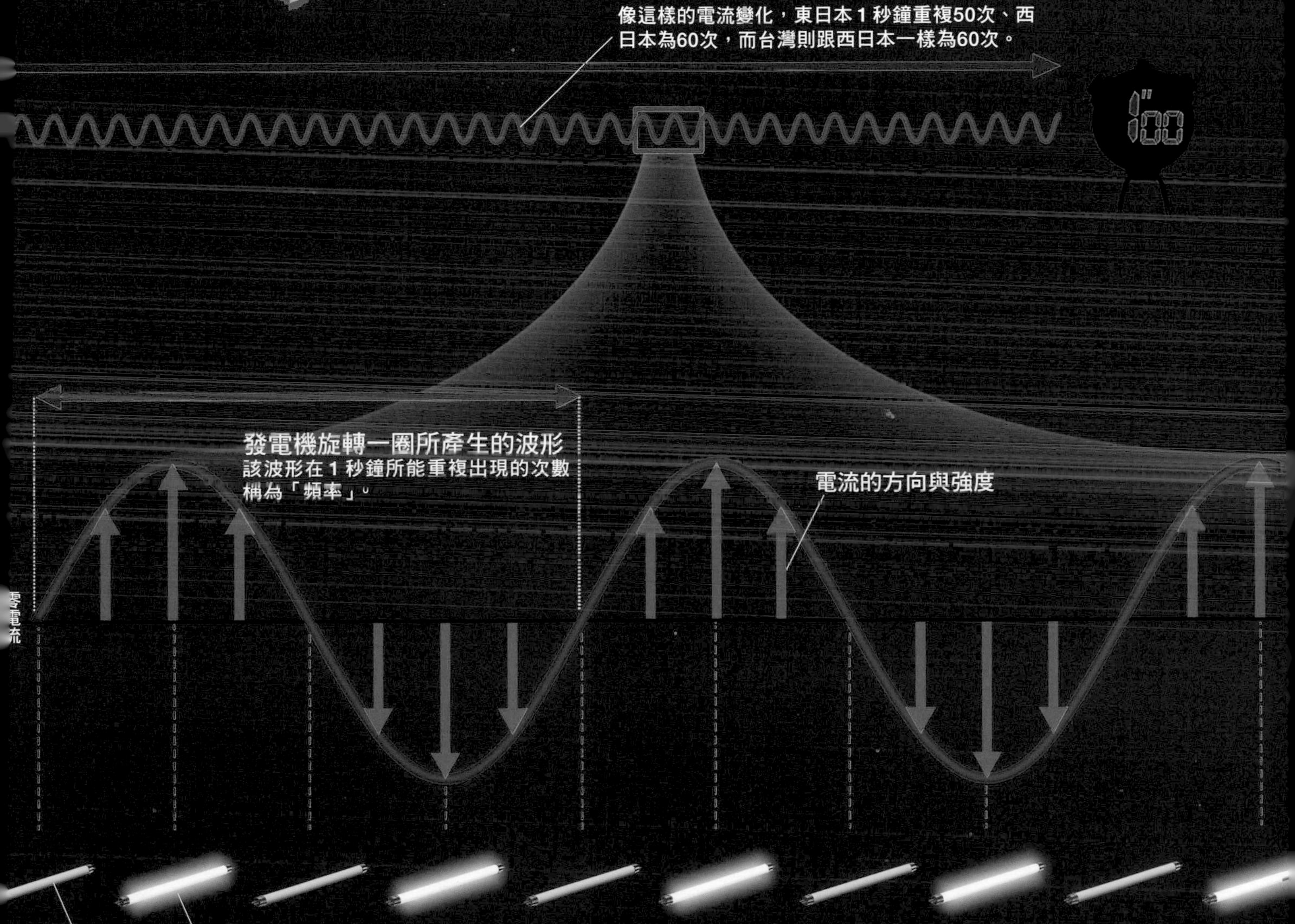

像這樣的電流變化，東日本1秒鐘重複50次、西日本為60次，而台灣則跟西日本一樣為60次。

發電機旋轉一圈所產生的波形
該波形在1秒鐘所能重複出現的次數稱為「頻率」。

電流的方向與強度

零電流

電流0
（熄燈）

電流在正方向達到最大
（亮燈）

隨著交流電的週期性變化，螢光燈反覆亮燈、熄燈的過程。不過，最近的螢光燈使用一種稱為「轉換器」（inverter）的電路裝置來提高交流電的頻率。頻率提高，就能縮短亮燈和熄燈的時間間隔，使人類的肉眼無法感覺該過程的存在。有些電器直接使用交流電；有些電器則透過電路將交流電轉換成直流電來操作。

為了抑制電能變成熱而逸失，以高電壓輸電

各家庭中，若欲使用電器，必須要有由發電廠輸出的電能。但是在「輸電」之際，部分電能會轉換成熱而散失。根據台灣電力公司表示，台電之線路損失僅4.7％，其中輸電系統為2.3％，配電系統為2.4％。

由於電功率的值是電流和電壓的值相乘（請參考134頁說明），因此在輸送等量的電功率時，可以降低電壓、增大電流；相反地，也可提高電壓，降低電流。

另一方面，如果輸電線路一樣的話，每秒內變成熱而損失的電能與電流的平方成正比（焦耳定律），電流增為 2 倍，損失增為 4 倍；若電流增為 3 倍，損失增為 9 倍。換言之，為了減少輸電之際的耗損，盡量降低電流值（提高電壓）是較為有利的辦法。

因此，在輸電之際，都會盡可能地提高電壓。台灣利用巨大鐵塔相連的高壓電線是以34萬5仟伏特（日本為50萬伏特）的高電壓來輸送電能。

然而，如果電壓過高，會提高觸電（electric shock）的危險性，不適合家庭等場所的用電。因此，如果能夠做到在輸電之際會盡量以高電壓來輸送；在即將使用前才將電壓降低，會是最理想的安排。

為了實現這樣的構想，就必須要有能夠任意改變電壓的「變壓」工程。事實上，交流電具有極易變壓的性質，因此發電廠在輸電時，幾乎都是採用交流電。高達34萬5000伏特的電壓會分階段性下降，最後以110伏特和220伏特的電壓送到各個家庭。

利用高電壓輸電，在即將使用前再轉變為低電壓

輸電之際，電壓越高越能減少發熱損失的電能。在用電之際，維持高電壓會有危險，因此必須在使用前降為低電壓。因為交流電較易變壓，因此現在的電能大多以交流電來輸送。

電功率維持定值（長方體體積）

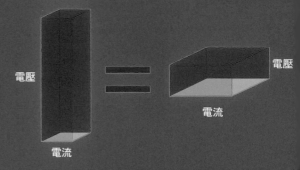

電壓　＝　電壓　電流

電流

變壓的原理

鐵芯

線圈圈數10　　線圈圈數 2

原來的電功率
500V×1A ＝ 500W

變壓後電功率相同
100V×5A ＝ 500W

左邊線圈的圈數為10圈，右邊線圈圈數為 2 圈。當有來自左邊的500伏特（V）、1安培（A）的交流電輸送過來時，鐵芯會產生磁場，因為「電磁感應」（請參考124頁）這種現象的關係，右邊的線圈會有電流通過。此時，因為線圈數的比例為 5 分之 1，所以電壓變為 5 分之 1，而電流增為 5 倍。雖然左右兩邊的電功率不變，但是電壓和電流的值會變化。

從發電廠逐步降低電壓

34 萬 5000 伏特
（345kV）

發電廠　　　　　　　　　超高壓變電所

※：發電時的電壓皆為 2 萬伏特，在發電廠有將 2 萬伏特電壓升高到34.5萬伏特的主變壓器。

為了盡量減少變成熱喪失的電能，在輸電之際，最大會以34萬5000伏特的超高電壓來輸送。然後經由數個變電所來降低電壓，使得最後送達各個家庭使用的是電壓為110伏特或者是220伏特的電壓。

電壓大小與電能耗損的關係

電壓（高）

電流（小）

焦耳定律

藉由導通電流而產生的熱稱為「焦耳熱」，該名稱源自發現者，英國的物理學家焦耳（James Prescott Joule，1818～1889）。

焦耳把導線浸入水中，再通上電流以進行實驗，成功地歸納出：「產生的熱量 Q（J，焦耳）和電流 I（A，安培）的平方及電阻 R（Ω，歐姆）成正比」這樣的關係式。該關係式稱為「焦耳定律」，可用下面的式子來表示。

$$Q = I^2 R t \qquad t\ 是電流流通的時間（單位為秒）$$

電線

在電功率相同的情況下進行比較，若提高電壓、降低電流，就能減少發熱所造成的耗損。

電流量（小）

變成熱的電能少

電線

若降低電壓、加大電流，則發熱所造成的耗損變多。

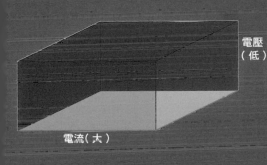

電壓（低）

電流量（大）

電流（大）

變成熱的電能多

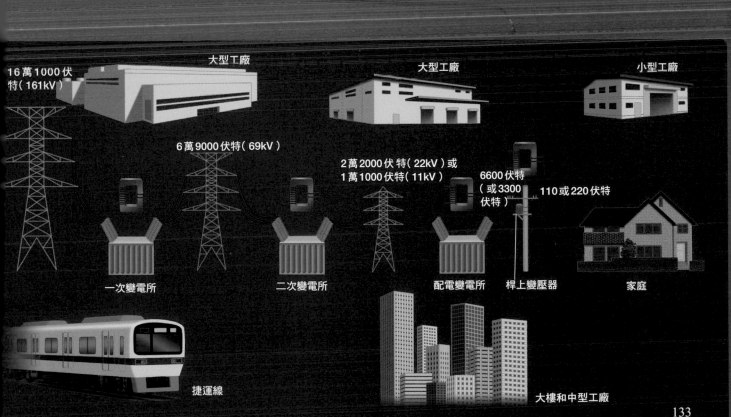

16萬1000伏特（161kV）　大型工廠　　大型工廠　　小型工廠

6萬9000伏特（69kV）

2萬2000伏特（22kV）或
1萬1000伏特（11kV）

6600伏特
（或3300伏特）

110或220伏特

一次變電所　　二次變電所　　配電變電所　桿上變壓器　　家庭

捷運線

大樓和中型工廠

斷路器何時會自動切斷電路？電費是如何計算的？

不知各位是否留意到在一些電器上面標示著110瓦特這樣的數字。瓦特（簡稱瓦，W）是功率單位，指該電器每秒鐘所消耗的電能。瓦特值可以由電壓值乘以電流值計算出來，也稱為「電能」。

舉例來說，100W的電燈泡每秒鐘所消耗的電能，是20W燈泡每秒鐘所消耗電能的5倍。一般的燈泡，瓦特值越大燈泡越亮，消耗的電能也越多。

在台灣，一般家庭用電的電壓是110V。例如：假設一冰箱的耗電功率為330W，由於電壓為110V，所以流經插座的電流值為3A。如果除此之外，再使用220W的電視機，則要再追加2A的電流，所以電流的合計值為5A。就像這樣，隨著使用的電器之增加，所需要的電流量也會隨之增加。

通常，流經各家庭內分路電流的最大值為20A。當超過該數值時，安裝於各配電盤的「漏電斷路器」（earth leakage circuit breaker）就會自動切斷電路。另外，像在日本，電力公司通常會和各家庭簽訂契約，設定可以同時使用的功率上限。當超過該上限的電流流入該家庭用戶時，就會由稱為「安培斷路器」（ampere breaker）的裝置自動將電路切斷。

電費是如何計算的？

電費是根據由電力公司提供的能量而算出來的。由於瓦特（W）表示每秒鐘消耗的能量，所以將瓦特值乘上使用時間所得到的數值，即是「消耗的電能總量」，單位為瓦特小時（watt-hour，簡稱瓦時，Wh）[※]。電力公司收費的單位為「度」，1度等於1000瓦特小時。

※：「瓦時（Wh）」是電能的實用單位，不過也有其他的電能單位，即電功率的瓦特值乘上以秒為單位的消耗時間的「瓦秒（Ws）」。根據瓦特的定義是1焦耳/秒（1 J/s），所以瓦秒與焦耳是等效的。

電的單位與電器之間的關係

最上圖係以水流為喻說明電壓、電流和電能之間的關係。這和當高度差越大時，水流量會越大，水車就越容易轉動的道理一樣，當電壓越高，電流就越大，就會使轉動馬達或加熱的「作功」能力越強，但它消耗的能量（電能）也會越多。

中間的圖是表示當同時使用的的電器越多，通過各家庭電路的電流也越大。當一次同時流過的電流過大時，「斷路器」（circuit breaker）就會跳脫以切斷電流。

最下面的圖則是計算消耗的總電能的方法。

電器與其所需的電流量

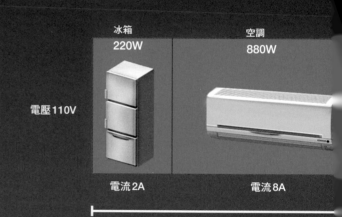

冰箱 220W
空調 880W
電壓110V
電流2A
電流8A

耗電量的計算方法

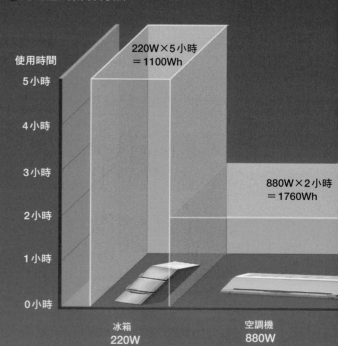

使用時間
5小時
4小時
3小時
2小時
1小時
0小時

220W×5小時 ＝1100Wh
880W×2小時 ＝1760Wh

冰箱 220W
空調機 880W

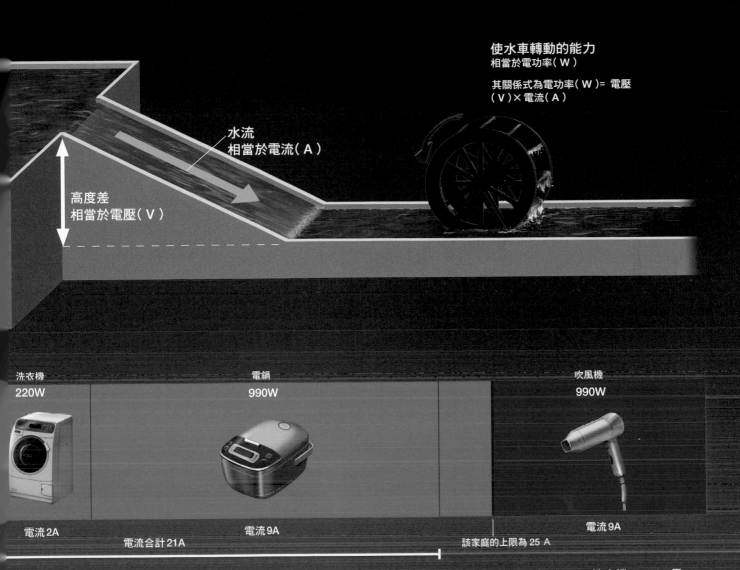

使水車轉動的能力
相當於電功率（W）

其關係式為電功率（W）＝ 電壓
（V）×電流（A）

水流
相當於電流（A）

高度差
相當於電壓（V）

洗衣機
220W

電鍋
990W

吹風機
990W

電流2A

電流合計21A

電流9A

電流9A

該家庭的上限為 25 A

一般台灣家庭使用的電壓為110V（也有220V的情形）。假設各電器的消耗功率為冰箱220W、空調機880W、洗衣機220W、電鍋990W、吹風機990W時，則根據電功率（W）＝ 電壓（V）×電流（A）的式子可以得知通過冰箱的電流為2A。同時使用空調時，就要再追加8A。所以如果同時使用的電器越多，需要的電流量就越大。

在日本，日本的電力公司會在和各家庭簽訂的契約上，註明其一次可同時使用的電流量之上限。以25A上限為例，當同時使用冰箱、空調、洗衣機和電鍋時，合計為21A，所以並沒有問題，不過如果再使用一個9A的吹風機，則合計就會超過25A，於是「安培斷路器」就會自動切斷電流。再者，和這種與各家庭協議上限的契約形式不同，每個家庭中「配電盤」分支分路的額定最大電流為20A，當超過20A的電流流過各電路時，「漏電斷路器」就會動作。

使用電器時所消耗的能量，是由各電器需要的電功率數值和使用的時間相乘後的結果。每個月的電費就是除了基本電費外，再根據這些電子產品的耗能量合計所計算出的。

220W×1小時
＝220Wh

990W×0.5小時
＝4950Wh

洗衣機
220W

電鍋
990W

光為電和磁所形成的波

誠如124～127頁中所介紹的，電產生磁、磁產生電（右頁上圖）。電與磁就好像是「雙胞胎兄弟」般的存在，會互相影響。

英國的物理學家**馬克士威**（James Clerk Maxwell，1831～1879）的主要研究目標，是完成足以綜合性說明眾多與電力和磁力相關之實驗結果的理論。而最後他也終於建構出說明電和磁之行為的物理學理論「**電磁學**」（electromagnetism 或electromagnetics）。

當像交流電這種會改變方向的電流流過時，周圍就會產生宛如纏繞著電流一般的磁場；接著，又會產生好像纏繞著磁場一般的電場；然後，又會產生好像纏繞著電場般的磁場……。就這樣，電場和磁場連環產生（請參考右邊插圖）。結果，**電場和磁場連環就好像波一般地向前推進**。馬克士威將這樣的波命名為「**電磁波**」（electromagnetic wave）。

馬克士威並非直接由電磁波的行進距離和傳播時間計算出它的行進速度，而是藉由理論計算求出。而他所求出的數值為約每秒30萬公里。不可思議的是，該數值與當時已經測得的光速值一致。從這樣的結果，馬克士威得到**電磁波與光是相同的東西**的結論。

據說第一位指出「光速是有限的」的人是活躍於16～17世紀的義大利科學家伽利略（1564～1642），大約經過2個世紀後，科學家們終於闡明光速和光的傳播方式。　🪐

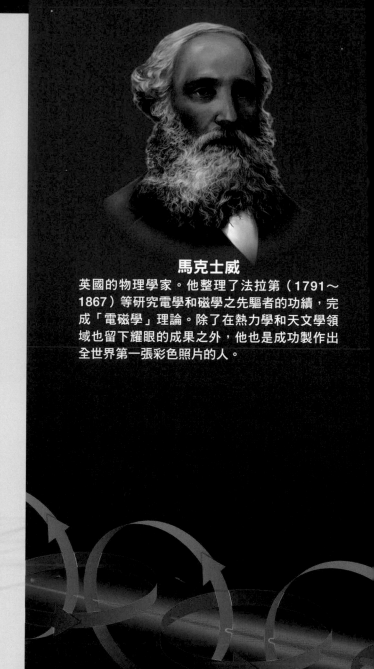

馬克士威
英國的物理學家。他整理了法拉第（1791～1867）等研究電學和磁學之先驅者的功績，完成「電磁學」理論。除了在熱力學和天文學領域也留下耀眼的成果之外，他也是成功製作出全世界第一張彩色照片的人。

電場和磁場的連環性發生

馬克士威完成能將一般認為不同的電和磁統一說明的理論——電磁學。正如右頁上方所繪一般，由變動著的電場產生磁場、從變化中的磁場產生電場。在電（電場）和磁（磁場）交互影響下，就產生了下圖所示的「電磁波」。

電磁波中，除了包括光（可見光）外，還有波長（相鄰兩波峰間的水平距離）比可見光長的紅外線、無線電波；波長較可見光短的紫外線、X射線、γ射線（詳情請參考Part3）。即使波長不同，但是這些電磁波在真空中的行進速率，同樣都是「每秒約30萬公里」。

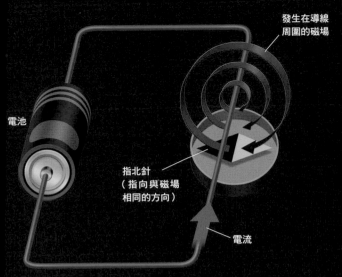

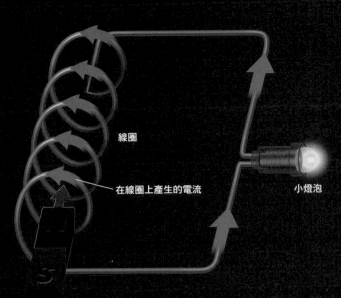

發生在導線周圍的磁場

電池

指北針（指向與磁場相同的方向）

電流

線圈

在線圈上產生的電流

小燈泡

磁鐵（靠近線圈）

由電流產生磁場

在導線周圍的空間，產生相對於電流之行進方向成順時針旋轉的「磁場」。如果在電流（運動中的電荷）流過的導線附近放一個指北針，就會如上圖所示，由S極至N極的方向為與磁場方向相同的方向（這裡是向左）。物質之帶磁性之難易度稱為「磁導率」[※]（permeability），以「μ」來表示。鐵等容易磁化變成磁鐵的物質具有高磁導率。

[※]：物質被外加磁場磁化而呈現磁性之容易程度稱為「磁導率」（也稱導磁性），「磁化」是使物質中呈現一對對排列整齊，具有N極和S極的小磁鐵。

由變化著的磁場產生電場

將磁鐵往線圈（由導線所捲成）移動時，磁鐵周圍空間的磁場發生變化，因而線圈內的磁場隨時間變化，於是在線圈上產生「電場」，結果便如上圖所示，線圈上的電荷被這電場驅動而產生電流，此現象稱為「電磁感應」。物質之帶電的難易度稱為「電容率」[※]（permittivity），以「ε」來表示。電容率愈高，表示物質愈容易貯存靜電。

[※]：物質被外加電場極化成兩端帶電的容易程度稱為「電容率」（或介電係數）。電容率越高，表示物質越容易被外加電場極化成兩端帶電。「極化」是使物質中呈現一對對排列整齊，兩端分別為正電荷和負電荷的小單元（電偶極）。

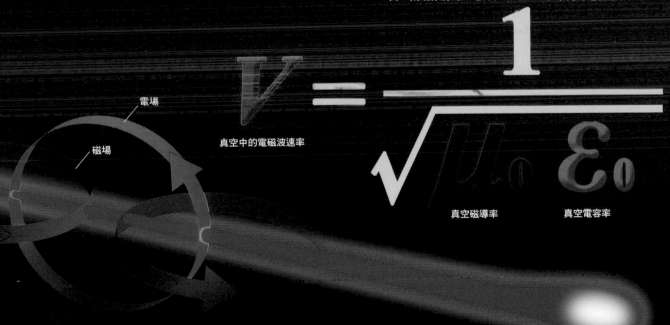

電場

磁場

$$V = \frac{1}{\sqrt{\mu_0 \varepsilon_0}}$$

真空中的電磁波速率

真空磁導率　　　真空電容率

電磁波（光）

電流（電荷運動）產生磁場、磁場變化產生電場而在導體上造成電流。結果，電場和磁場一面相互「串連」，一面像波一樣向前推進，這就是「電磁波」。真空中的電磁波速率（V），就算不是直接由電磁波的傳播距離與時間計算波速，也能從「真空磁導率（μ_0）」和「真空電容率（ε_0）」這兩個值來求出（請參考圖中計算式）。μ_0的值約1.26×10^{-6} N/A²，ε_0的值約8.85×10^{-12} N/V²，N（牛頓）是一種力的單位。從這些值求出之真空中的電磁波速率為每秒約30萬公里。真空的磁導率和電容率的值雖然會因所選用之電荷等物理量的單位而改變，但是這兩者相乘所得到的值卻是恆定。

註：在上圖中，將電磁波以具有空間擴散感之「磁場環」和「電場環」交互產生的意象來表現。更嚴謹表現行進中之電磁波的電場和磁場情形的圖請看100～103頁。

原子與光

監修　和田純夫

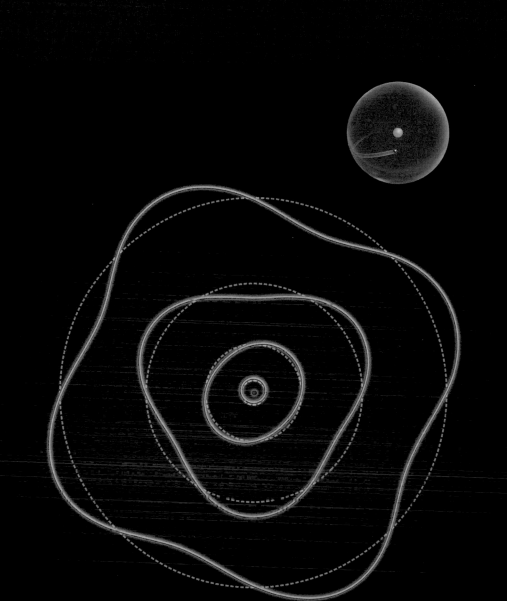

如果光是波，我們理應無法看到前方的燭光

在PART3和PART4中已經介紹過光是波。如果光是波，我們在黑暗中連數十公尺前方的蠟燭光都無法看到才對。這究竟是怎麼回事呢？

從蠟燭火焰所發出的光往四面八方擴散，像這樣的波稱為「球面波」（spherical wave）。如果我們在距離蠟燭1公尺的地方置放一個球面狀的屏幕，蠟燭光會照亮這個屏幕。如果屏幕是在3公尺（距離為3倍）的前方，因為光的擴散面積變為9倍（3×3倍），所以亮度變為9分之1。像這樣，光波隨著距離波源越遠，亮度會與距離的平方成反比而減弱。

「看到蠟燭光」意味著抵達眼睛的光讓「位在視網膜的感光分子發生變化」。假如光是波，計算進入眼睛之光波強度，結果發現當距離蠟

逐漸變稀疏的光波

假設光是波

距離蠟燭1公尺遠的屏幕

當光波變稀疏後，就難以辨識了。

假設光具有粒子的性質

上圖所繪為假設光是波（左頁）與假設光是粒子（右頁）時，光會如何減弱的情形。抵達單位面積的光量，兩者都是與距離的平方成反比減弱。但是，在將光想成粒子的場合，1個光子所具有的能量並未減弱，因此不管距離多遠，只要光子碰觸到眼中的感光分子，就能夠感知到光。

我們仰望夜空可以看到距離非常遙遠的群星，恆星所放出的強烈光芒，在幾光年的傳遞過程中，逐漸減弱成為微光也是一樣的道理。即便如此，因為1個光粒子所具有的能量本身不變，因此我們就能看到滿天星空。

燭達數十公尺時，就無法獲得能讓感光分子充分變化的能量了。

光具有粒子的性質！

事實上，在黑暗中我們應該可以看到數十公尺遠的燭光。如果我們將光想成具有粒子的性質，就能說明這個事實。

假設從蠟燭有大量的光粒子飛向四面八方。在距離蠟燭1公尺的地方設置屏幕，光就會照亮整個屏幕。這些大量粒子繼續前進到3公尺的前方，此時，它們會擴散在屏幕的9倍範圍內，光子的密度變為9分之1，因此亮度就變暗。光會成與光源之距離的平方成反比減弱本身，將光想成是粒子跟將光想成是波都是一樣的。

但是1個光子所具有的能量不管前進的距離有多遠都是不變的。抵達眼睛的光子數量會隨著距離拉遠而減少，但是只要光子具有充分的能量，就能讓視網膜的感光分子發生變化，也就能看到蠟燭的光了。

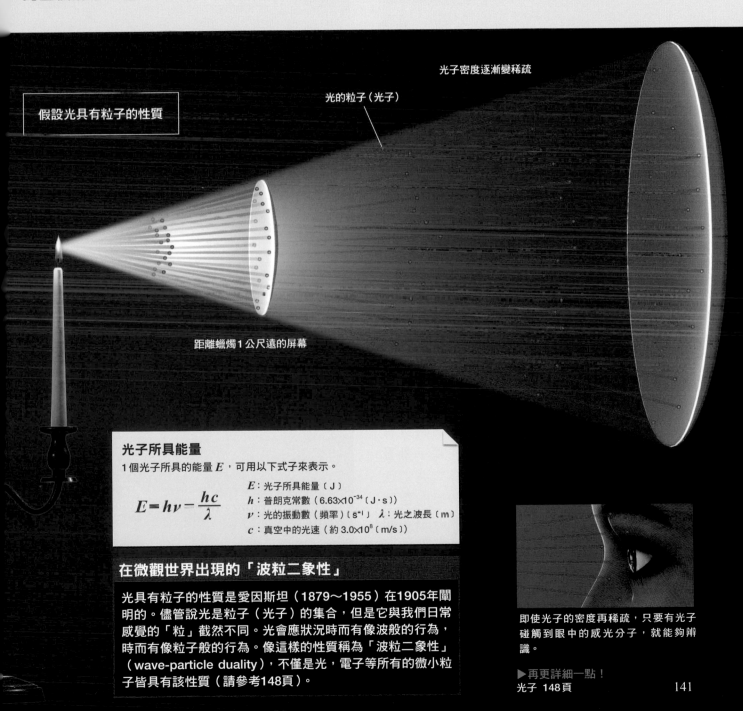

光子密度逐漸變稀疏

光的粒子（光子）

假設光具有粒子的性質

距離蠟燭1公尺遠的屏幕

光子所具能量

1個光子所具的能量 E，可用以下式子來表示。

$$E = h\nu = \frac{hc}{\lambda}$$

E：光子所具能量〔J〕
h：普朗克常數（6.63×10^{-34}〔J·s〕）
ν：光的振動數（頻率）〔s^{-1}〕　λ：光之波長〔m〕
c：真空中的光速（約 3.0×10^{8}〔m/s〕）

在微觀世界出現的「波粒二象性」

光具有粒子的性質是愛因斯坦（1879～1955）在1905年闡明的。儘管說光是粒子（光子）的集合，但是它與我們日常感覺的「粒」截然不同。光會應狀況時而有像波般的行為，時而有像粒子般的行為。像這樣的性質稱為「波粒二象性」（wave-particle duality），不僅是光，電子等所有的微小粒子皆具有該性質（請參考148頁）。

即使光子的密度再稀疏，只要有光子碰觸到眼中的感光分子，就能夠辨識。

▶再更詳細一點！
光子 148頁

電子在原子內部的「所在」是既定的

我們身邊的所有物質都是由原子所構成。一般最常看到的原子形貌描繪就是：原子的中心有帶正電的「原子核」，其周圍有帶負電的「電子」環繞。

20世紀初，人們才剛闡明原子形貌，但是當時的研究者們認為這樣的原子形象是有問題的。已知在電子進行圓周運動的過程中，會放出光（電磁波）而失去能量。如此一來，環繞著原子核運動的電子將會逐漸喪失能量而掉入原子核，原子應該無法保持其形貌。

給予這個問題啟發性想法的人，就是丹麥的物理學家波耳（Niels Henrik David Bohr，1885～1962）。1913年，波耳認為環繞著原子核的電子僅能存在於分散的一些特別軌道，而存在於這些特別軌道的電子並不會放出電磁波。這樣的電子狀態稱為「定態」（stationary state）。

只要假設「電子也具有波的性質」即可完美說明！

那麼，為什麼電子只能存在特別的軌道呢？根據法國物理學家德布羅意（Louis de Broglie，1892～1987）的想法可以完美說明。

1923年，德布羅意認為：「如果光同時具有波與粒子的性質，被認為是微粒子的電子是否也具有波的性質呢？」假設電子也具有波的性質，電子的軌道長度若是電子波之波長的整數倍，電子波繞軌道一周時，就會剛好波與波相連（右頁插圖）。因此，研究者認為當電子波與軌道長度成「剛好的長度」時，為電子的定態。

▶ 再更詳細一點！
電子波 150頁

電子波僅能存在「剛好的軌道」

環繞原子核運動的電子僅能存在分散的幾個軌道。右頁插圖所示為氫原子的電子軌道（但日後更進一步的理論則認為電子是在一個區域內運動，稱為軌域）。德布羅意認為像電子這樣的微小粒子也具有波的性質，該波稱為「物質波」（德布羅意波）。電子波的波長無法任意改變，而是根據距離原子核的遠近而定。電子僅能存在於軌道長度為電子波之波長整數倍「剛好長度」的軌道。

此外，當位在外側軌道的電子往內側軌道躍遷時，會放出一定能量（波長）的光（電磁波），詳見下圖。相反地，當電子吸收一定能量的光，就會從內側軌道躍遷到外側軌道。

原子核
（質子）

電子

電子被視為粒子時
的氫原子

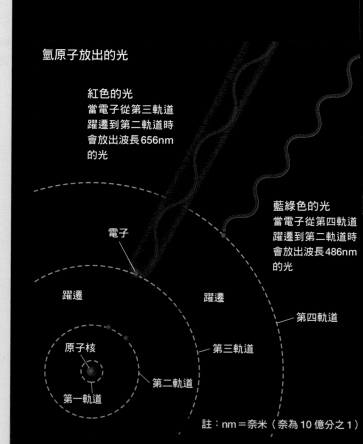

氫原子放出的光

紅色的光
當電子從第三軌道躍遷到第二軌道時會放出波長656nm的光

藍綠色的光
當電子從第四軌道躍遷到第二軌道時會放出波長486nm的光

電子

躍遷

躍遷

第四軌道

第三軌道

原子核

第二軌道

第一軌道

註：nm＝奈米（奈為10億分之1）

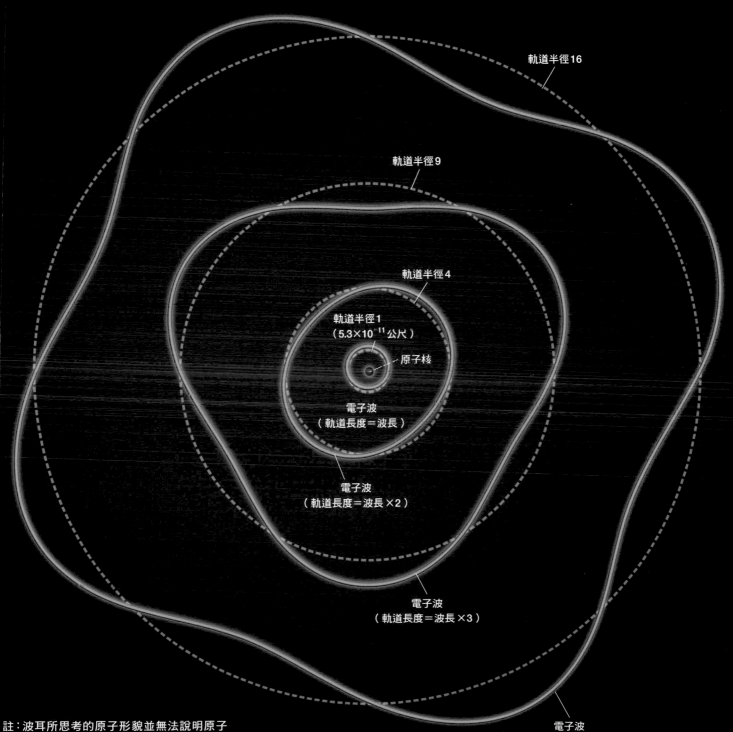

如右圖，當軌道長度不等於
波長之整數倍時，電子無法
存在於這樣的軌道。

氫原子的電子軌道

軌道半徑16

軌道半徑9

軌道半徑4

軌道半徑1
（5.3×10^{-11}公尺）

原子核

電子波
（軌道長度＝波長）

電子波
（軌道長度＝波長×2）

電子波
（軌道長度＝波長×3）

電子波
（軌道長度＝波長×4）

註：波耳所思考的原子形貌並無法說明原子
　　的所有性質。更詳細的原子形貌直到後
　　來量子力學完成才獲得闡明。

原子核融合／分裂會產生龐大的能量

太陽為什麼會發出耀眼光芒呢？有關太陽發光的機制一直都充滿謎團，直到邁入20世紀才闡明該機制。太陽中心是由氫氣所構成，處於大約攝氏1500萬度、約2500億個大氣壓的超高溫、超高壓狀態。在這樣的環境下，氫原子核（質子）和電子是分開且四處飛竄的。而4個氫原子核以猛烈之勢碰撞、融合，引發產生氦原子核的反應，該反應稱為「核融合反應」（nuclear fusion reaction）。

此時，釋放出龐大的能量（新誕生之原子核等的動能及電磁波），而該能量使太陽表面維持約攝氏6000度的高溫，持續發光發熱。

為什麼發生核融合反應會產生龐大能量呢？說明該原理的是1905年愛因斯坦所提出之相對論中的「$E=mc^2$」公式。此公式中表示質量（m）也可以被視為能量（E）的一部分。

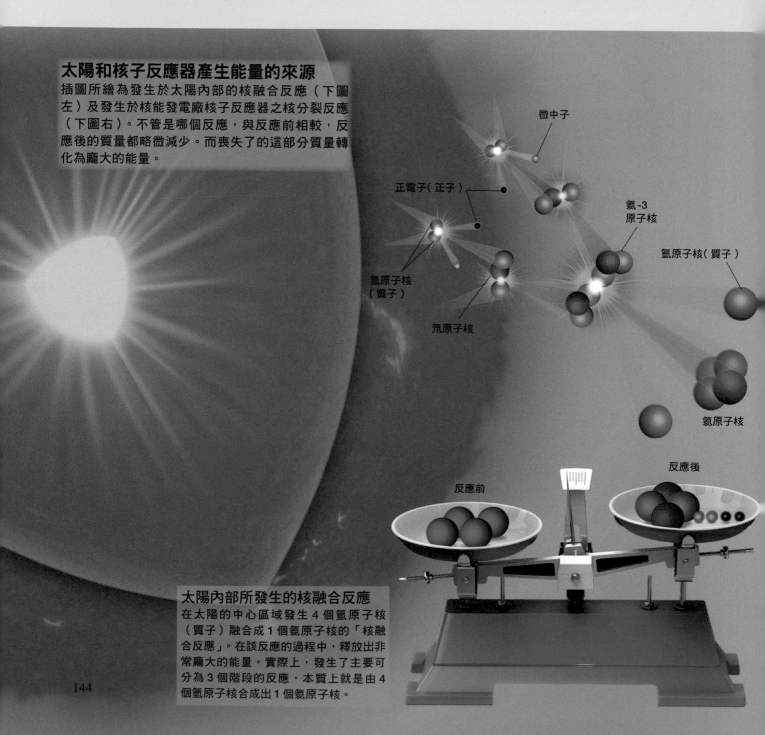

太陽和核子反應器產生能量的來源

插圖所繪為發生於太陽內部的核融合反應（下圖左）及發生於核能發電廠核子反應器之核分裂反應（下圖右）。不管是哪個反應，與反應前相較，反應後的質量都略微減少。而喪失了的這部分質量轉化為龐大的能量。

微中子

正電子（正子）

氦-3
原子核

氫原子核（質子）

氫原子核
（質子）

氘原子核

氦原子核

反應前

反應後

太陽內部所發生的核融合反應

在太陽的中心區域發生 4 個氫原子核（質子）融合成 1 個氦原子核的「核融合反應」。在該反應的過程中，釋放出非常龐大的能量。實際上，發生了主要可分為 3 個階段的反應，本質上就是由 4 個氫原子核合成出 1 個氦原子核。

又，c 是光速的值（約秒速30萬公里）。

核融合反應前之4個氫原子核（質子）的質量合計，與反應後之氦原子核及反應途中所產生之粒子的質量合計相較，反應後的質量只比反應前約輕了0.7％，此稱為「質量缺失」。若從「$E=mc^2$」這個式子來思考質量缺失，意味著反應後的粒子所具能量較反應前小，而減少的這部分能量就是核融合反應所產生的能量。

核能發電廠利用原子核分裂

大的原子核分裂之「核分裂反應」（nuclear fissionreaction）也是能夠產生龐大能量的反應。舉例來說，使「鈾-235」（uranium-235）的原子核吸收中子（構成原子核之電中性粒子）就會變得不穩定，並分裂成碘-139和釔-95等其他原子的原子核，並產生龐大的能量。

此時，比較反應前與反應後的質量，結果反應後質量僅比反應前質量大約減輕0.08％。減輕的質量轉換成能量釋放出來，而核能發電廠就是利用此能量發電。

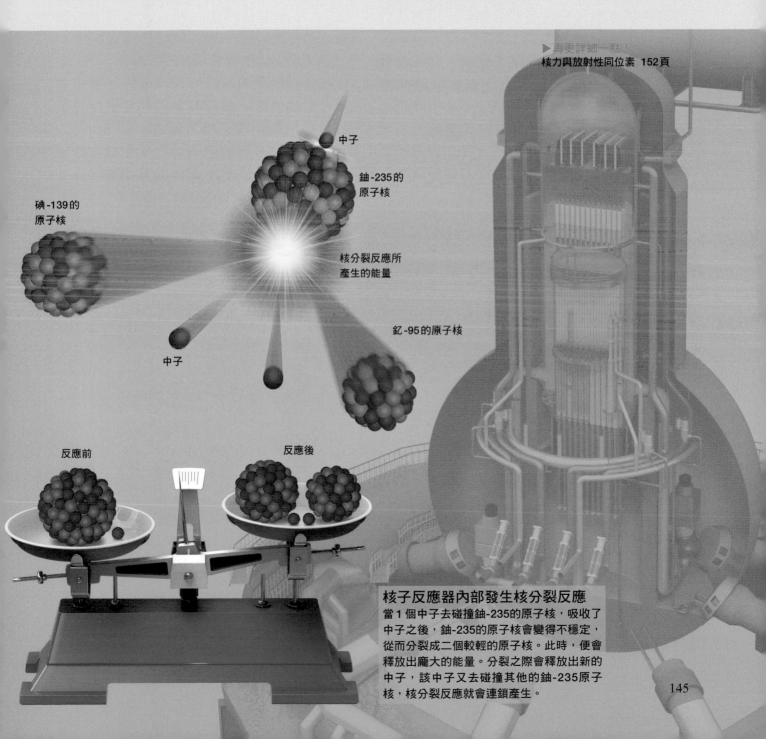

▶再更詳細一點！
核力與放射性同位素 152頁

中子

鈾-235的原子核

碘-139的原子核

核分裂反應所產生的能量

釔-95的原子核

中子

反應前

反應後

核子反應器內部發生核分裂反應

當1個中子去碰撞鈾-235的原子核，吸收了中子之後，鈾-235的原子核會變得不穩定，從而分裂成二個較輕的原子核。此時，便會釋放出龐大的能量。分裂之際會釋放出新的中子，該中子又去碰撞其他的鈾-235原子核，核分裂反應就會連鎖產生。

145

探究原子的結構產生了「量子力學」，探究光的速度

誠如140～143頁中所見到的，光子和電子同時具有波和粒子的性質。具有這樣神奇性質的並非只是光子和電子，其他所有微小粒子（原子、原子核、質子、中子以及其他的基本粒子等）也都同樣擁有。有科學家對於「同時具有波和粒子二種性質」這種看似矛盾的奇妙事實，提出以下的看法。

以電子為例，在我們尚未對它進行粒子性質相關的觀測之前，它保有波的性質，擴散於空間之中（下面插圖的左邊）。但是當光照射在電子波上，也就是我們企圖「觀測」它的位置時，神奇的事情發生了。電子波會在瞬間收縮，形成集中於1點的「尖波」（波的收縮，下面插圖的右邊）。像這樣集中於1點的波，看起來就像是粒子。換句話說，在未對電子進行粒子性質相關的觀測之前，它的舉動像波；

當我們作某些觀測它時，它就呈現粒子的形態。

當我們觀測電子的粒子性質時，它會出現在先前以波的形態擴散的範圍之中。但是究竟會出現在哪個位置，就只能預言它的出現機率。也就是諸如該範圍的出現機率是30％、某範圍的出現機率是2％這類的。像上述這樣的詮釋，可以毫無矛盾的說明電子等的「波粒二象性」。不過這樣的想法在研究者間並未獲得共識，即使經過幾十年的時間仍議論不休。

微粒子波的數學表示式稱為「波函數」（wave function）。用以推導出波函數會呈現什麼樣波形、隨著時間推移會有何種變化的方程式稱為「薛丁格方程式」（Schrödinger equation）。例如原子或分子相關之薛丁格方程式的解，就是其中電子的波函數，而這種函

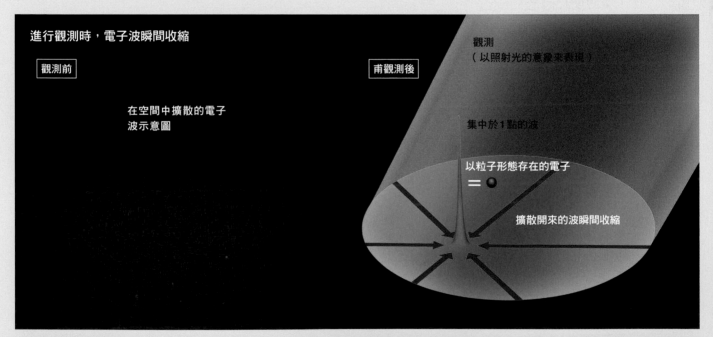

進行觀測時，電子波瞬間收縮

觀測前

在空間中擴散的電子波示意圖

觀測
（以照射光的意象來表現）

甫觀測後

集中於1點的波

以粒子形態存在的電子
＝

擴散開來的波瞬間收縮

上面插圖所繪為根據標準詮釋，電子之「波粒二象性」的示意圖。下圖是在觀測前，擴散於空間中的電子波示意圖。當進行觀測時，電子波瞬間集中於擴散範圍內的某1點，成為「尖波」（圖右），這就是我們觀測到的粒子。

以數學公式表現電子波的「波函數」

奧地利的物理學家薛丁格將德布羅意「電子波（物質波）」的想法（142頁）更進一步發展，在1926年倡議可滿足電子波的方程式（微分方程式，右邊式子），此稱為「薛丁格方程式」。該方程式的 ψ（psi）稱為波函數，只要解出 ψ 是什麼樣的函數，也就能看出電子波是什麼形狀。

$$i\hbar\frac{\partial\psi}{\partial t} = -\frac{\hbar^2}{2m}\frac{\partial^2\psi}{\partial x^2} + U_{(x)}\psi$$

產生了「相對論」

數可以正確描述原子和分子內的電子軌域等等，也就是呈現那些電子狀態。

記述這些微粒行為的理論稱為「量子論」（也稱量子力學），量子論為現代物理學骨幹理論中的一個。

時間與空間的伸縮──相對論

還有一個與量子論相提並論的支撐現代物理學的理論，這就是舉世聞名的「相對論」（theory of relativity）。相對論是愛因斯坦所構築，與時間和空間（時空）以及重力相關的理論。

相對論的基礎思考之一就是「光速不變原理」（constancy of the speed of light）。亦即，「不管是光的發出源（光源）或是觀測者如何的快速移動，光的速度依舊維持每秒約30萬公里的速度沒有改變。」

這是個相當違反我們對日常速度常識的現象。舉例來說，從每小時車速50公里的捷運車廂中朝行進方向投出時速100公里的球，從站在車外的觀測者的立場來看球速，球的時速高達150公里（50公里＋100公里）。但是，這樣的速度加法對光而言是不成立的。

光速不變原理已經過許多實驗高精密度的確認，除了認同「在宇宙中，不論任何人來看，光的速度都是固定不變」的想法外，沒有其他可圓滿解釋的說法。愛因斯坦為了毫無矛盾地說明光速不變原理，他想出因為觀測者的立場不同，所觀測到的時間進程（即時間流逝的快慢）、物體長度都不一樣。於是在1905年誕生了「狹義相對論」。

在PART1中所介紹的力學稱為「牛頓力學」，構築在上述球速這類單純的「速度加法」成立的設定之上。但是相對論闡明這類的「常識」未必正確。在此，我們省略詳細的說明，結論是當速度愈接近光速，單純的速度加法愈無法成立（詳情請看62頁）。

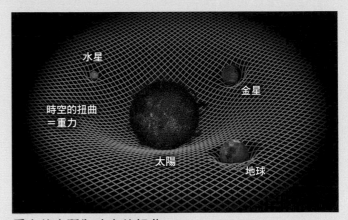

重力的本質為時空的扭曲
在太陽以及地球等行星周圍，因為它們的質量導致時空扭曲。物體受該扭曲的影響，行進路線自然就彎曲，這就是重力的本質。

因為相對論的出現，力學從牛頓力學蛻變成根據立場不同，對時間和長度有不同考量的「相對論力學」。不過，「牛頓力學」也未必錯誤。在物體速度遠比光速慢許多的場合，牛頓力學是非常精確的，僅在物體的速度接近光速才必須用到相對論力學。

愛因斯坦更進一步發展狹義相對論，構築出「廣義相對論」（發表於1915～1916年），也闡明重力的本質。根據廣義相對論的說法，具有質量的物體，周圍的時空扭曲，結果就產生了重力。

廣義相對論是記述像天體般這種巨大規模（宏觀的）之世界的理論。現在，廣義相對論成為切入宇宙形成之謎之宇宙論所不可或缺的理論。

追求終極理論，物理學仍探究不輟

現在的理論物理學家們戮力構築將記述微觀世界的量子論和記述宏觀世界的廣義相對論予以融合的「終極理論」，將其暫稱「量子重力論」。闡明支配世界機制的物理學目前仍未完成，物理學家至今仍努力不懈地探究潛藏在自然界的「規則」。 🪐

▶再更詳細一點！
力的統一 156頁 超弦理論 158頁

光（電磁波）的行為像「能量團塊」

如果我們將光想成是單純的波，會有一些現象無法說明，其中一個就是「光電效應」（photoelectric effect）現象。所謂光電效應是指光束（電磁波）照射在金屬表面，會使接收到光能的電子從金屬飛出的現象。

光電效應具有神奇的性質。不管長波長的光再怎麼亮（強），也不會飛出電子（1-a）；而若是波長短的光，不管多麼微弱都會飛出電子（1-b）。光很明亮是指電磁波的振幅大（2-a），亦即電場的藍色箭頭長，金屬內部的電子應該會大幅振動。相反地，光很微弱是指電場的藍色箭頭短（2-b），電子應該不太振動。但是，在光電效應下，即使是波長短而亮度微弱的光，也能讓電子大幅振動，而從金屬內部飛出，因此將光視為單純波無法說明此現象。

對此難題給出答案的人是愛因斯坦（Albert Einstein，1879～1955）。愛因斯坦將包括可見光在內的電磁波當成「能量團塊」，進行研究。他認為在電磁波中有無法再分割的「能量最小單位」，此稱為「光子」（或稱光量子）。光也跟電子等一樣，是具有「波粒二象性」的神奇存在（但電子具有波粒二象性這個概念是在光子理論誕生十幾年之後才被德布羅意提出）。短波長之電磁波的光子因振動頻率高，因此能讓電子快速振動。換句話說，短波長之電磁波的光子能量較大。

以光子來思考時，光愈亮，意味著光子數目愈多。一般，與一個電子碰撞的就是一個光子。因此，長波長的光不管擁有多麼大量的光子（多麼明亮），因為每個光子所具的能量小，所以都無法讓電子從金屬內部飛出（3-a）。另一方面，短波長光的光子因為能量大，因此可以將電子彈飛（3-b）。

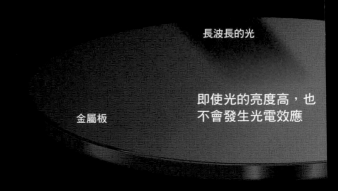

1-a. 長波長的光不會發生光電效應

即使光的亮度高，也不會發生光電效應

金屬板

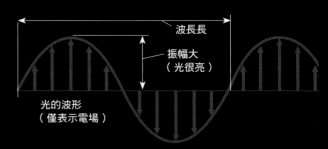

波長長
振幅大
（光很亮）

光的波形
（僅表示電場）

2-a. 長波長，亮光的波形

因能量小，不會飛出電子
光子
金屬板

3-a. 長波長之光的光子能量小
即使光子的數量很龐大，也不會飛出電子。

光子與電子互撞的「康普頓效應」（右圖）
有一種現象是：當X射線照射到金屬表面之後，反射回來X射線波長變長（能量變小），此稱為「康普頓效應」（Compton effect）。康普頓效應也是將X射線當成光子，在此想想電子與光子互相碰撞的情形。X射線的光子與金屬內部的電子碰撞，就好像撞球互撞一般，光子將電子彈飛。因此碰撞，電子獲得動能，而X射線的光子則損失了這部分的能量，因此X射線的光子波長變長了。

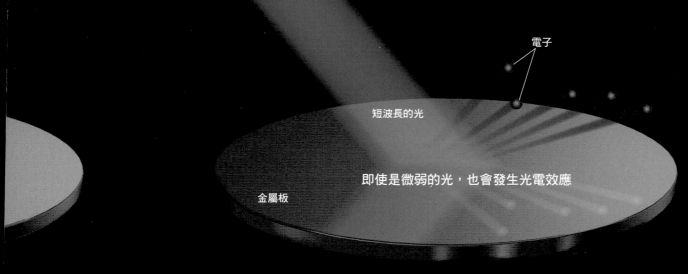

1-b. 短波長的光會發生光電效應

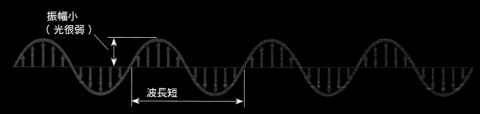

2-b. 短波長,微弱光的波形

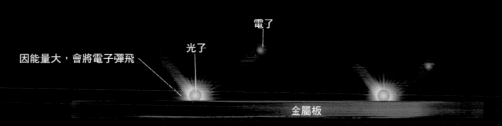

3-b. 短波長之光的光子能量大
即使只有一個光子,也能將電子彈出。

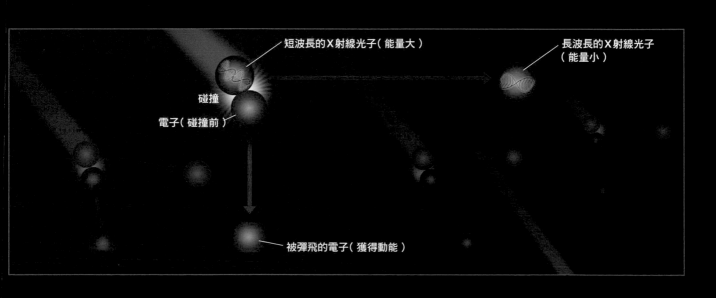

微觀世界受波所支配

原子的構成要素之一就是「電子」，它通常被畫成粒子，換言之就是小球的模樣；然而事實上它不單只是粒子，電子還具有波的性質。現在我們就來介紹展現這部分性質的「電子雙狹縫實驗」（double-slit experiment）。

電子一個、一個地從前端尖銳的金屬製「電子槍」發射出來。在電子槍前方有細的中心電極，其上施以電壓。不管電子從中心電極的上方或下方通過，都會被拉往中央的中心電極。

在中心電極的前方，設置有檢測電子的偵測屏幕。不可思議的是，隨著實驗的持續進行，屏幕上竟然出現條紋。該條紋與光的雙狹縫實驗中所出現的干涉紋神似（右圖）。

電子具有「粒子與波的二象性」

由於電子是一個一個地進入偵測屏幕的，因此該點的舉動像粒子。但是若從眾多電子所形成的實驗結果來看，因為會形成干涉紋，因而

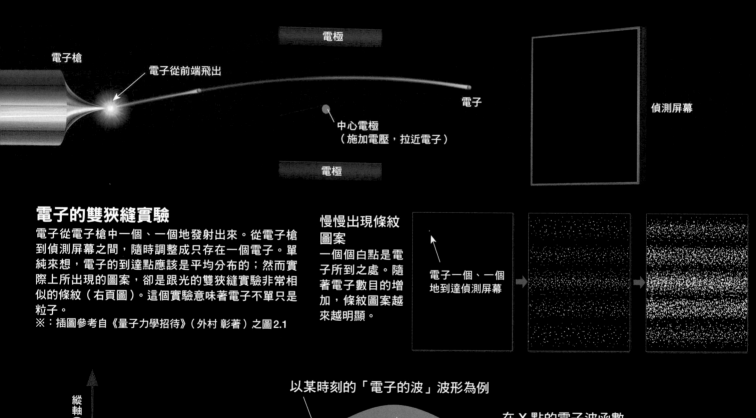

電極

電子槍

電子從前端飛出

電子

中心電極
（施加電壓，拉近電子）

電極

偵測屏幕

電子的雙狹縫實驗

電子從電子槍中一個、一個地發射出來。從電子槍到偵測屏幕之間，隨時調整成只存在一個電子。單純來想，電子的到達點應該是平均分布的；然而實際上所出現的圖案，卻是跟光的雙狹縫實驗非常相似的條紋（右頁圖）。這個實驗意味著電子不單只是粒子。
※：插圖參考自《量子力學招待》（外村 彰著）之圖2.1

慢慢出現條紋圖案
一個個白點是電子所到之處。隨著電子數目的增加，條紋圖案越來越明顯。

電子一個、一個地到達偵測屏幕

以某時刻的「電子的波」波形為例

在 X 點的電子波函數
（與橫軸的距離）

縱軸（電子的波函數）

電子

電子的發現機率為零

電子的發現機率最大

電子的發現機率為零

橫軸（空間座標）

X 點

電子的發現機率最大

電子的發現機率以電子的不透明度來表現。在不透明度越高的場所，電子的發現機率越高。
註：不是表現多個電子存在的狀態。

電子又具有像波的行為。這樣的結果該如何解釋是好呢？

電子波與「發現機率」有關

根據描述微觀世界之物理的「量子論（量子力學）」的標準解釋（哥本哈根詮釋）是這樣思考的：電子在被發現（觀測）以前，它的行為像波，擴散於空間中；但是，對它進行觀測時，電子的波在瞬間「縮」為一點，表現出粒子的形態。因此，究竟可以在何處發現電子，依顯現電子的波的發現機率，偶然決定的。

讓我們整理一下電子的雙狹縫實驗。電子從電子槍發射出來之後，以波的形式前進而散開。電子的波同時通過中心電極的兩側，在偵測屏幕之前發生干涉。干涉的結果，在不同的場所，電子的發現機率會有高低。如果發射的電子數目眾多，依其發現機率，就會出現有亮的部分（發現機率高）和暗的部分（發現機率低）所形成的干涉紋。

「電子波」的想法成為量子論的基礎。量子論是現代電子科技所不可或缺的基礎，如果沒有量子論，想必電腦、行動電話等方便的工具都無法產生。

波的雙狹縫實驗

當波通過開有雙狹縫（板上的二道細縫）的板子，以及通過狹縫後，波都會發生繞射，一面擴散一面前進。於是，這二道波發生干涉。

以光波為例，波峰的亮度相當。在波峰與波峰重疊的位置，波因相長干涉而變亮。而在波峰與波谷重疊的位置，波因相消干涉而變暗。結果，在雙狹縫前方的偵測屏幕上面形成條紋圖案。

1807年，英國的物理學家楊氏（Thomas Young，1773～1829）進行光的雙狹縫實驗，闡明光兼具波的性質。

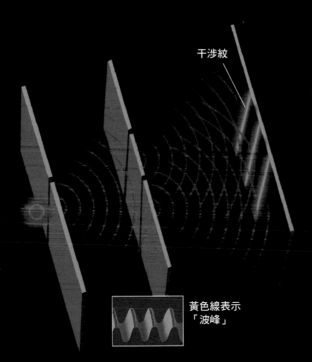

干涉紋

黃色線表示「波峰」

🐾 再更詳細一點！
就連分子層級也會發生干涉
會發生干涉的不只是電子，電子以外的其他基本粒子、比電子大的原子、分子也都具有波的性質，經過精密的實驗已經確認它們都會發生干涉。例如連由60個碳原子結合成形狀像足球的「富勒體分子」（又稱富勒烯，C_{60}）也發生干涉現象。

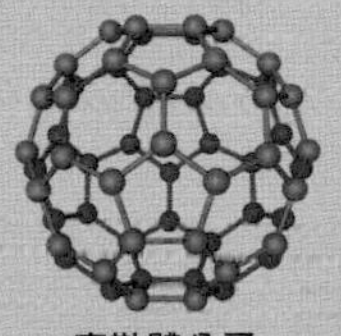

富勒體分子

電子的波（下）

實際上電子的波在三維空間裡散布，這裡只繪出往特定方向的電子波形示意圖。電子的波形與發現機率相關。在插圖中，發現機率越高的場所，所表現的電子球透明度越低。電子的發現機率最大的點是在波峰和波谷。另外，電子的波形和橫軸相交的點，發現機率為零。電子的波函數（相當於與插畫之橫軸的距離），實際上是取「複數」的值。所謂複數就是使用平方等於−1 的「虛數 i」，以「$a+bi$」來表現的數（a 與 b 為實數）。根據量子力學，某場所的電子發現機率與該場所之波函數的「絕對值（ $=\sqrt{a^2+b^2}$ ）」的平方成正比。

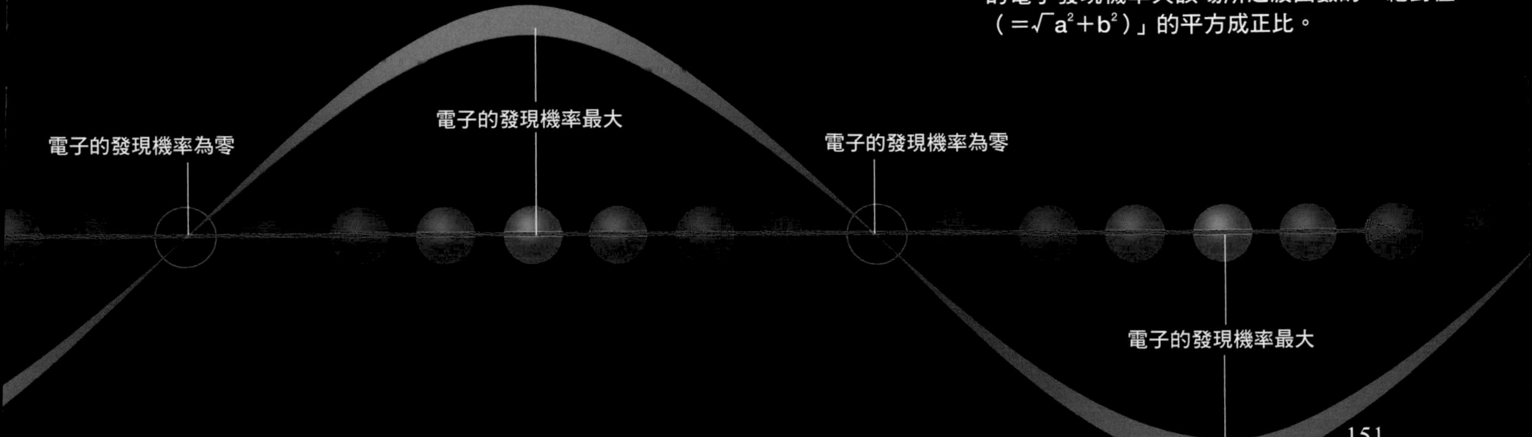

電子的發現機率為零

電子的發現機率最大

電子的發現機率為零

電子的發現機率最大

質子與中子為什麼不會散開呢？

構成原子核的質子帶正電，中子則不帶電。像這樣的粒子團為什麼會聚集在一起，不會散開呢？

日本物理學家湯川秀樹（1907～1981）在1934年曾經預言有一種結合原子核組成份子的力，該力稱為「核力」（nuclear force）。

核力是作用於質子與中子、質子與質子、中子與中子之間，尤其是在**質子和中子間作用的強大吸引力**，將它們統合成一個原子核。

核力的作用僅及於質子和中子之半徑數倍左右的範圍。此外，在核力的作用範圍內，比較核力和電磁力的大小，目前已闡明**核力的強度**

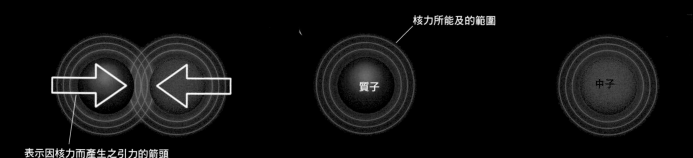

核力所能及的範圍

質子

中子

表示因核力而產生之引力的箭頭

因核力而產生的引力

因為核力關係，在質子和中子間產生強大的引力。該引力所及的距離約是10^{-12}毫米的數倍，僅限於核子的周圍。正如上圖所示，核力在核子極為接近時發生作用。在相同距離的情況下比較力的強度，核力的強度大約是電荷斥力的100倍。科學家認為原子核的成員是藉由這股強勁的核力才能結合在一起，不會散開。但是，在核子眾多的大質量原子核內部，絕對不可忽視電荷斥力。

放射線的種類

「α射線」是被高速放出的氦原子核，「β射線」是被高速放出的電子或是正電子，「中子射線」是在核分裂反應中飛出的高速中子。這些放射線都是由粒子所構成。

「X射線」和「γ射線」兩者都是電磁波的一種，X射線是原子核周圍的電子從高能狀態回到低能狀態時所放出來的。而γ射線是原子核的能量從高的狀態回到低的狀態所發出的。一般而言，γ射線的能量比X射線高。

又，箭頭所示為各放射線的穿透力。

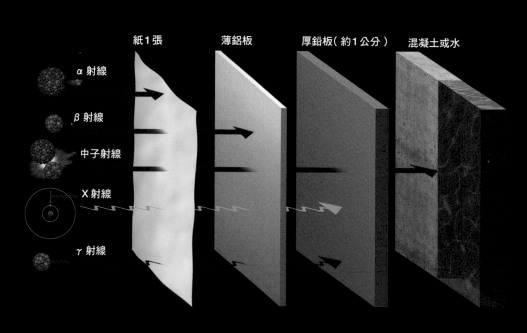

紙1張　薄鋁板　厚鉛板（約1公分）　混凝土或水

α射線
β射線
中子射線
X射線
γ射線

大約是電磁力的100倍。質子間雖然有互相排斥的電磁力，但是引力型的核力遠遠大於它，因此原子核才不會四散。

不過，在原子核中有不穩定，會放出「放射線」（見左頁下圖）而自發衰變者，此稱為「**放射性同位素**」（radioactive isotope或radioisotope）。例如，有 2 個中子的氫原子會放出 β 射線（實體為高速電子），其中 1

個中子轉變成為質子，而成為另一種原子核（氦-3）。

當原子核中的質子和中子數目過多時，有時原子核本身會自行分裂（自發性核分裂）。在原子核分裂之際，原子核放出多餘的中子。會自發性核分裂的放射性同位素，在自然界中並不存在。

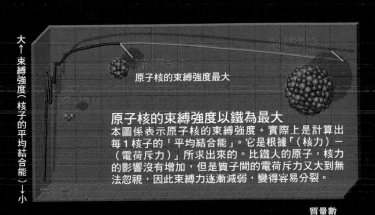

原子核的束縛強度最大

原子核的束縛強度以鐵為最大
本圖係表示原子核的束縛強度。實際上是計算出每 1 核子的「平均結合能」。它是根據「（核力）－（電荷斥力）」所求出來的。比鐵人的原子，核力的影響沒有增加，但是質子間的電荷斥力又大到無法忽視，因此束縛力逐漸減弱，變得容易分裂。

質量數

放射性衰變（β衰變）

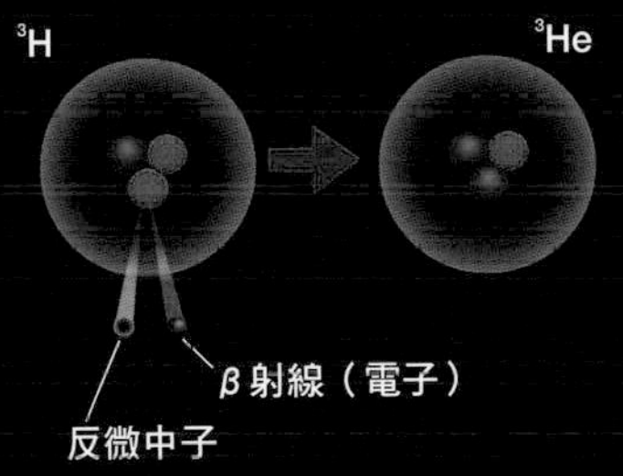

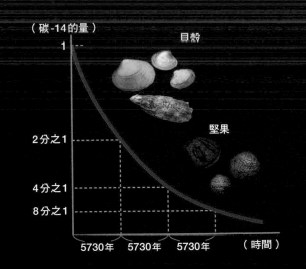

質量數 3 的氫（氫-3、氚）是放射性同位素，它會因為放射出 β 射線和反微中子（antineutrino），使得其中 1 個中子轉變成質子。結果原子序增加 1，變成氦-3。

β 射線（電子）
反微中子

受到活用的放射性同位素
原子序相同（也就是質子數目相同），但中子數目不同的原子，稱為「同位素」（isotope）；原子核不穩定，會放出放射線而衰變者稱為「放射性同位素」。放射性同位素被靈活運用在生活的各個領域，不管在醫療或是地球科學等方面，都是不可或缺的存在。

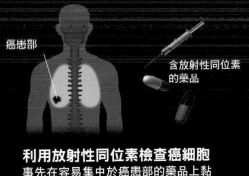

癌患部

含放射性同位素的藥品

利用放射性同位素檢查癌細胞
事先在容易集中於癌患部的藥品上黏附放射性同位素，經口服用或注射入體內，然後利用能拍攝放射線的特殊儀器，描繪出體內的放射性同位素濃度分布，就能夠大致瞭解癌細胞的位置。

（碳-14的量）

目殼

堅果

2分之1
4分之1
8分之1

5730年　5730年　5730年　（時間）

利用放射性同位素測定年代
放射性同位素會放出放射線，轉變成其他的元素。此時，原本同位素的量衰減到一半量所需的時間（半衰期），對每種同位素而言都是固定了的。例如，碳-14這個放射性同位素會轉變成氮-14，它的半衰期為5730年。利用這樣的性質，碳-14在地球科學範疇中常用來測定年代。環境中的碳-14量是一定的。此外，生物一方面吸收碳到體內，一方面又會排出體外，隨時保持進出平衡。因此，隨時會有一定量的碳-14存在體內。當生物死亡後，體內的碳-14就無法進出，只能慢慢轉變為氮-14。調查挖掘出的貝殼、堅果、遺骸等殘留多少%的碳-14，就能夠推定該生物是在多少年前死亡的。

形成物質的「原子」和「力」都是由基本粒子所構成

生活周遭的物質都是由各種原子構成，而所有原子僅由３種「基本粒子」（再也無法分割的最小粒子）組成，它們就是電子、上夸克、下夸克。包括我們人類在內的所有生物、岩石和電視機等無生物，皆僅由這３種基本粒子構成（插圖左邊）。

如果只是這樣，世界真的不複雜。不過，物理學家們陸續得知：這些基本粒子還有許多伙伴，它們就是下面插圖中央的夸克伙伴和電子、微中子的伙伴。在我們眼前應該有大量微中子穿梭，但是因為它會穿透所有物質，我們無法察覺它的存在。

具有「宛如質量較重之電子」般性質的渺子和濤子，以及上、下夸克以外的夸克伙伴，除了在宇宙射線中可發現少許之外，幾乎不存在於自然界中。但是已經可以利用加速器人工合成。

再者，科學家也探究出所有的基本粒子皆有所帶電荷正負相反，宛如「替身」般的伙伴──反粒子（右頁下方插圖）。

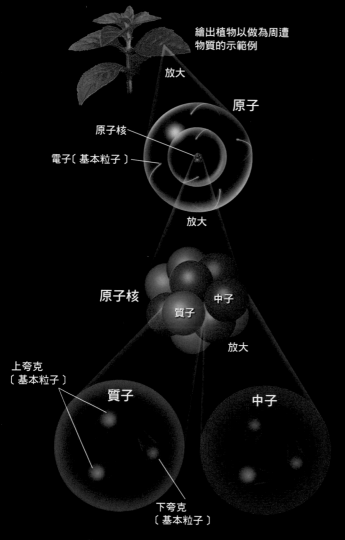

繪出植物以做為周遭物質的示範例

放大

原子

原子核

電子〔基本粒子〕

放大

原子核

中子

質子

放大

上夸克〔基本粒子〕

質子

中子

下夸克〔基本粒子〕

周遭的物質僅由３種基本粒子構成
我們周遭的物質是由原子所構成。而所有的原子皆是由電子、上夸克、下夸克這３種基本粒子組成。

形成物質的基本粒子家族

夸克的伙伴

約5倍 $+\dfrac{2}{3}$ 上夸克 （原子的構成要素）	約2500倍 $+\dfrac{2}{3}$ 魅夸克
約10倍 $-\dfrac{1}{3}$ 下夸克 （原子的構成要素）	約210倍 $-\dfrac{1}{3}$ 奇夸克

電子、微中子的伙伴

中性 電子微中子	中性 渺微中子
1倍 -1 電子 （原子的構成要素）	約210倍 -1 渺子

夸克的伙伴和電子的伙伴分別都有６種
除了電子、上夸克、下夸克以外，還有一些基本粒子雖不是構成物質的基本粒子，但是出現在宇宙射線中，也能在加速器實驗中製造出來。標示在各基本粒子旁邊的數字是該粒子質量和電子質量（質量：9.1×10^{-28}公克）的比值。球中標示的數字則是將電子所帶電荷當做－1，以此為基準所表示的各基本粒子之電荷。

如欲了解自然界機制，「力」也是重要的關鍵

構成物質的基本粒子家族可說是自然界的「要角」，而僅是這些角色分布在各處，無法完成自然界這部大戲。角色彼此互相影響，劇情才能進行下去。這裡所說的「影響」就是在基本粒子間作用的「力（交互作用）」。

現在基本粒子物理學的基礎理論稱為「標準模型」（或稱標準理論）。事實上，根據標準模型的說法，自然界的根源力（交互作用）就只有四種，這就是電磁力、重力，以及只有在基本粒子層級之微觀世界才會表現出來的「強力」和「弱力」。強力是結合夸克的力，利用傳遞介子而產生的核力，也可說是與傳遞膠子所產生之強力複雜糾葛而生的力。另外，弱力是引發 β 衰變（153頁）的力。太陽所發生的氫核融合反應（142頁）有部分也轉變成弱力。

其實，要產生這樣的力，必須借助與構成物質之基本粒子家族不同的其他基本粒子（下表右邊）。

該基本粒子一覽表應可說是從發現電子（1897年）至今100年來之基本粒子物理學的集大成者。

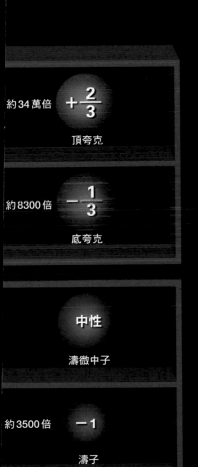

約34萬倍　$+\dfrac{2}{3}$　頂夸克

約8300倍　$-\dfrac{1}{3}$　底夸克

中性　濤微中子

約3500倍　-1　濤子

註：目前已知微中子具有質量，比電子還要輕得多，但是尚不知道其值為何。

傳遞力的基本粒子家族

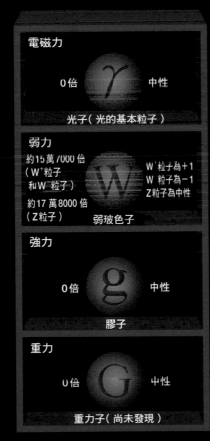

電磁力
0倍　γ　中性
光子（光的基本粒子）

弱力
約15萬7000倍
（W⁺粒子和W⁻粒子）
約17萬8000倍
（Z粒子）
弱玻色子
W⁺粒子為+1
W⁻粒子為−1
Z粒子為中性

強力
0倍　g　中性
膠子

重力
0倍　G　中性
重力子（尚未發現）

自然界有 4 種力，分別由各不同種類的基本粒子產生它們的力。標示在左邊的數字是該粒子質量和電子質量的比值；右邊數字則是將電子所帶電荷當做−1，以此為基準所表示的各基本粒子之電荷。

基本粒子一覽表

下面整理出目前已證實存在，或是被視為確實存在的基本粒子。大致上可分為「形成物質的基本粒子家族（夸克和電子、微中子伙伴）」、「傳遞力之基本粒子家族」以及賦予萬物質量的希格斯粒子。

所帶電荷相反的「反粒子」

電子　−　反電子（正電子；正子）　+

賦予萬物質量的希格斯粒子

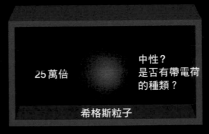

25萬倍　中性？是否有帶電荷的種類？　希格斯粒子

科學家預估賦予萬物質量的「希格斯粒子」（Higgs particle）質量約是電子的25萬倍，一般認為它應該不帶電荷（中性）。不過根據理論預言，希格斯粒子應該種類繁多，說不定也有帶電荷的希格斯粒子。

物理學史也是「力的統一」史

17世紀，牛頓（Isaac Newton，1642～1727）發現掌管宇宙天體運動的力和地面上物體往下掉落的力是相同的，這就是「萬有引力」（重力）。牛頓的萬有引力定律將作用於天體的力和地上的力統一了（PART1）。

此外，19世紀，馬克士威（James Clerk Maxwell，1831～1879）確立了電磁學，表示電力和磁力能夠統一為「電磁力」來處理（PART3）。

現在，科學家更進一步指出電磁力是形成所有原子和分子的力。帶正電荷的原子核和帶負電荷的電子因為電磁力而相吸，形成原子和分子，從而形成所有的物體。

在我們生活周遭所能見到各式各樣的力，除了重力之外，可說全是電磁力的複雜呈現。以球棒擊球時的力、物體彼此接近時回頂的力、推動沉重櫥櫃時的摩擦力、空氣的阻力、牽著狗蹓躂時，牽狗繩的張力等，這一些的根源全都是在原子間作用的電磁力（引力或斥力）。

就像這樣，物理學將乍看來形形色色的力予以「統一」理解，加深了人們對於自然界現象最基本的理解。現在的基本粒子物理學，也沿

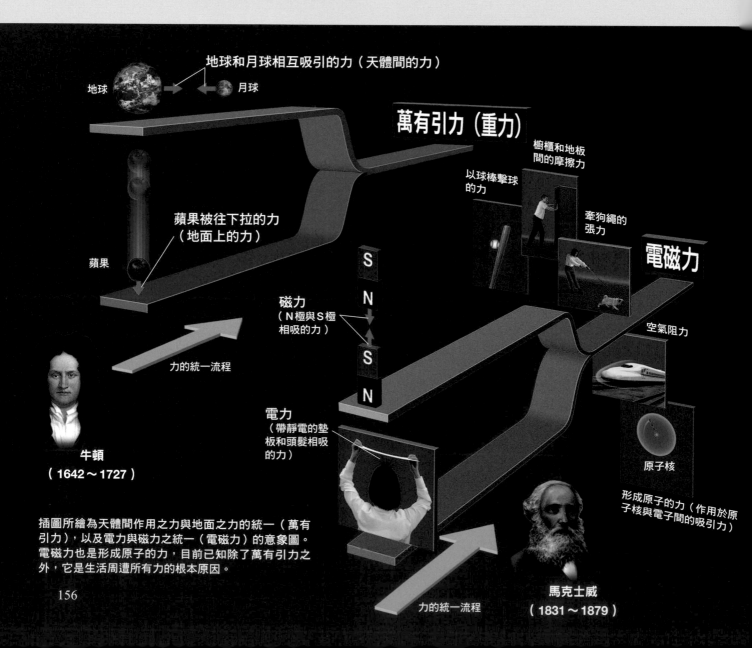

地球和月球相互吸引的力（天體間的力）

地球　　　月球

萬有引力（重力）

櫥櫃和地板間的摩擦力

以球棒擊球的力

牽狗繩的張力

蘋果被往下拉的力（地面上的力）

蘋果

電磁力

S N N S N

磁力（N極與S極相吸的力）

空氣阻力

力的統一流程

牛頓
（1642～1727）

電力（帶靜電的墊板和頭髮相吸的力）

原子核

形成原子的力（作用於原子核與電子間的吸引力）

插圖所繪為天體間作用之力與地面之力的統一（萬有引力），以及電力與磁力之統一（電磁力）的意象圖。電磁力也是形成原子的力，目前已知除了萬有引力之外，它是生活周遭所有力的根本原因。

馬克士威
（1831～1879）

力的統一流程

用了這樣的看法。**基本粒子物理學家們的最大目標之一，便是在理論上將自然界最基本的力，也就是電磁力、弱力、強力、重力予以「統一」。**亦即建構出在同一理論中，以一個力來說明現在以不同理論說明的四個力。

理論上，電磁力和弱力已經「統一」了

在1967年，統一地理解電磁力和弱力的「電弱統一理論」（unified electro-weak theory，維-沙理論）完成了。根據該理論，電磁力和弱力在本質上是一樣的力，只是傳遞力的基本粒子重量（靜質量）不同，而產生「作用所及距離遠近」等差異※。傳遞電磁力的「光子」靜質量為零，而傳遞弱力的「弱玻色子」，靜質量高達質子的90～100倍。

電弱統一理論是構成標準模型的重要理論之一。反過來說，在標準模型中所實現的力的統一也僅止於此。**若想要進一步統一四力，必須構築超越標準模型的理論。**

現在，基本粒子物理學家持續研究將強力也包括在電磁力和弱力之中的力統一理論。而將**重力也包含其中的「終極理論」研究，主要是從和理論不同的角度切入。**

※：如果使用鉛球進行傳球、接球，應該很困難吧！基本粒子在傳遞靜質量很大的弱玻色子時，也一樣困難。因此，如果基本粒子彼此相隔的距離超過質子大小的1000分之1，弱力就無法發揮作用了。

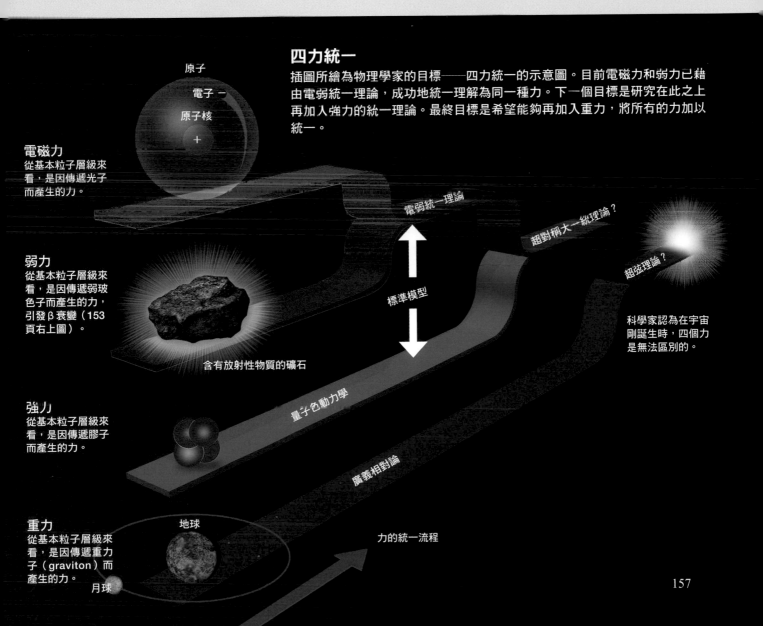

四力統一

插圖所繪為物理學家的目標──四力統一的示意圖。目前電磁力和弱力已藉由電弱統一理論，成功地統一理解為同一種力。下一個目標是研究在此之上再加入強力的統一理論。最終目標是希望能夠再加入重力，將所有的力加以統一。

原子
電子 −
原子核
+

電磁力
從基本粒子層級來看，是因傳遞光子而產生的力。

電弱統一理論

超對稱大一統理論？

超弦理論？

標準模型

弱力
從基本粒子層級來看，是因傳遞弱玻色子而產生的力，引發β衰變（153頁右上圖）。

含有放射性物質的礦石

科學家認為在宇宙剛誕生時，四個力是無法區別的。

強力
從基本粒子層級來看，是因傳遞膠子而產生的力。

量子色動力學

廣義相對論

重力
從基本粒子層級來看，是因傳遞重力子（graviton）而產生的力。

地球

力的統一流程

月球

萬物皆是從「弦」與波中誕生？

在148頁中已經介紹過像電子等基本粒子具有「波粒二象性」。這裡所謂的粒子是指小球無限地縮小到成點狀者。

但是近年來，**不把基本粒子想像成點狀的粒子，而傾向把它想成具有長度之「弦」的「超弦理論」**（superstring theory）受到多方的矚目。

根據該理論，所有的基本粒子都是由相同的弦所構成。但是這裡所謂的弦跟現實世界的弦不同，只有長度沒有粗細，也只能在量子世界成立。它的長度大約只有10^{-35}公尺，也就是1公分的1億分之1的1億分之1的1億分之1再10億分之1這麼小。原子大約是10^{-10}公尺左右，原子核大約為10^{-15}公尺左右，由此可知它

所有一切都是由弦所形成？

我們身邊所有的物質都是由原子構成。原子是由原子核和電子構成，而原子核又是由質子和中子構成。而現在我們也已經知道質子和中子又是由兩種「夸克」所構成。目前，一般認為電子和夸克是無法再分割的「基本粒子」。但根據超弦理論，這些基本粒子僅由一種弦構成。不過到目前為止，超弦理論只是假說。

放大

原子

原子核　電子

放大

放大

原子核
中子
下夸克

質子

上夸克

有多小了。不管我們使用多高性能的顯微鏡，都無法見到弦的本體。

超弦理論統合相對論和量子論

目前，超弦理論被視為尚未完成的一種「終極理論」，它可望統合微觀世界理論的「量子論」，和宏觀世界之重力理論的「廣義相對論」。超弦理論是將所有的基本粒子和其間的作用力（相互作用）以及時間和空間，全部放在一個架構中處理的理論，因此也被形容為「萬物理論」。

弦樂器弦上所產生的波形改變，我們就會聽到不同的聲音（116頁）。超弦理論主張：**弦的振盪狀態改變時，弦上所產生的「波」也會改變波形，我們就會看到不同種類的粒子**[※]。如果該理論正確，表示弦和其「波」產生自然界萬物，若說「自然界為波動所支配」，或許並非誇張的說法。

[※]：但是已經知道存在的基本粒子（電子、夸克家族、傳遞力的基本粒子等）並不是弦實際振盪的狀態，而是相當於弦「零點振盪」的狀態。根據量子論，所有的物體都不會處在完全的靜止狀態，即使在能量最低的狀態下，也都會有些微的振盪，這就是零點振盪。再者，超弦理論認為弦實際在振盪，它預言還有無數更高能的未發現粒子存在。

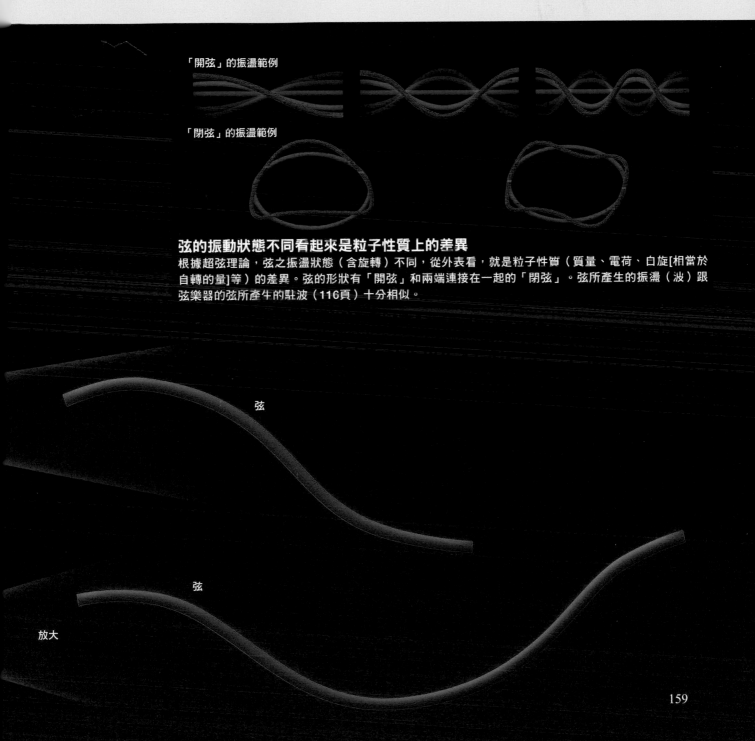

「開弦」的振盪範例

「閉弦」的振盪範例

弦的振動狀態不同看起來是粒子性質上的差異

根據超弦理論，弦之振盪狀態（含旋轉）不同，從外表看，就是粒子性質（質量、電荷、自旋[相當於自轉的量]等）的差異。弦的形狀有「開弦」和兩端連接在一起的「閉弦」。弦所產生的振盪（波）跟弦樂的弦所產生的駐波（116頁）十分相似。

弦

弦

放大

【 人人伽利略系列 11 】

國中・高中物理
徹底了解萬物運行的規則！

作者／日本Newton Press
執行副總編輯／賴貞秀
審訂／陳義裕
翻譯／賴貞秀
校對／曾沛琳
發行人／周元白
出版者／人人出版股份有限公司
地址／23145 新北市新店區寶橋路235巷6弄6號7樓
電話／（02）2918-3366（代表號）
傳真／（02）2914-0000
網址／www.jjp.com.tw
郵政劃撥帳號／16402311 人人出版股份有限公司
製版印刷／長城製版印刷股份有限公司
電話／（02）2918-3366（代表號）
香港經銷商／一代匯集
電話／（852）2783-8102
第一版第一刷／2020年6月
第一版第五刷／2023年7月
定價／新台幣380元
　　　港幣127元

國家圖書館出版品預行編目（CIP）資料

國中・高中物理：徹底了解萬物運行的規則！
日本Newton Press作；賴貞秀翻譯. -- 第一版. --
新北市：人人, 2020.06
面；公分. —（人人伽利略系列；11）
譯自：学びなおし 中学・高校物理
ISBN 978-986-461-215-4（平裝）
1.物理學 2.中等教育
524.36   109006252

Staff

Editorial Management	木村直之
Editorial Staff	疋田朗子

Photograph

7	【スカイダイビングをする人】Alamy/ユニフォトプレス	15	【スカイダイビングをする人】Alamy/ユニフォトプレス	表4	【ボイジャー】Brian Kumanchik, Christian
8-9	【ボイジャー】Brian Kumanchik, Christian Lopez. NASA/JPL-Caltech. 【背景】ESA/Gaia/DPAC, CC BY-SA 3.0 IGO (https://creativecommons.org/licenses/by-sa/3.0/igo/)	18-19	JAXA		Lopez. NASA/JPL-Caltech 【背景】ESA/Gaia/DPAC, CC BY-SA 3.0 IGO (https://creativecommons.org/licenses/by-sa/3.0/igo/)
		67	Alamy/ユニフォトプレス		
		74	ユニフォトプレス		
		77	Getty Images		
12-13	JAXA/NASA	90	Science Source/PPS通信社		
		120	Alamy/PPS通信社		

Illustration

Cover Design	デザイン室 宮川愛理（イラスト：Newton Press）		Nasa Earth Observatory・地図データ：NASA Goddard Space Flight Center Image by Reto Stöckli（land surface, shallow water, clouds）. Enhancements by Robert Simmon（ocean color, compositing, animation）. Data and technical support: MODIS Land Group; MODIS Science Data Support Team; MODIS Atmosphere Group; MODIS Ocean Group Additional data: USGS EROS Data Center（topography）; USGS Terrestrial Remote Sensing Flagstaff Field Center（Antarctica）; Defense Meteorological Satellite Program（city lights）.	43	Newton Press
2	Newton Press, Newton Press・地図データ：Reto Stöckli, Nasa Earth Observatory・地図データ：NASA Goddard Space Flight Center Image by Reto Stöckli（land surface, shallow water, clouds）. Enhancements by Robert Simmon（ocean color, compositing, 3D globes, animation）. Data and technical support: MODIS Land Group; MODIS Science Data Support Team; MODIS Atmosphere Group; MODIS Ocean Group Additional data: USGS EROS Data Center（topography）; USGS Terrestrial Remote Sensing Flagstaff Field Center（Antarctica）; Defense Meteorological Satellite Program（city lights）., Newton Press			44-45	木下真一郎
				46	【ニュートン】小﨑哲太郎
				46-47	小林稔
				48~51	Newton Press
				52-53	木下真一郎
				54	【ブラーエ, ケプラー】小﨑哲太郎
				54~61	Newton Press
		18~25	Newton Press	62	Newton Press, 富﨑NORI, Newton Press
		25	【ニュートン】小﨑哲太郎	63	Newton Press, 木下真一郎
		26-27	Newton Press	64~65	Newton Press
		27	【ガリレオ, デカルト】小﨑哲太郎	68~71	吉原成行
3	吉原成行, Newton Press	28-29	富﨑NORI	72-73	カサネ・治
4	Newton Press, 吉原成行	30-31	Newton Press	75~101	Newton Press
5~11	Newton Press	32-33	Rey.Hori	101	吉原成行
13	【ばねと人】Newton Press, 【鉄球と羽毛】富﨑NORI	34-35	富﨑NORI	102~135	Newton Press
		36-37	小林稔	136	【マクスウェル】黒田清桐
14-15	Newton Press	38~41	Newton Press	136~143	Newton Press
16-17	Newton Press・地図データ：Reto Stöckli,	42	Newton Press, 本園帥芳	144-145	Newton Press・Ray.Hori
				146~157	Newton Press
				158	【ニュートン】小﨑哲太郎, 【マクスウェル】黒田清桐
				158-159	Newton Press
				表4	Newton Press

監修

和田純夫
1949年出生於日本千葉縣。日本成蹊大學兼任講師、前東京大學研究所綜合文化研究科專任講師。東京大學理學部物理科畢業，理學博士，專精理論物理，研究主題包含粒子物理學、宇宙學、量子論（多世界詮釋）、科學論等。著有《量子力學呈現的世界觀》（暫譯）。

協助

清水 明
1956年出生於日本長野縣。東京大學研究所綜合文化研究科尖端科學研究機構秘書長、教授。東京大學理學部物理科畢業，理學博士。專精物性基礎論、量子物理學，目前專注於研究統計力學上量子論產生的異常。著有《熱力學的基礎》（暫譯）、《新版 量子論的基礎》（暫譯）等。

中島秀人
1956年出生於日本東京都。東京工業大學博雅教育研究院教授。東京大學研究所理學研究科博士班修畢，哲學博士。專精科技與科學（STS）論、科學技術史。研究題目為17世紀之科學技術史。著有《給工程師的工學概論》（暫譯，編著）、《羅伯特・虎克 被牛頓抹消的男人》（暫譯）等